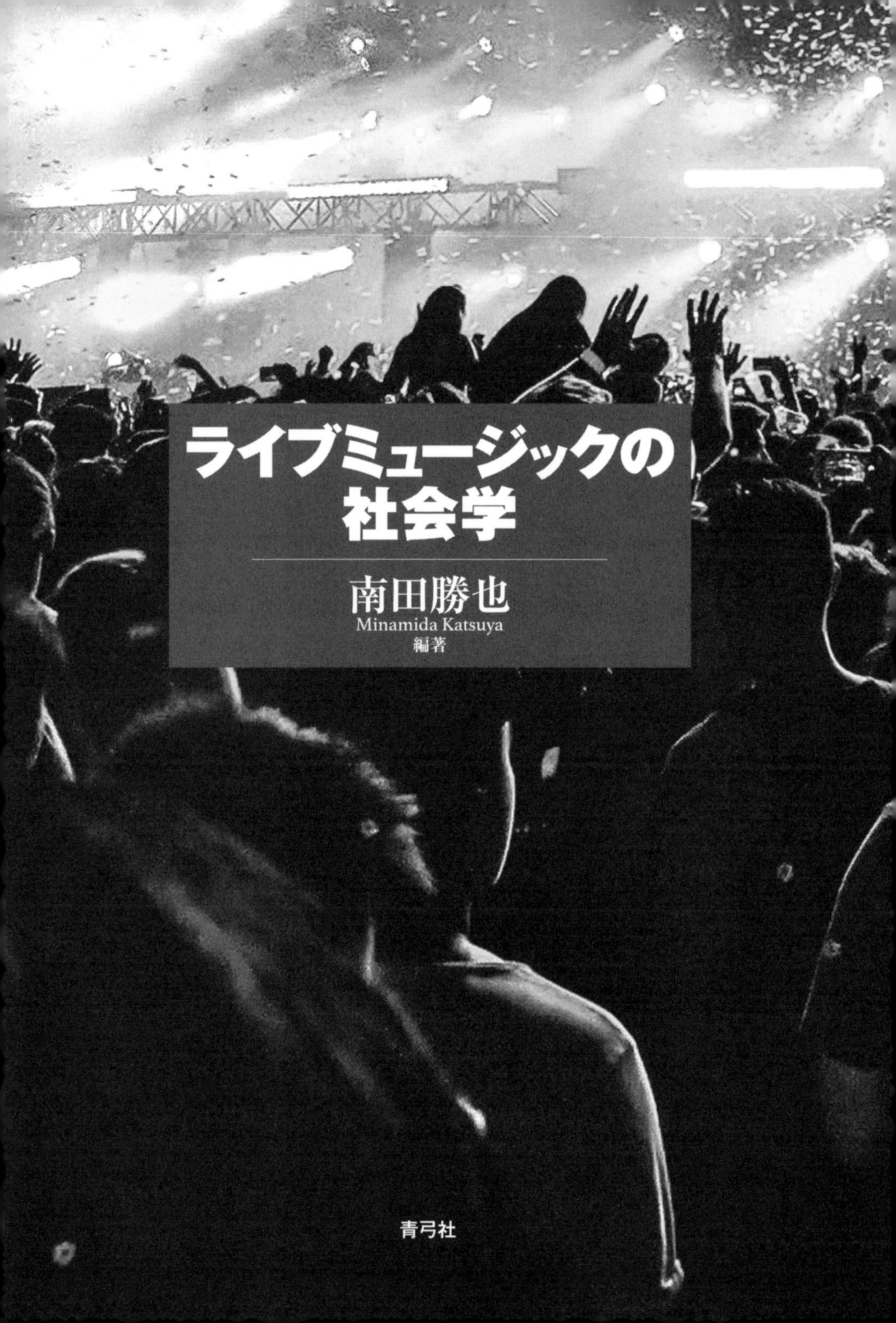

ライブミュージックの社会学

南田勝也
Minamida Katsuya
編著

青弓社

ライブミュージックの社会学　目次

第2部　それぞれの現場

装丁――神田昇和

序　ライブミュージックの現況

南田勝也

ポピュラー音楽シーンにおいてライブの存在感が増している。聴衆はライブに関心を寄せ、ミュージシャンは意欲的にライブを開催し、ライブ産業の規模は拡大している。

もちろん音楽の公演・興行は、それがライブと呼ばれるずっと以前から存在していたし、コンサートホールや野外会場の音響設備は時代ごとに工夫を凝らして継続的に発展してきた。来場者をあっと驚かせるパフォーマンスには相当の歴史があるし、音楽の本場アメリカならばそれはなおさらである。こうした歴史性や空間性については、本書の第1部「ライブ文化の形成と展開」（第1章「コンサート・パフォーマンスの歴史——クラシック音楽とポピュラー音楽の身体」〔宮本直美〕、第2章「PA実践の文化史——循環器としてのサウンドシステムが生む「ライブ」な交歓」〔忠聡太〕、第3章「ライブパフォーマンスの半世紀——聴く／視るの二軸をもとに」〔南田勝也〕、第4章「巨大化するライブ産業——アメリカのライブ・フェスの現状」〔永井純一／山添南海子〕）で詳細に論じているので、それらを参照されたい。この序文では、近年ライブの存在感が増していることを、いくつかのデータから確認しておきたい。
最初に統計データを参照する。図1のグラフは、ライブ・エンタテインメント調査委員会がウェブで公表したもので、日本での音楽の公演とそれ以外のステージ（パフォーマンスイベント）の市場規模の推移を示している。[1]まず目に飛び込んでくるのは二〇二〇年から二一年の落ち込みだろう。新型コロナウイルス感染症のパンデミック（コロナ禍）によって、ライブ産業は壊滅的な打撃を受けた。と同時に、二二年（確定値）の急速な回復とそれ以降のベースシナリオは、市場がタフであることも示している。

そしてグラフにはもう一つ見逃せない点がある。二〇一〇年の音楽ライブの市場規模が千六百億円であるのに対して、一九年のそれは四千二百三十七億円になっていて、十年間で実に二・六倍もの成長を遂げているのだ。それ以外のステージの伸びは一・三倍だから、一〇年代は音楽ライブの興行が「独り勝ち」の状況だったといっても過言ではない。

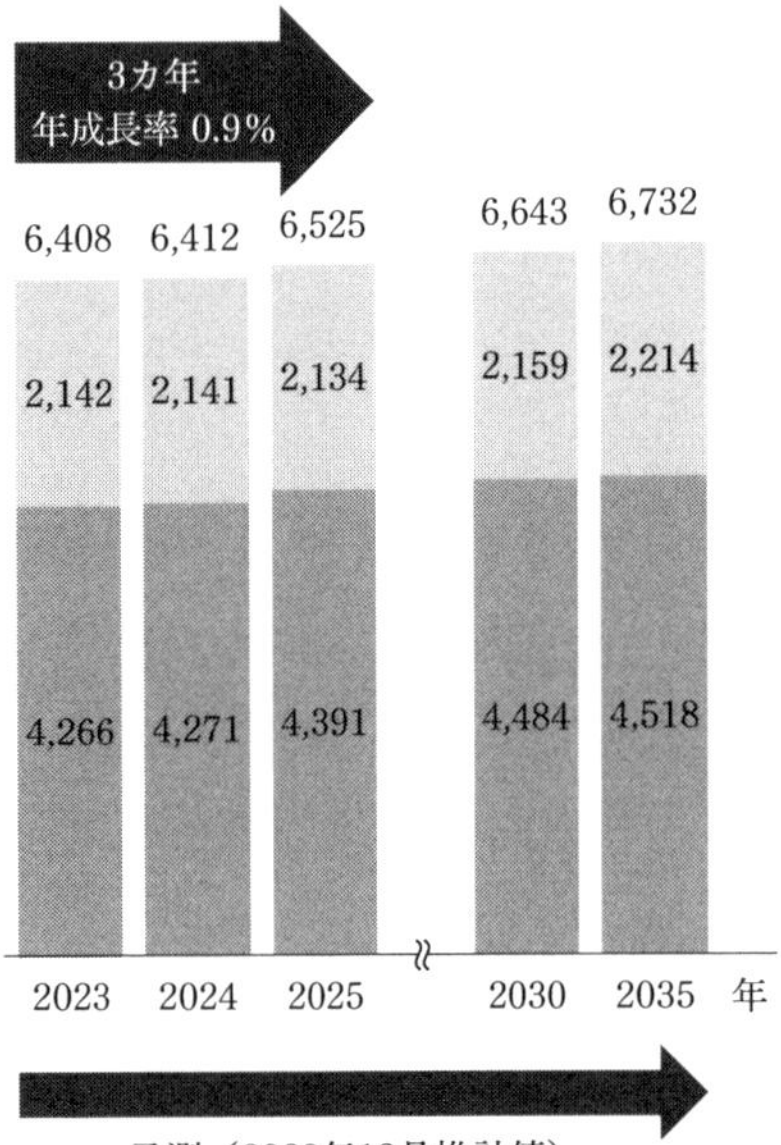

予測（2023年12月推計値）

音楽ライブ市場は二〇一〇年代に大幅な規模拡大を果たしたわけだが、このことはほかならぬコロナ禍での人々の行動からも説述できる。コロナ禍で人々が音楽に求めたのは、「なんとかしてライブを観たい」ということだった。音楽ライブ関連施設はパンデミックの最初期から運営の縮小を余儀なくされ、あらゆる公演の延期や中止が発表されていた。その事態がもたらす飢餓感も作用したと思われるが、多くのミュージシャンがファンのために選んだサービスは無観客ライブの配信だった。客席はゼロでも、あくまでもライブの臨場感にこだわる、インターネットを介した生配信である。海の向こうでもそれは積極的におこなわれ、がらんとしたライブ会場もしくは図書館や自宅などからストリーミングした多種多様な映像が提供され

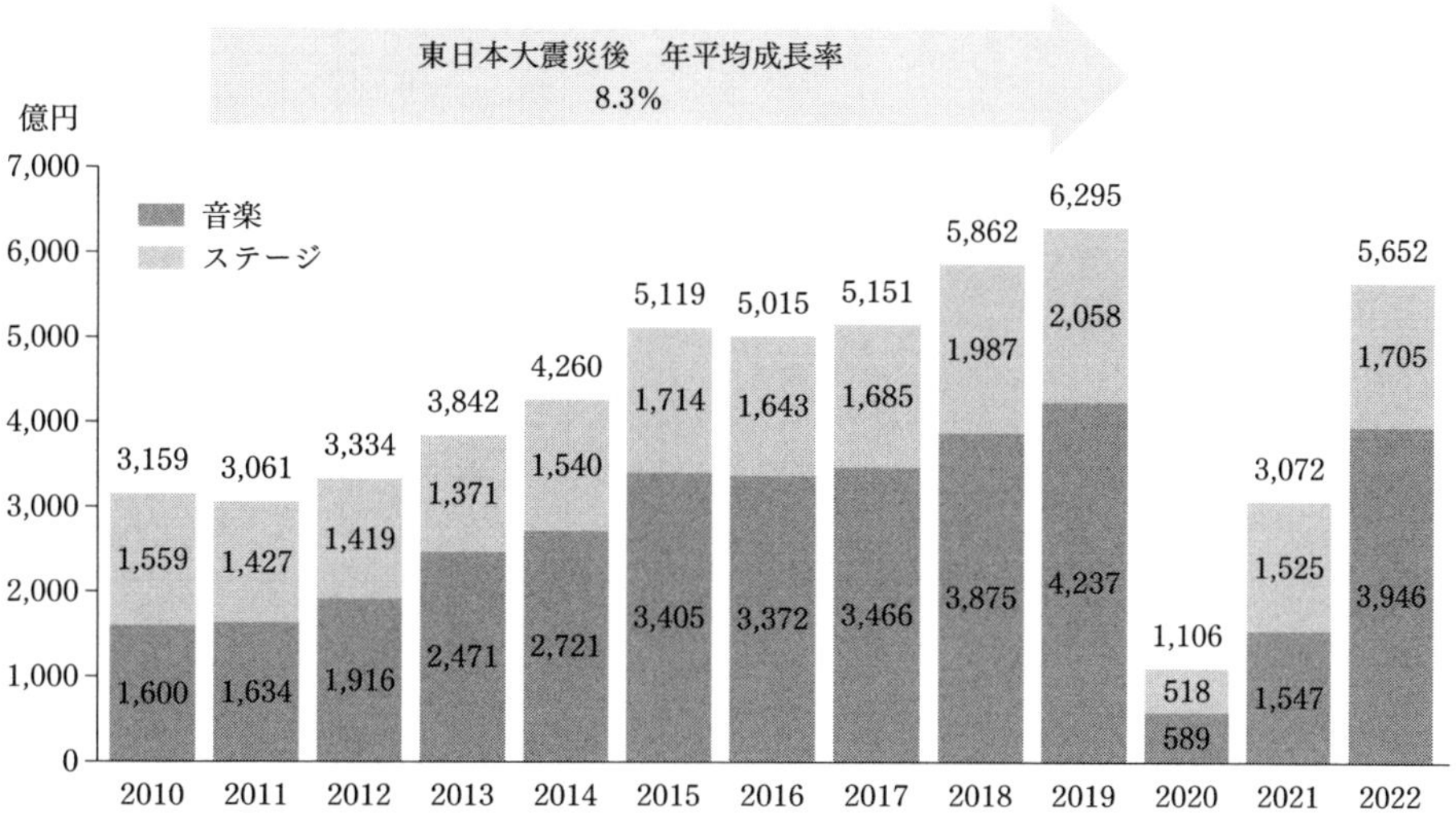

図1　ライブ・エンタテインメント市場規模の推移
（出典：「ライブ・エンタテインメント市場は力強く回復。2023年予測値は前水準より一段の上振れ濃厚／ぴあ総研が2022年確定値公表、及び将来予測値を更新」「ぴあ」2023年12月22日、ぴあ総研〔https://corporate.pia.jp/news/detail_live_enta20231222.html〕［2024年6月22日アクセス］）

た。音楽ポータルサイトは連日のように配信ライブのニュースを流し、「Twitter」の音楽コミュニティでは「ライブ」「配信」「本日」などが上位頻出語になった。[2] 音楽ファンは有料のチケットを購入して、自宅のパソコンやスマートフォンのモニター越しにチャットを用いて声援を送った。

　配信ライブに関する詳述はのちの章に譲るが、ここで一つ疑問に思うことがある。配信として提供されるものがなぜ「ライブ」なのだろうか。行きたかったライブが中止になった、コロナ禍で家からも出られない、在宅のままでライブが観たい、ウェブ配信なら参加できる……という、あまりにも自然な理路によってこの一連の動きは当然視されているが、そもそも少し前までなら、支持するミュージシャンからのギフトとして音楽ファンが最も欲していたものは「新譜のリリース」だったはずだ。

　苛烈なパンデミックの渦中では一般人もミュージシャンも分け隔てなく行動制限を受けていたから、新曲をレコーディングするためのスタジオ入りさえできなかったという事情もあるだろう。しかし、こう考えることはできないだろうか。二〇一〇年代を通じてライブに目覚めた音楽ファンは、意識的か無意識的かを問わず、新譜リリースの機会よりもライブ開催の機会のほうを重要視するようになっていたのだ、と。

それを裏付けるように、コロナ禍が明けた——と社会的な合意がなされた——二〇二四年、ライブ市場はコロナ禍前と同等かそれ以上の活況を呈した。一つ事例を挙げよう。日本を代表する夏フェスのロックインジャパンフェスティバルは二四年、近年開催地にしている千葉県蘇我会場での5デイズだけでなく、往年の開催地だった茨城県ひたちなか会場でも5デイズの公演を決行した。八月から九月にかけての週末をジャックする合計十日間の巨大規模である。

その最終日、二〇二四年九月二十三日のヘッドライナーをオファーされたサザンオールスターズは、公的に「最後の夏フェス出演」をアナウンスし、そのため同日のチケットに応募が殺到する事態になった。フェス事務局によると「過去に類を見ない数の申し込み」で「キャパシティ五万人に対して数十万人の落選者を出さざるを得ない結果」[3]になる過熱ぶりであり、急遽、全国の映画館でライブビューイングを実施する運びになった。四十七都道府県のすべてを網羅する総計三百三十二館（六百十一スクリーン）で実施されたこの特別な公演のチケットは完売し、ライブの観客たちは、別々の場所で、同時刻に、サザンオールスターズの勇姿を目撃したのだった。なお、筆者も（ひたちなか会場のチケットの抽選に外れたので）このライブビューイングを観にいった。都内のシネコンは三つのスクリーンがいずれも満席で、タオルやTシャツなどのグッズも早々に売り切れていた。筆者が参加したスクリーンではスタンディングこそ起きなかったものの、手拍子、手ぶり、歓声、コール&レスポンスがおこなわれ、フェス会場さながらの臨場感で百分間のステージを楽しむことができた。同日発表された動員数は映画館だけで十五万五千人。史上最大規模で、最大動員の記録である。

さて、こうして現代のライブミュージックを取り巻く状況を概観してきたが、当然のことながら現在のような活況に至るまでの歴史プロセスにはさまざまな経緯がある。また、一口にライブといってもジャンルやアーティスト、地域、興行形態、ファンコミュニティの違いによってその性格は変わってくる。

本書を二部構成にしたのはそのためで、まず第1部「ライブ文化の形成と展開」パートでは、冒頭で述べたように、ポピュラー音楽公演の歴史性や空間性についてマクロな視点から考察する。二世紀近く前のポピュラー音楽コンサートのありようを確認することから始めよう。そして二十世紀の音響技術の発展を明らかにし、過去五十年間のライブパフォーマンスをたどり、アメリカのライブビジネスの現在を理解しよう。

第2部「それぞれの現場」（第5章「ライブハウス店長の生活史――二〇一〇年代以降の「オルタナティブ」な場所作り」〔生井達也〕、第6章「K―POPライブとファン――世代交代による進化と越境」〔吉光正絵〕、第7章「3DCGライブの行方――初音ミクから考える音楽公演」〔南田勝也／木島由晶／永井純一／平石貴士〕、第8章「推し活への唯物論的アプローチ――場所・モノから考える推し活のいま」〔阿部真大〕、第9章「配信ライブの快楽と不満――メディアを介したライブ体験の行方」〔木島由晶〕）では、拡散するライブ文化のそれぞれの様相をミクロの視点で論じる。地域に根付くライブハウスの現況、K―POPのファンダムの実態、初音ミクのライブにみる技術変革、推し活と現場とグッズの関係、配信ライブに対する社会意識と、トピックは多種多様である。そして終章「ライブが存在感を増した社会背景――メディア、社会意識、共同体」（南田勝也）では、なぜライブはここまで存在感を増したのか、現代社会の機制を読み解くことから考察する。

ライブミュージックを歴史縦断的に、ジャンル横断的に検証した社会学研究は、まだ数が少ない。本書のページをめくることがライブの〝体感〟につながるのであれば、執筆者一同にとって望外の喜びである。

注

（1）「ライブ・エンタテインメント市場は力強く回復。2023年予測値は前水準より一段の上振れ濃厚／ぴあ総研が2022年確定値公表、及び将来予測値を更新」「ぴあ」二〇二三年十二月二十二日、ぴあ総研（https://corporate.pia.jp/news/detail_live_enta20231222.html）［二〇二四年六月二十二日アクセス］。調査の対象範囲は「日本国内で開催される各種ライブ・エンタテインメントのうち、一般に開催情報の告知を行い、かつ一般にチケット販売を行う、有料の音楽・ステージ二ジャンルのイベント」であり、集計ジャンルの内訳は、「音楽＝ポップス、クラシック、演歌・歌謡曲、ジャズ、民族音楽ほか」「ステージ＝ミュージカル、演劇、歌舞伎／能・狂言、お笑い／寄席・演芸、バレエ／ダンス、パフォーマンスほか」である。

なお、二〇二四年末に発行された『２０２４ライブ・エンタテインメント白書』(https://live-entertainment-whitepaper.jp/intro.php)［二〇二五年一月八日アクセス］には二〇二三年の確定値が記されている。市場規模は図１の予想よりも伸びて、「音楽」が四千七百五十八億円、「ステージ」が二千九十九億円で、総計六千八百五十七億円になり、過去最高を更新している。

(2) 二〇二〇年六月期の「Twitter」(二〇二三年七月「X」に名称変更)の数量的特徴語分析の結果に基づく。特に「邦ロック」カテゴリーはライブを希求する傾向が強かった。その手法や音楽コミュニティの内実については、片岡栄美／瀧川裕貴／南田勝也／村井重樹／小股遼／鳥海不二夫／榊剛史「Twitter では何が語られているのか――ＳＮＳの情報空間を俯瞰する」(「駒澤大学文学部研究紀要」第八十一号、駒澤大学、二〇二四年、四一―七七ページ)を参照されたい。

(3) Ｊフェス総合プロデューサー海津亮によるメッセージ、「9月23日(月・振休)最終アクト・サザンオールスターズのライブ・ビューイング実施に関して」二〇二四年八月九日、ロックインジャパンフェスティバル公式ウェブサイト(https://hitachinaka-rijfes.jp/2024/message/2778/)［二〇二四年九月二十四日アクセス］

［付記］本書の一部は、ＪＳＰＳ科研費二三Ｋ〇〇二四四、基盤研究(Ｃ)(研究代表者：南田勝也、研究分担者：木島由晶・永井純一・平石貴士)による研究の成果である。また、本書の出版にあたっては武蔵大学「図書・報告書等の公表のための援助金」の助成を受けた。ここに謝意を記す。

第1部　ライブ文化の形成と展開

第1章　コンサート・パフォーマンスの歴史
——クラシック音楽とポピュラー音楽の身体

宮本直美

はじめに

沈黙と厳粛な雰囲気が客席を支配するクラシック音楽のコンサートと、聴衆が熱狂を体中で表現するロックコンサート。その違いを想像することはおそらく誰にとってもたやすい。クラシック音楽とポピュラー音楽をその音楽の本質で区別することは難しいが、コンサート会場で現れる文化の違いは一目瞭然である。もっとも、国や地域、時代、ジャンル、会場の規模、演者が違えばコンサートのあり方も異なるのは当然で、そのなかでクラシックとポピュラーというカテゴリーに特に注目するのは音楽文化を考えるうえでバランスを欠くように思われるかもしれない。しかしここでは「興行としてのコンサート」、つまり入場料を支払って音楽を鑑賞する、音楽提供と享受の現場の成立過程に注目する。このシステムを成立させた近代ヨーロッパの音楽界は、クラシックとポピュラーという異なる音楽文化を生み出した。両者はそれぞれの音楽的特徴ではなく、パフォーマンスを含む売り出し方と聴かれ方、すなわち受容のされ方の違いによって分化してきたのである。その過程でどのような音楽観が醸成されたのか。コンサートこそがクラシックとポピュラーというカテゴリー形成を理解する鍵を握っているのである。(1)

1　コンサートの成立と展開

ヨーロッパでラテン語を語源とするコンサート（concert）が音楽演奏会の意味で使用されはじめたのは十七世紀である。自然発生的に誕生した音楽会は多くの場合、演奏できる人々が互いに演奏しあい聴き合う社交の楽しみとして始まった。そしてその内輪の催しが評判になると、演奏する人と聴く人が分離する形態へと変化していった。聴衆が入場料を支払って演奏を聴きにいく興行としてのコンサートの成立である。各地で散発していたコンサートは十八世紀には人々の生活のなかに定着し、一日限定の催しだけではなく、定期的に開催されるシリーズも登場するようになった。

このころオペラ劇場を擁していたヨーロッパ諸都市に目を向けると、コンサートの機能が明確にみえてくる。オペラ劇場をもてるということは、その都市がそれなりの財力を有し、そこでの公的な娯楽の第一がオペラだったことを意味する。そうした都市では、オペラとは異なる催しとしてコンサートが始まった。というのも、オペラではない音楽会、あるいはオペラ上演がない日の音楽会を指して「コンサート」の語が使われたためである。たとえば一七二五年に始まってシリーズ化したパリのコンセール・スピリチュエル（本来は宗教コンサートの意味）は、キリスト教の受難週間、すなわち娯楽自粛期間向けにオペラの代替として始まったものである。つまり、演劇的要素（ドラマ再現と華美な舞台セット）を伴わないコンサートは、建前上、娯楽としてのオペラとは区別されていたのである。このような成立過程を前提にするならば、コンサートとはドラマ全編を演じない、声楽または器楽の演奏会と理解することができる。現在でも、オペラやミュージカルを「コンサート形式」で上演することがあるが、それは演劇的要素を排した音楽会としての催しである。

「コンサート」という名称は声楽に対しても器楽に対しても使われるが、ヨーロッパの音楽史では古代から「声楽>器楽」という序列が出来上がっていて、器楽は常に格下にみられ、歌に付随する副次的な存在とみなされていた。[2] その価値観のなかでコンサートという催しが成立できた条件として、器楽の独立は見逃せない。オペラに代わる催しとして、歌芝居とは切り離された器楽が新たな娯楽として浮上したのである。

歌がない器楽への関心が生じたのはオペラが誕生したのと同じバロック時代だった。この時期にはコンチェルト（協奏曲）という新しいジャンルが生まれた。コンチェルトというと現在ではピアノやヴァイオリンのソロ奏者を主役に据えたオーケストラ曲というイメージが強いが、初期のコンチェルトはソロ・コンチェルトではなかった。コンチェルトとは対立と協力を特徴とする音楽形式だが、当初その対立は演奏人数の差による音量の大小で表現された。少人数パートはソロ（あるいはソロ群）、全員で演奏するパートはトゥッティ（総奏）と呼ばれ、少人数の音響と全員のそれとを交互に聴かせることでコンチェルトが成立していたのである。このジャンルの誕生が重要なのは、器楽が音響だけで人々の関心対象になりえたことの証左だからである。コンサートのプログラムは十九世紀に至るまでほとんど常に声楽曲を含んでいて、器楽だけで成立することはまれだったのだが、それでも十七世紀に器楽への関心が生まれたことには意味がある。それは「オペラとは異なる催し」たるコンサートの識別記号として機能した。

器楽への関心を示すもう一つの例は、オペラのなかで、始まりの合図という位置づけだった導入の器楽曲がシンフォニアとして定型化し、さらにそれが三楽章制に拡大したことである。これが独立してシンフォニー（交響曲）へと発展する。このように器楽への関心が増すにつれ、器楽の楽曲がコンサートという制度の重要な構成要素になっていくのである。

ただし、そのコンサートのプログラムのなかで聴衆動員の役割を果たしていたのは、相変わらずオペラ歌手たちだった。オペラ歌手は「コンサート」ではオペラのなかの人気ナンバーを取り出して歌うことを求められ、それがコンサートの客寄せになっていた。[3] そのオペラ歌手たちに匹敵する存在が、やがて器楽領域にも出現しはじめた。ヴィルトゥオーゾと呼ばれるソロの演奏家である。ポール・メッツナーによれば、ヴィルトゥオーゾとはさまざまな分野で特別な技巧的スキルを披露するパフォーマーであり、音楽だけではなくチェスや料理の世界にも存在した。[4] しかしヴィルトゥオーゾといえばやはり卓越した演奏技術をもつスター演奏家を指す言葉として使用されることが圧倒的に多い。こう呼ばれる演奏者は十八世紀にも数多くいて、楽器の演奏者であれ歌手であれ、コンサートのポスターに大々的に名前が掲載された。つまり彼らは集客できる音楽家であり、楽器演奏テクニックが聴衆を集めるだけの魅力をもつようになったということである。

ヴィルトゥオーゾはその技術で聴衆の人気を集め、評判が広まると別の都市に招聘されて、ヨーロッパ各地を巡演した。ときに「旅するヴィルトゥオーゾ」といわれるのもそのためである。神童と呼ばれたヴォルフガング・アマデウス・モーツァルトもその一人だ。彼はまだ幼い子どもでありながら難曲を弾く、初見で弾く、即興演奏をするなどの演奏技術で――ときには見せ物として――聴衆を圧倒し、ヨーロッパの都市や宮廷を席巻したヴィルトゥオーゾだった。コンサートでは特別な技術をもつ有名な演奏家の登場が期待されていた。彼らは集合体として認識される音楽家ではなく、常に個人名で認識され、受容されていた。つまりは「スター」だったのである。そのような演奏家は、近代的個人の理念が広まる十九世紀にはますます存在感を増すことになる。

2　器楽の評価と「クラシック」音楽

入場料を取る興行となれば、当然のことながらコンサートの採算が重要になる。大規模であるほど大勢の聴衆を集める必要があり、そのために有名なオペラ歌手やヴィルトゥオーゾを掲げ、プログラムはさまざまなジャンルの楽曲が入り交じる雑多なものになるのが通例だった。いわゆる「ごたまぜのプログラム」は十九世紀前半までヨーロッパ中で一般的で、演奏される楽曲はオペラから抜粋した独唱・重唱・合唱・器楽曲のほか、オーケストラ曲の一部や少人数の器楽曲など、使用する楽器も演奏する人数も異なる曲目が並んでいた。聴衆側もすべての曲を聴くわけではなく、合間に談笑するなどしながら聴きたい曲を選んでいた。現在の感覚からすると散漫な聴取態度に思えるが、一貫したストーリーを上演するオペラでさえ、観客は好きな場面を観て、それ以外は友人との社交や食事やゲームをすることが当時は当たり前だった。そのうえ貴族でも市民でも、観客は人気歌手の歌には喝采を送り、うまく歌えなければブーイングをするなど、自由に反応を示していた。特にイタリアの都市でのオペラは、現在のスポーツイベントのように客席が騒がしく盛り上がっていたという(5)。まさに当時の娯楽だったのである。

そうした演奏会風景が十九世紀前半に変わりはじめる。変化は、ロンドン、パリ、ライプチヒ、ウィーンなど主要都市で多少の時差を伴いながらもほぼ同時期に起こった。散漫な音楽の聴き方に異を唱えはじめたのは十九世紀に台頭した教養市民層である。各国の知的エリートたちは著作や交流を通じて相互に影響を与えながら、真面目に音楽を聴いていなかった貴族の文化に対抗して、音楽の聴き方を改めるよう啓発活動をおこなった。音楽を娯楽として享受するのではなく、知的で精神的な内容を理解して聴くべきだというのが彼らの考えであり、そうした文化的態度が市民としてのアイデンティティにもなっていた。

教養市民層は、しばしば経済市民＝ブルジョアとは区別される、高等教育を受けた市民層である。生まれながらにして身分が保証された貴族との違いを自負し、自身の努力によって大学や官僚の試験を経て教養市民層たる資格を獲得した。その試験の際に重視されたのが――つまり教養の深さを試すために重視されたのが、古典古代の文献学的知識である。古代ギリシャ・ローマの難解な古文書を解読するための知識と忍耐力だけではなく、生活に実践的に役立つものではないからこそ普遍的な人間性の証しだと考えられた古典の知識が重視されたのである。当時の価値観では、社会で役立つ実学のほうがむしろ下位に置かれた。

市民の価値観が「教養」を求めた時代に、それまで音楽としての評価が高くなかった器楽に光が当てられた。とりわけその頂点とされた交響曲が関心を集めた。十八世紀までは歌詞すなわち言葉をもたない器楽は「何も表現していない」がために劣った芸術と位置づけられていた。これに対し、十九世紀初頭の知識人たちは、ロマン主義思想を背景に、言葉では表せない深遠なものを表現する器楽こそ純粋な音楽の頂点だと、価値の転換を図った。エルンスト・テオドール・アマデウス・ホフマンが一八一〇年に音楽雑誌に寄稿したルートヴィヒ・ヴァン・ベートーヴェンの『交響曲第五番「運命」』についてのエッセーはヨーロッパ中に影響を与え、器楽の見直しの機運を高めた。そして言葉の力を借りなくても長大なドラマを構築できる交響曲こそが音楽の最高峰として崇められるようになったのである。

しかしその交響曲は、具体的に何を表現しているのかがわからないうえに、数十分にわたる長い器楽曲であって、聴く側にとっては歌やダンス曲のように気楽に楽しめるものではない。難解で退屈に思われたこのジャンルは、十九世紀初頭の段階では明らかに不人気だった――不人気ということは、それをプログラムに据えても聴衆を集めることはできず、興行には不向きということである。そこで交響曲の価値と音楽の真面目な聴取姿勢を広めたい知識人層は音楽雑誌などの論考で読者を「教育」し、難解だからこそ何度も聴いて理解することの重要性を唱えた。また他方で、実際に管弦楽団のコンサート・シリーズのプログラム改編を試みた。具体的には、オペラの抜粋やピアノアレンジなどの人気楽曲と抱き合わせて交響曲をプログラムに入れた。人気演奏家や人気曲に引かれて来場した聴衆がその場で交響曲を聴かざるをえない状況を作ったのである。市民の音楽的「教化」に用いられたのは第一にベートーヴェンの交響曲だった。

こうして定期演奏会のプログラムがある程度フォーマット化するにつれ、不人気だったジャンルも一八四〇年代ごろには耳になじむ音楽になっていった。数十年にわたるプログラム改編の動きはヨーロッパの主要都市に共通してみられた。交響曲を何度も真面目に聴いて理解する営みは、古典古代（クラシック）の文献を根気よく読解する教養の価値になぞらえられ、音楽の分野でも「クラシック」という言葉が使用されるようになった。十九世紀初頭から、特定の故人作曲家をたたえてその作品をクラシックと呼ぶ例はみられたが、その使用範囲は徐々に広まり、十九世紀前半には使用法が定着した。このときカテゴリーとしての「クラシック音楽」という語が成立したのである。

重要なのは用語の成立だけではない。クラシックという語は、その時点で存命しない作曲家の作品を指して使用された。教養市民層が推奨した交響曲は主としてベートーヴェン、フランツ・ヨーゼフ・ハイドン、モーツァルトの楽曲で、一八三〇年代にはすでに過去のものになっていた音楽である。交響曲は基本的に過去の偉人の音楽で代表され、コンサートの聴衆はそれを何度も聴くという習慣を身につけた。それ以前のコンサート、あるいは交響曲以外のコンサートでは新曲を披露するのが当たり前だったが、クラシックと称される音楽は繰り返し演奏され、プログラムには過去の音楽が並ぶことになったのである。(6) これは現在も定番で、クラシックのコンサートでは一般に、十八世紀から二十世紀初頭の有名作曲家の交響曲や協奏曲を軸にプログラムを構成している。一方、当時の娯楽やダンス曲のコンサートは常に最新の曲、「現代曲」を披露して人気を集めていた。新曲が話題になりヒットするというあり方は、今も昔もポピュラー音楽界では一般的な光景である。

3 沈黙する聴衆と身体抑制

同じ時期に教養市民たちは、交響曲を理解するためには真面目な聴取態度も必要だと主張しはじめた。現在のクラシックコンサートでおなじみの座席に座って沈黙して聴く態度は、十九世紀に数十年をかけて定着した。それ以前のように演奏中に談笑する態度は非難され、音楽に集中することが求められた。それに合わせて演奏中の客席は暗くなり、新しいホールや劇場では客席間の通路が少なくなり、演奏中の出入りが規制されるなど、ステージ上の音楽にすべての神経を注ぐための空間が出来上がった。以前は楽章がバラバラに演奏されていた交響曲も、徐々に全楽章を通して演奏されるようになり、全楽章を一作品とみなすために楽章間の拍手は控えられた。現在では、一楽章が終わって拍手を入れようものなら、クラシック音楽を理解していない素人だと非難する視線が周囲の観客から注がれそうだが、このような聴取マナーを心得ていることは、その聴衆が音楽の内容や崇高な価値を理解していることを、少なくとも対外的には示した。

こうした聴取マナーは現在のクラシック音楽界では世界的に行き渡っているが、その特徴は、聴衆の身体の動きを抑制することである。演奏中は一切の音を立てず、音楽の響きをじゃましないよう努めなければならない。楽章間に客席で一斉に起こる咳払いは、演奏中に聴衆がどれほど我慢していたかを物語る全世界共通の光景である。クラシックという芸術音楽を「理解」している聴衆の相互監視のもと、身体を動かして音を出すことが許されるのは楽曲終了後の拍手と「ブラボー」の発声だけである。演奏中の客席は厳粛な空気に支配される。この雰囲気と身体の抑制はポピュラー音楽のコンサートとは決定的に異なっているといえるだろう。

身体の動きが制限されているのは客席だけではない。一般的なクラシックコンサートではオーケストラのメンバーの服装は基本的に黒で統一されていて、弦楽器群は弓を動かすボーイングの向きやタイミングもそろえている。ほかの楽器も、ソロパート以外は個人が目立つことはせず、全体の音響が指揮者の指示のもとで調和している。個人として目立つポジションにいるはずの指揮者も、指揮棒の振り方や身ぶりで個性が表現できるとはいえ、実は完全に自由なわけではない。指揮者も指揮台から動かず、やはり黒い服装で役割に徹しているのである。

クラシックコンサートで個を出せるのは独奏者（ときには独唱者）だけで、特に女性の華やかな衣装が聴衆の目を引く。入退場も特別扱いで、ゲストとして脚光を浴びる手順が出来上がっている。しかしながらその独奏者もまた、十九世紀以前と比べればかなりの制限を課されている。それを端的に示すのは、独奏者に許される即興である。かつては独奏者や独唱者が自由に即興をする余地が多分にあり、それが聴衆の歓声を喚起していた。しかし十九世紀の間に、独奏者がオーケストラを差し置いて即興演奏を披露する場は狭められていった。演奏者の力量は、書かれた楽譜を忠実に再現しながらどのように独自の表現をするかという点で測られるようになる。プログラムの定型化、聴取態度や演奏スタイルの抑制、即興の制限、楽譜全集出版も含めて、ヨーロッパのクラシック音楽界は故人作曲家とその「作品」を尊重し崇拝する価値観のなかで編成されていったのである。

4 ポピュラーなコンサート

このように現在のクラシックコンサートのスタイルは十九世紀に出来上がった。とはいえ、ヨーロッパの音楽界全体がそれ一色に染まったわけではない。真面目なシンフォニーコンサートの定着が目指される一方、一八三〇年代にはパリやロンドンでもっと気軽なコンサートが誕生した。これらのコンサートはフィリップ・ミュザールやルイ・ジュリアンなどの有名なスター指揮者のもとで開催された。まずはパリでプロムナードコンサートとして始まり、その人気はすぐにロンドンにも広まった。歩き回るという意味の「プロムナード」の語を冠するコンサートは、公園や劇場などで開催され、座席もないなか、聴衆は立ちながら、ときには歩きながら音楽を楽しんだ(図1)。演奏されたのはワルツやギャロップなど当時流行のダンス曲で、前述の指揮者はこのジャンルの小曲を量産する作曲家でもあった。これらのカジュアルなコンサートは自身の新作を指揮して披露する催しだったのである。この種のコンサートの人気は絶大で、たとえばミュザールがパリのオペラ座で開催したコンサートは、前日に告知しただけで五千人が集まったといわれる。こうしたコンサートは芸術志向のシンフォニーコンサートと同様、器楽をプログラムの中心に置く。しかしその器楽がダンス音楽だったことは注目に値する。プロムナードコンサートは若い男女が踊るため、出会いの場にもなっていたからこそ多くの人々を集めたのである。この時代にかぎらず、ダンス音楽はこうした需要のおかげでヒットすることがよくあり、近現代のポピュラー音楽のジャンルもダンス音楽から始まる例が目立つ。ジャズも当初はダンス音楽として広まった。ヒップホップはいうまでもなくダンスと不可分なジャンルである。
プロムナードコンサートは席に座る必要もなく、短いダンス音楽で成り立つため、音楽の理解や真面目な聴取態度が要求されるコンサートではない。指揮者とオーケストラがいるので、真面目なクラシック音楽と同様の形態に思えるが、コンサートの趣旨も実態も異なるし、もちろん芸術音楽とはみなされなかった。プロムナードコンサートのスター指揮者たちは当時は圧倒的な人気を誇っていても、後世から評価されることはなく忘却されている。このようなコンサートは、実質的にはポピュラー音楽として受容されていた――それは身体抑制と沈黙を求めるコンサートではないという意味である。

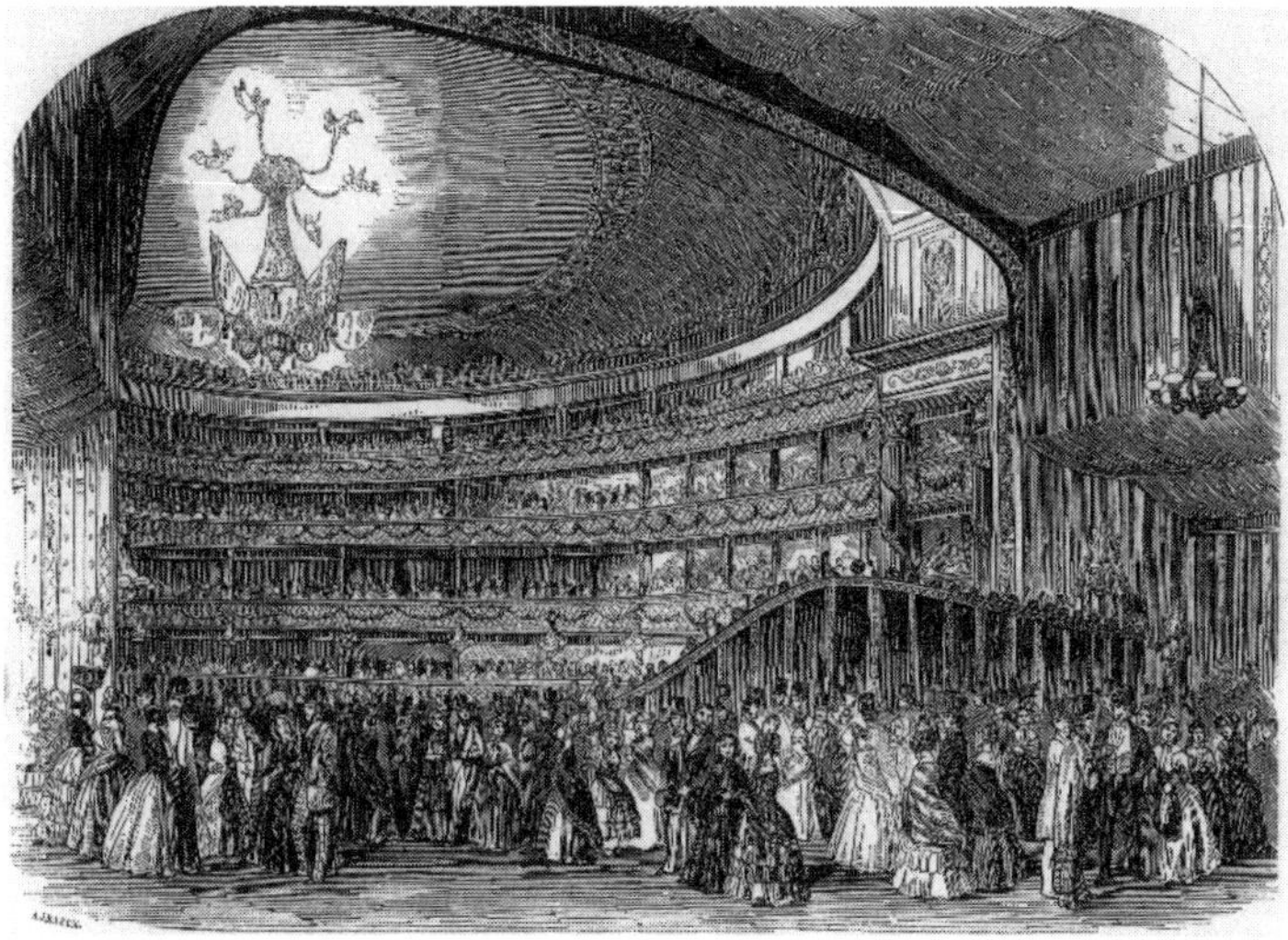

図1　1847年のロンドンのプロムナードコンサートの風景。劇場内で開催されたものだが、演奏中に聴衆は歩いている様子がわかる
（出典：*Illustrated London News,* August 16 1847）

クラシック音楽というカテゴリーが定着しはじめた十九世紀半ば、楽譜出版広告やコンサートのタイトルに「ポピュラー」という言葉が頻出するようになった。当初は「幅広い人気がある」という意味で広告のために用いられたこの語は、まもなくポピュラー音楽という大まかなカテゴリーの名称としても使用されるようになる。このころから、クラシック音楽とポピュラー音楽という二項対立図式が浮かび上がるのだが、これらの名称は当初から相対するものとして誕生したのではなく、別々の文脈から誕生した語がのちに対で使わ

れるようになったのである。その際、両者を区別する特徴とされたのは商業性の差だった。クラシック音楽は教養理念をベースに商業性に対抗する文脈から生み出されたため、商業主義を否定する。実際にはコンサートという興行で商業性を完全に排することはできないのだが、大衆迎合的な商業性を嫌悪する傾向は現在でも引き継がれている。一方のポピュラー音楽は徹底して商業主義の上に存在する。多くの聴衆の好みと受容を追求する、まさにポピュラリティによって成り立つカテゴリーである。

5 ヴィルトゥオーゾへの熱狂――リストマニア

十九世紀から現在を視野にクラシックとポピュラーのコンサートを考えるうえでとりわけ重要なポイントになるのは、ヴィルトゥオーゾコンサートである。十八世紀からその人気は高かったが、十九世紀にはますます大規模に商業化してより大きな影響力をもった。その代表格は現在も名を知られているニコロ・パガニーニとフランツ・リストである。彼らのヴィルトゥオーゾコンサートは、クラシック音楽とポピュラー音楽のコンサートを架橋するものだった(7)。

前述したように、ヴィルトゥオーゾのコンサートは、モーツァルトのような子どもの天才的な演奏テクニックを披露するもの、ライバル関係にある二人のヴィルトゥオーゾに演奏技術を競わせるもの、どれほど速く弾けるかの記録を保持しているとうたうものなど、高度な演奏技術を見せ物のように享受する側面も持ち合わせていた。こうしたゲーム感覚の催しは気まぐれな貴族のパトロンが主催することが多かったが、十九世紀にはそれが公開コンサートに発展した。コンサートのポスターには有名なヴィルトゥオーゾの名前が大きく印字されていて、それが聴衆動員の鍵になっていたことがわかる(図2)。ヴィルトゥオーゾコンサートが隆盛を極めた一八三〇年代には、そのテクニックの提示パターンはある程度フォーマット化されていた。当時の公演評によくみられた要素は、たとえばピアノでは速いパッセージ、手の交差、オクターブ連打、指の交代などで、それらが「定番の難技」だった。[8] いずれも、聴覚だけではなく視覚にも訴える派手なパフォーマンスといえる。

十九世紀にコンサート市場が拡大するにつれ、ヴィルトゥオーゾコンサートはより華々しい催しになった。単に演奏技術を見せつけるコンサートではなく、演出効果を加えた音楽イベントになっていったのだ。筆頭に挙げられるのがパガニーニである。現在でも有名な悪魔的な音楽家というイメージは、パガニーニ自身のコンサートから生み出された。痩せこけて青ざめた顔が人々に与えた印象を活用し、舞台に登場するパガニーニは黒い式服に身を包んで、不気味なヴァイオリニストというイメージを定着させた。一本の弦だけを使って演奏するなど、彼のヴァイオリンの超絶技巧は聴衆を視覚的にも圧倒し、そのような演奏ができること自体が悪魔の所業である、あるいは悪魔に魂を売り渡して手に入れた能力であるという噂も広まった（図3）。もちろん、その悪魔のイメージは聴衆にとってパガニーニが魅惑的だったことの表れである。パガニーニがヴァイオリン演奏でヨーロッパの音楽界を席巻したのち、それに追随するようにピアニストのリストが「愛の司祭」のイメージでコンサートをおこなった。このようなキャラクター設定はいわばセルフプロモーションであり、[9] これが十九世紀のヴィルトゥオーゾの特徴でもあった。視覚重視の演出効果を計算したコンサートは、音楽だけに集中させようとする厳粛なシンフォニーコンサートとは正反対の方向を目指すものだった。

それをふまえて注目すべきは聴衆の熱狂ぶりである。パガニーニやリストが聴

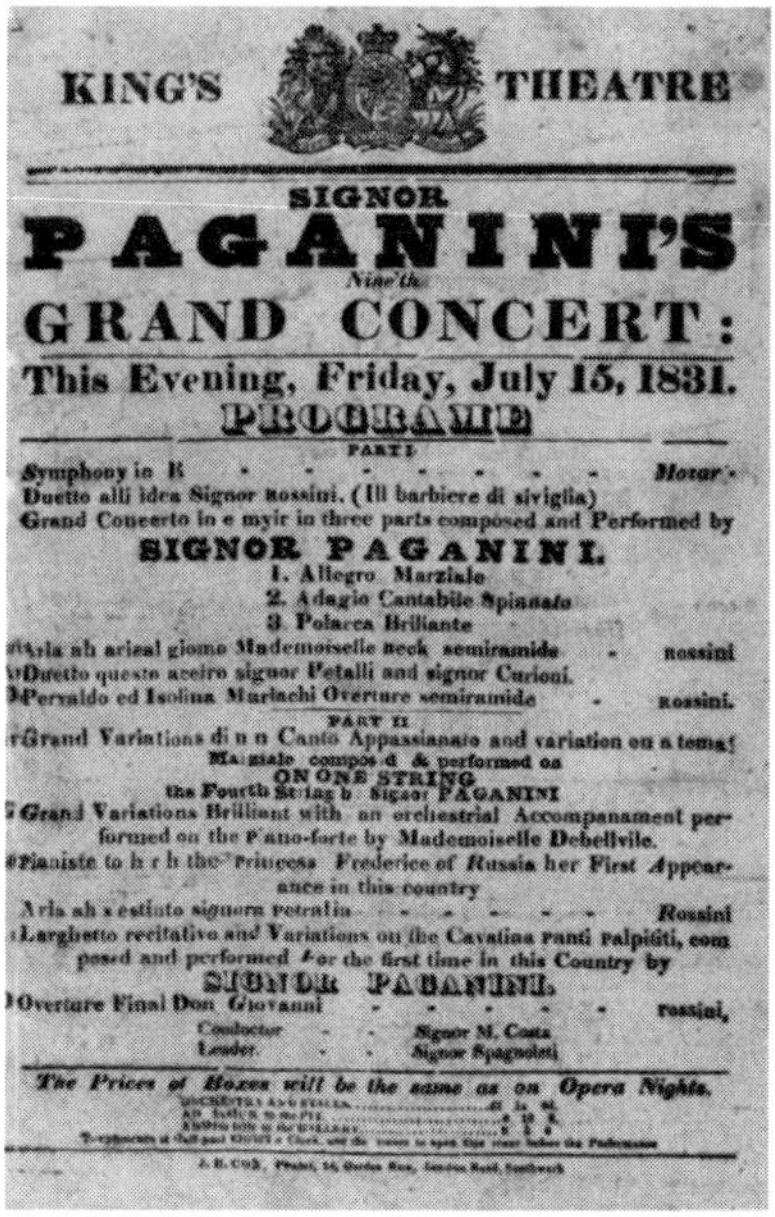

図2　1831年のロンドンでのニコロ・パガニーニのコンサートのポスター。パガニーニの名が目立つようにいくつも印字されている
（出典：“Wikimedia Commons”〔https://commons.wikimedia.org/wiki/File:Petralia.jpg〕［2025年1月23日アクセス］）

図3　パガニーニと悪魔のイメージを描いた装画（楽譜 *Paganini's Dream, fantasia for the Piano-Forte* の表紙）
（出典：“Wikimedia Commons”〔https://commons.wikimedia.org/wiki/File:Paganini%27s_Dream,_fantasia_for_the_Piano-Forte,_in_which_is_introduced_The_Dance_of_the_Witches_under_the_Walnut_Tree_of_Benevento_(BM_1938,0214.14).jpg〕［2025年1月23日アクセス］）

衆にもたらした興奮はさまざまなエピソードとして知られている。二〇一三年に製作された映画『パガニーニ――愛と狂気のヴァイオリニスト』（監督：バーナード・ローズ）でも描写されているように、観客はヴィルトゥオーゾの登場に悲鳴を上げ、演奏中も歓声を上げ、興奮のあまり気絶する女性もいた。その光景はさながら現在のロックコンサートのようである。特に有名なのが、リストが一八四一年から四二年にかけてベルリンを訪れた際の聴衆のエキサイトぶりである。リストに熱狂した女性たちは切れたピアノの弦、手袋、髪、吸い殻に殺到した。彼が飲み残した紅茶を香水の瓶に注いだ婦人がいたという報告もある。ハインリヒ・ハイネはこの異常な熱狂を「リストマニア」と呼んだ。[10] 二十世紀の「ビートルマニア」現象を知っている人も多いだろうが、「リストマニア」はそれに類する熱狂が十九世紀のヴィルトゥオーゾコンサートで生じていたことを示している（図4）。ベルリンを中心とするプロイセンが特に教養市民層の価値観を発信する場所だったこともあり、このときの聴衆の常軌を逸した反応はベルリンの知識人層の間でさまざまな議論を呼び起こした。彼らを困惑させたのは、リストの音楽と演奏が聴衆――特に女性――の身体に影響を与えていたことである。それは雷のような刺激ともいわれ、女性の感情に直接訴えかける刺激が病をもたらすと考えられた。知識人層が危惧したのは、そうした聴衆が音楽を理性で聴いているのではなく、神経や感情の次元で直接的に刺激を受け止めているのではないかということだった。[11] リストの演奏を興奮して体験していたのは女性だけではなかったが、そうした身体的反応は女性に結び付けられた。リストの派手なパフォーマンスが身体的反応を引き起こし、人々を興奮させるというイメージはこの時期にいっそう広く流布した。彼の演奏はすべてが過度であり、派手なサウンドと異例なテクニックを含む音楽情報の過多、ヴィジュアルや身ぶりからくる刺激の過剰さが聴衆の心身に悪影響を与えると考えられた。そう考えなければ、その熱狂と興奮が理解できなかったのである。これは芸術や音楽の問題ではなく、社会問題と受け止められた。[12] そのイメージ

図4　リストマニアの熱狂を描いた風刺画
（出典：“Wikimedia Commons”〔https://commons.wikimedia.org/wiki/File:Liszt_koncertteremben_Theodor_Hosemann_1842.jpg〕［2025年1月23日アクセス］）

はたびたび風刺画に描かれてさらに広まり、現在でもよく知られている。ヴィルトゥオーゾコンサートの熱狂的な受容が痙攣のような身体的反応と結び付けて語られたこともまた、ヴィルトゥオーゾコンサートが身体の抑制を志向したクラシックコンサートとは対極にあったことを表しているといえるだろう。それは理性と精神で音楽を理解する場とはかけ離れたものだったのである。

6　クラシックとポピュラー音楽をつなぐヴィルトゥオーゾコンサート

十九世紀の街なかで知られたポピュラーソングの人気はその楽譜の売り上げで確認することができるのだが、ヴィルトゥオーゾがアレンジした楽譜は楽譜出版界の最も重要な商品であり、ベストセラーの源だった。この点からもヴィルトゥオーゾが演奏する音楽がポピュラリティを獲得していたことがわかる。楽曲の人気を測る指標だった楽譜は、二十世紀にはレコードの売り上げ枚数に移行し、さらに二十一世紀の今日では音源データのダウンロード数や再生回数になっている。時代とともに媒体は変化したが、そのポピュラリティを確認する行動は十九世紀から現在までつながっている。そして派手なパフォーマンスと大勢のファンの熱狂というポピュラー音楽コンサートに一般的な光景は、前節で述べたように、十九世紀のヴィルトゥオーゾコンサートに見いだすことができる。パガニーニやリストは、現在ではクラシック音楽のカテゴリーに分類されるが、彼らのコンサート風景はまさに現在のポピュラー音楽のそれだったのである。

ここに、十九世紀のヴィルトゥオーゾが置かれたアンビバレントな立場が関わっている。ヴィルトゥオーゾは演奏技術が特にすぐれた声楽や器楽の奏者で、十八世紀からオペラやコンサートで活躍したスターだった。十九世紀に突然登場したわけではない。

しかしながら、すでにみてきたように、十九世紀には芸術音楽を真面目な態度で集中して聴くことに価値を見いだすようになった。交響曲を中心に据えるコンサートが定着し、クラシックというある種の尊称が定着するなかで、前時代から続くヴィルトゥオーゾに対する評価もまた徐々に変化していった。音楽を集中して聴き、理解するという教養主義的価値観が聴衆に求めるのは、音楽に対する理性や精神性である。それに対してヴィルトゥオーゾコンサートが人気を誇っていたのは、その卓越した演奏技術による派手なパフォーマンスであり、外面的な要素であった。リストのヴィルトゥオーゾ性についてエッセーを書いたウラディミール・ジャンケレヴィッチは、ヴィルトゥオーゾが受ける「喝采とは、意図の内面性ではなく、演奏の外面性に対して表明される」[13]と述べている。ヴィルトゥオーゾへの喝采は理性や精神よりも知覚と感覚による反応といえる。これは外面では決して測れない「音楽の理解」を目指す真面目な聴取とは正反対のものだった。このような見方に賛同する者は多く、そのためヴィルトゥオーゾの呼称は十九世紀半ば以降、むしろネガティブな意味をまとうことになる。つまり、派手なパフォーマンスで聴衆を刺激するが、中身がない軽薄な音楽家だという評価である。

十九世紀の著名な音楽批評家・理論家だったアドルフ・ベルンハルト・マルクスはヴィルトゥオーゾの演奏を、人間の精神のためのものではなく、指のため、身体のしなやかさを披露するためのものにすぎないと批判し[14]、グスタフ・アドルフ・ケーファーシュタインは、甘い刺激と興奮を与えるだけの感覚的な芸術だと非難した[15]。いずれもヴィルトゥオーゾの演奏を、外面的に派手なパフォーマンスを見せるだけで内実が伴わないものとみなしていることがわかる。実際、バロック彫刻の装飾や文学のレトリックによる多弁、音楽での音符の過多などの「過剰さ」がヴィルトゥオーゾの名人芸の本質だった[16]。ヴィルトゥオーゾのテクニックを披露するために最も多く選ばれた手法は変奏である。オペラの人気アリアなど、もとになるメロディを反復するごとにテクニックを駆使した装飾と変奏を積み上げて作る音楽に観客は歓喜する。しかし同じ旋律を繰り返すという点で、音楽的な展開はなく、そこに奥深い内実や精神性はない。ヴィルトゥオーゾが喝采を浴びるのは、その超人的技術すなわち身体能力のためだった。

リストは、その音楽家としてのキャリアのなかでヴィルトゥオーゾというあり方を捨て、演奏の第一線から退いた。「クラシック」の偉人作曲家の音楽を自在にアレンジしてピアノのテクニックを披露する材料にしたことについて、彼はのちに反省の弁を残している。そしてその後はもっぱら作曲に取り組み、交響詩などの新ジャンルや、新しい和声法や調性など作曲技法上革新的な音楽を生み出して、同時代と後世の専門家からの評価を得た。こうしてリストもまた「クラシック」の音楽家になっていったのである。一方、当時リストと人気を二分していたジギスモント・タールベルクは後世に名を残すことはなかった。リストとタールベルクの違いは作曲家としての業績の有無だろう。リストのキャリアの変化は、当時の音楽観の変化を如実に表している。それは真面目な芸術音楽が商業的に受けるポピュラー音楽から分岐したときでもあった。十九世紀のヴィルトゥオーゾコンサートは、ヨーロッパの音楽界が、もともとあった見せ物的な娯楽コンサートのなかから真面目なクラシック音楽文化を生み出した過程をみせてくれるのである。

　両者の違いは客席にも表れていて、その一例が身体の動きの抑制と解放である。クラシック音楽受容は理性による理解を求めるため、演奏者からも聴衆からも音楽の音響以外のものを極力排除しようとした。一方、絶大な人気を博したヴィルトゥオーゾに熱狂する聴衆は全身で称賛を表してそのパフォーマンスの参加者になった。その聴衆たちは常に演者を全肯定し賛同する者であり、ともすれば信者のようでもある。このコンサートのあり方は現在のポピュラー音楽に引き継がれているといえるだろう。

　現在の音楽界に目を向ければ、かつてのようなヴィルトゥオーゾコンサートはほぼ残っていない。パガニーニやリストの超絶技巧を伴う作品は、いまやクラシック音楽として扱われ、交響曲と同じように厳粛な沈黙のなかで鑑賞される。華麗な演奏技術もまた芸術の表現として受容され、それを派手にひけらかして歓声を浴びるヴィルトゥオーゾコンサートは衰退したといっていいだろう。パガニーニやリストのほかに大勢いたヴィルトゥオーゾたちの音楽は、現在演奏されることはほとんどない。つまり、「内実」を伴わない名人芸披露の場は、それだけでは生きながらえることができなかったのである。そしてコンサートのポピュラリティは、楽曲創作を伴うパフォーマンスに集まった。それが二十世紀のポピュラー音楽のコンサートである。派手な演出や演奏技巧、視覚に訴える要素の過度なまでのひけらかしと聴衆の熱狂をすべて含み、商業主義に徹している。しかしそれは同時に、新しい楽曲——アーティストの自作のものであれ提供されたものであれ——、そのアーティスト自身を表現する楽曲という内実をもつコンサートとして根付いているのである。

おわりに——ステージ上の音楽ペルソナ

十九世紀のヴィルトゥオーゾコンサートと現在のポピュラー音楽のコンサートを地続きの音楽文化とみなして眺めてみると、いずれの場合でも聴衆の関心は目の前にいる演奏者本人の身体に向けられていることに気づく。音楽学ではヴィルトゥオーゾ文化はおもにその演奏技術の面から論じられてきたが、本章で注目したのは、視覚に訴える身体パフォーマンスである。常人にはおよそ不可能な超絶技巧の演奏も、派手な演奏の身ぶりも、それらはすべて演奏者の身体から発せられる。さらにいえば、卓越した特別な存在としての個人の身体が注目を浴びている。そこから演奏者個人に対する熱狂と崇拝が生まれる。ジャンケレヴィッチはそれを「ソリスト至上主義[17]」と呼んだ。パガニーニやリストのコンサートにみられた熱狂はカリスマ的個人に対するものだったが、それは現在のロックやポップスのスターに対するカルト的人気と同様である。

フィリップ・オースランダーはコンサートの社会学的分析のなかで、演奏者が音楽ジャンルを背景にステージで演じる人格を「音楽のペルソナ[18]」と呼んでいる。演奏者は演劇のように役を演じるわけではないが、演奏中の人格は日常を生きる本人の人格とは異なる。その音楽ジャンルを演奏するときに求められるペルソナを演じているわけである。たとえばオーケストラには集合的なペルソナがあり、そこでは「個人」の表現は控えられる。前述のオーケストラのメンバーの服装が黒でほぼ統一される習慣もその表れとみていいだろう。個人が突出しない仕組みや行動様式が出来上がっている。その一方で指揮者やソリストには、その立ち位置や衣装も含めて、「個人」としての音楽ペルソナが成立している——あくまで様式化されたクラシック音楽の範囲内の個人ではあるが。先に確認したとおり、クラシックのコンサートで第一に崇めるべき個人は、演奏者ではなくすでに世を去った作曲家である。これこそ十九世紀前半に過去の偉大な作曲家の作品を演奏する習慣ができたことに由来する価値観である。そこにはいない故人作曲家の精神を忠実に再創造することが演奏者の使命になったのである。[19] 指揮者やソリストでさえ、作曲家の意図を尊重した音楽表現をすることを求められ、作曲家の意図を無視した勝手な解釈や表現は一般的には評価されない。いってみれば、クラシック音楽のコンサートの場に浮かび上がるのは不在の——つまり身体をもたない——作曲家の音楽ペルソナなのである。クラシックのコンサートでは、演奏者への喝采の背後には作曲家への尊敬があることが前提とされている。

ポピュラー音楽にもそれぞれのジャンルに応じた音楽ペルソナが出来上がっている。十九世紀のヴィルトゥオーゾと現代のポピュラー音楽のスターは音楽ペルソナが類似しているといっていいだろう。演奏者は身体表現もおこないながら最大限の個性を演奏のなかで発揮して聴衆をあおり、聴衆もまた全身で応答する。ポピュラー音楽のコンサートは全身で体験するものになっている——観客の聴取作法もまた、その演奏者の音楽ペルソナの形成に加担し、そしてそのジャンルの様式をも作り上げているのである。コンサートの演奏者を音楽のペルソナとして捉えてみると、特にポピュラー音楽ではその商業性とスター主義のために、カリスマ的個人がより重要な役割を果たしていることがわかる。歌声を合成するソフトウエアであるはずのボーカロイドが「初音ミク」というキャラクターとヴィジュアルを獲得したとき、その人気は沸騰した。この現象も新たな音楽的ペルソナの誕生といえる。それと同時に、たとえ虚構であっても崇拝対象としての「個人の身体」が現前すればコンサートが成立することを示した例として興味深い。ヴィルトゥオーゾコンサートが生み出したのは、演奏テクニックへの注目というよりもむしろ、その超絶技巧を発するカリスマ的な音楽ペルソナという演奏者のあり方だったのである。そしてそれは現在のポピュラー音楽の領域で再生されているといえるだろう。

注

（1）現在のポピュラー音楽界では演奏会をコンサートよりも「ライブ」と呼ぶことが多いが、この用語は二十世紀にレコードやラジオなどの複製メディアによる音楽が普及する過程で、生演奏を強調するために広まったものである。したがって、それ以前の十九世紀の音楽現象を主たる対象として比較する場合には「コンサート」の語を使用する。

（2）声楽と器楽の歴史的な関係については、宮本直美『コンサートという文化装置――交響曲とオペラのヨーロッパ近代』（〔岩波現代全書〕、岩波書店、二〇一六年）を参照。

（3）十九世紀にはオペラ歌手のガラ・コンサートという催しも登場した。これは現在のオペラやバレエ、ミュージカルの世界でも一般的になっている。本編そのものを上演するのではなく、スターが勢ぞろいして人気演目の一部を断片的に披露するお祭りのようなイベントである。

（4）Paul Metzner, *Crescendo of the Virtuoso: Spectacle, Skill, and Self-Promotion in Paris during the Age of Revolution*, University of California Press, 1998, p. 1.

（5）John Rosselli, "Italy: The Centrality of Opera," in Alexander Ringer ed., *The Early Romantic Era: Between Revolutions, 1789 and 1848* (Man & Music), The Macmillan Press, 1990. 翻訳は、「イタリア――オペラの中心地」柴辻純子訳（アレグザンダー・リンガー編、西原稔監訳『ロマン主義と革命の時代――初期ロマン派』〔「西洋の音楽と社会」第七巻〕所収、音楽之友社、一九九七年）一八四ページ。

（6）クラシック曲が定番になると、今度は新作を発表するのが難しくなるという事態が生じた。十九世紀に交響曲を発表する際には、人気のクラシック曲と併演する方式がとられたが、これはかつて不人気だった交響曲を聴衆に聴かせるために人気楽曲とともにプログラムに組み込んだのと同様の手法である。

（7）「リサイタル」と称してコンサートをおこなったのはフランツ・リストとされている。リサイタルは単独の演奏者のコンサートを意味するが、これが当時注目されたのは、通常のコンサートがすべて「ごたまぜ」の編成だったためである。リストが単独でリサイタルを開催できたのは人気演奏家だったからであり、また一人で興行をするに足る集客力を確保できたからである。

（8）岡田暁生「ホロヴィッツ編曲《星条旗よ永遠なれ》をどう分析するか――ヴィルトゥオーゾ理論の構築のために」、岡田暁生監修『ピアノを弾く身体』所収、春秋社、二〇〇三年、二七四ページ

（9）ポール・メッツナーは十九世紀のヴィルトゥオーゾの特徴として、スペクタクルメイキング、テクニカルスキル、セルフプロモーションを挙げている。Metzner, *op. cit.*, p. 1.

（10）その後まもなく、一八五〇年から五二年にスウェーデンのナイチンゲールと称されたジェニー・リンドがアメリカでコンサートをおこなったときには「リンドマニア」が生み出された。*Ibid.*, pp. 153-157.

（11）リストマニアと名づけたハインリヒ・ハイネも、そのほかの著述家も、リストマニアの現象を精神の不健全さと結び付けることが多かった。Dana Gooley, *The Virtuoso Liszt* (New Perspectives in Music History and Criticism), Cambridge University Press, 2004, pp. 201-204.

（12）*Ibid.*, pp. 206-220.

（13）ウラディミール・ジャンケレヴィッチ『リスト ヴィルトゥオーゾの冒険』伊藤制子訳、春秋社、二〇〇一年、四一ページ（原著はVladimir Jankélévitch, *Liszt et la rhapsodie: Essai sur la virtuosité*, Plon, 1989）

（14）吉成順『〈クラシック〉と〈ポピュラー〉――公開演奏会と近代音楽文化の成立』アルテスパブリッシング、二〇一四年、五三―五四ページ

（15）前掲『コンサートという文化装置』一七三ページ

（16）前掲『リストヴィルトゥオーゾの冒険』一五ページ

（17）同書二一ページ

（18）Philip Auslander, *In Concert: Performing Musical Persona*, University of Michigan Press, 2021, p. 30.

（19）リチャード・セネット『公共性の喪失』北山克彦／高階悟訳、晶文社、一九九一年、二八三ページ（原著はRichard Sennett, *The Fall of Public Man*, Cambridge University Press, 1997）。セネットはニコロ・パガニーニが「聴衆に音楽のテキストを忘れさせた」と述べている。それは楽曲よりも演奏者に聴衆の関心が向いていたことを示す。またアドルフ・ベルンハルト・マルクスは「演奏家は作品を遮るべきではない。自分の演奏技術を見せびらかすような演奏は音楽から注意をそらす」と過剰な演奏を批判している。前掲『コンサートという文化装置』一七四ページ

第2章　PA実践の文化史
——循環器としてのサウンドシステムが生む「ライブ」な交歓

忠 聡太

はじめに

二〇二四年四月二十七日と二十八日、Adoが「心臓」と題したワンマン公演を東京の国立競技場で開催した。最大八万人超のキャパシティーをもつ同会場で女性アーティストが単独公演をおこなうのは史上初の快挙である。直前にアジア・ヨーロッパ・北米でのツアーを開催していたことも手伝い、この公演は〇〇年代後半以降にボーカロイドと歌い手が織り成してきた文化の円熟を印象づけ、音楽情報サイト「ナタリー」はそのステージを「偉業」と評するレポートを掲載した。(1)

一方で、ＳＮＳ上には同公演の音響を非難する声が相次いで投稿された。(2)おそらくは関係者として良席が割り当てられていただろう大手ウェブ媒体の公演評執筆者と、ステージから遠い上階の座席で参加した観客に、それぞれどのように演奏が響いていたのかを事後的に検証することはできないが、会場の規模が大きくなるほど位置による経験の違いもまた大きくなるのは誰もが承知のうえだろう。それでもなお、公演の参加者は、最前列に陣取ろうと後方のPAブース近くから眺めようと、一定の音質を期待している。

ここでは、音の「悪さ」を指摘した参加者が、ウェブ空間で芽吹いたボカロ（ボーカロイド）や歌い手の文化圏内で、どのような響きを「いい」音として期待していたのかを問うべきだろう。過去に国立競技場で公演を開催してきた旧ジャニーズのタレントなどがおもにテレビ出演を通じて人気を確立してきたのとは対照的に、いまだ顔を出さずに活動しているAdoの求心力は、印象的なイラストやMV（ミュージックビデオ）がスマートフォンの画面上にどれだけあふれようと、その声から生じている。ウェブ上で活動する歌い手のリスナーは、イヤホンやヘッドホンを介して歌唱の細部に耳を澄ます。そこで培われたAdoの「生」の声への憧れや期待にかなうだけの音を、競技場内のすべての位置に向けて響かせるのは容易ではない。さらに、その楽曲の多くも動画サイトや配信サービスを介した聴取を前提として作編曲され、巨大な空間での演奏は制作の段階ではあまり念頭に置かれていなかったはずだ。(3)

Adoの国立競技場公演をめぐる毀誉褒貶は、私たちがしばしば「観にいく」ものとみなすライブの心臓部で脈打つ音響技術の重要性を、その不全によって気づかせてくれる。本章のタイトルに掲げた「PA」という言葉は、「人々に宛てる」と直訳しうる「public address」の略語で、実演の場での音響を制御するシステムを指す。PAの内実はきわめて多様である。音楽といっても会場の規模やジャンルによって求められる操作は異なるし、ミュージカルや演劇、漫才など、音楽と隣接するさまざまな上演芸術、さらには政治家の演説や学校朝礼での訓話のためにもPAは重要な役割を果たす。さらに広義では、音を発する者とオーディエンスが直接は対峙しない、館内放送なども含まれる。(4)

多岐にわたるPA実践に共通しているのは、演奏者が発した音をマイクなどで拾い、さまざまな調整を経てそれをスピーカーなどで観客に届けるプロセスである。歌手がバンドを伴ってステージ上で歌うとき、歌声はマイクに拾われ、その信号はほかの楽器や機材が発する信号とともに会場内をはうケーブル類を通じて客席やフロアの後方に設置されたミキサーに送られる。ミキサーを操作するエンジニアは、ステージ正面からやや離れたブース内で、歌声と各パートが適切に響くよう細心の注意を払いながらそれぞれの音量や帯域を調整し、観客に向けたスピーカーから出力する。ＰＡシステムが目指すのは、演説であれ演奏であれ、音がなるべく多くの人に効果的に届くよう調整することである。この側面はＰＡの類語として「音の補強」を意味する「sound reinforcement」（ＳＲ）という言葉が用いられることをふまえると、より理解しやすいだろう。(5)

さらに、ポピュラー音楽の実演では、演奏者が自分とほかの奏者が出した音を把握できるように、ステージ上のモニター・スピーカーやイヤホンなどからも音を出力することが一般化している。つまり、ポピュラー音楽のＰＡシステムは、音を大勢（public）に向けて届ける（address）だけでなく、演奏者にとってなかば私的（private）な空間ともいえるステージ上に調整・増幅した音を返し、演奏者に自身の音を確認させる鏡のような役割も担っているのだ。ポピュラー音楽の演奏を学ぶための教科書で、デヴィッド・キャッシュマンとヴァルド・ギャリドは実演の場で音を効果的に増幅するための技術を以下の五種に類型化している。①マイクやピックアップなどの「入力変換機（input transducers）」、②入力された音を調整する「ミキサー（mixing consoles）」、③入力された音を増幅する「アンプ（amplifiers）」、そして調整・増幅された音を④客席やフロアのオーディエンスに向けて再生するスピーカーなどの「出力変換機（output transducers）」、⑤ステージ上の演奏者に向けて再生する「返し（foldback）」である。(6) 同書内ではＰＡという語は用いられていないが、これらの五類型からなるシステムは、ＰＡとして実装されている仕組みと重なる。

このように、ポピュラー音楽のＰＡは、オーディエンスに向けて増幅した音を発する補強性と、それを発信源であるプレーヤーに戻す再帰性によって特徴づけられ、血液を全身に送り出す動脈とそれを再び心臓に送り返す静脈からなる循環器系のように機能している。とはいえ、ＰＡ実践が現在の循環性を確立するまでの過程は平坦ではなかった。レコードやラジオやテレビなどニューメディアが大衆文化を急速に膨れ上がらせた二十世紀には、ポピュラー音楽公演の産業化が進み、旧来のものを量的にも質的にも凌駕する実演の空間が出現した。そして、そこでの音響面の問題を一つひとつ解決する試行錯誤のなかでPA実践のノウハウが磨かれてきたのである。

PA技術を構成する要素は多岐にわたり、その通史的かつ包括的な議論は筆者の手に余るため、本章ではPA開発の中心地になった北米での先行研究に基づき、その原理が芽生えた二十世紀初頭からシステムの恒常化が始まる一九七〇年代以前までに注目する。この期間に開催された大規模な音楽公演を事例として取り上げて、その実践史を素描していく。

1 二十世紀前半の電気的な補強

音響の制御は、電気的な増幅技術が発明される以前から試みられてきた。十九世紀から二十世紀への転換期には、音響工学に基づいて音楽に特化した建築物が設計されはじめる。一九〇〇年にオープンしたボストンのシンフォニーホールは、ハーバード大学の物理学者ウォーレス・クレメント・セイビンが事前に計測した残響時間などをふまえて設計された。エミリー・トンプソンは、世界で初めて科学的にデザインされたこのホールを、聴衆が音楽に没入できるよう楽音以外の音を意図的に排除し、近代的なサウンドスケープを体現した最初期の事例だとしている。(7)

スティーブ・ワクスマンは、没入型の近代的聴取に適した会場が建設されたのは、南北戦争以後に存在感を増した中間層が芸術への欲望を強く抱いたためだったと指摘している。アメリカでの西洋芸術音楽の「市民的」な人気は、世紀転換期以降にレコードやラジオなどのニューメディアが登場してさらに高まった。また、アルトゥーロ・トスカニーニのようなスター指揮者も登場してコンサートの機会も増加した。それに伴い、高級な西洋芸術音楽が演奏／鑑賞される静的な空間と、「低俗」で「ポピュラー」な音楽が演奏される飲食やダンスへの誘惑

や酔客の喧騒に満ちた場との差異も広がっていった。(8)

このように実演への需要が高まるにつれ、音響を電気的に制御するさまざまな技術が次第に広まっていく。マイクロホンで拾った音を真空管を用いて増幅してスピーカーから発する一連のプロセスは、二十世紀前半の段階で通信・録音・放送・イベントなどさまざまな領域で導入された。この段階では、キャッシュマンとギャリドの五類型のうち①から④までの原理がおおむね確立されたが、演奏者に音を返す⑤「返し」の実践例はほとんど確認できない。

図1　1906年の震災後にゴールデンゲートパークに設けられた避難所
（写真提供：ゲッティ イメージズ）

最初期の補強実験

音を電気的に増幅して大勢の人々に届けることをＰＡの原初的な成立条件とするならば、記録で確認できる世界初のＰＡのデモンストレーションは一九一五年十二月にサンフランシスコでおこなわれている。同市は〇六年の地震とそれに伴う大火で壊滅的な被害を被ったが（図1）、その後の十年弱で急速に再建が進み、一五年には街の復興と前年のパナマ運河開通を祝したパナマ・太平洋万国博覧会が、西海岸初の大規模博覧会として二月二十日から十二月四日まで開催されている。(9)

このころ、カリフォルニア州ナパを研究拠点とするピーター・ジェンセンとエドウィン・プリダムは、スピーカーの原型になる装置の開発を進めていた。万博閉会から間もない十二月十五日、二人は震災直後は避難所になっていたサンフランシスコのゴールデンゲートパーク内の競技場に報道関係者を集めて、装置を披露した。当日は小雨と強風に見舞われたが、聴衆から離れた位置に設置された装置の響きは集まった人々を驚愕させた。招待されたジャーナリストによれば、ヴァイオリンのか細い単音を一マイル（約一・六キロ）離れたところでも聞き取ることができたうえ、オペラ歌手ルイーザ・テトラッツィーニの独唱はスタジアム中にとどろき、ピアノのソロ演奏はウェストミンスター寺院の鐘をロドス島の巨人が叩いたかのように鳴り響いた。ハワイアンの弦楽四重奏は一つ目巨人のサイクロプスがハープを奏でるかのような音を出し、その音量は当日フットボールの試合に興じていた学生たちの声をかき消すほどだったという。[10]

ジェンセンとプリダムの実験はこうした大仰なレトリックで報じられ、同月二十四日のクリスマスイブにおこなわれたより大規模な公開実験には、およそ五万人の聴衆が集まったとされている。[11]デモンストレーションは、完成を翌年に控えて再建途中だったサンフランシスコの新市庁舎でおこなわれ、市長のスピーチ、オペラ歌手アリス・ジェントルの歌唱、音楽レコードの再生音が装置を通じて大音量で鳴り響き、クリスマスにちなんだ楽曲が復興後の万博に沸いた一年の締め括りを飾った。

ジェンセンはその後、ラテン語で大きな声を意味する「マグナヴォックス」の名を冠してこの技術を製品化した。一九一九年にはウッドロウ・ウィルソン大統領が、国際連盟設立のプロモーションのためサンディエゴでおこなった演説でアメリカ大統領として初めてマグナヴォックスを使用し、七万五千人の聴衆に語りかけた。[12]

PAの民生化と民主化

こうしたアメリカ西海岸での大規模な実験と前後して、東海岸では音を補強する技術の商業的な開発と営業が進んだ。トンプソンによると、十九世紀末にグラハム・ベルが創始したベル電話会社を出自とするＡＴ＆Ｔ社は、電話以外の領域にも事業を拡大するために、無線や長距離電話に用いていた真空管を音の補強に応用する技術開発に取り組んでいた。第一次世界大戦中には同社の製造部門にあたるウェスタン・エレクトリック社が航空機上の司令官から地上部隊へ作戦を伝達するための装置を開発するなど、音を広く届けるさまざまな技術が研究されている。大戦の終結後はこうした技術が応用され、ウォレン・ハーディング大統領は一九二一年におこなった就任演説（Inaugural Address）を長距離電話によってアメリカ各都市に中継し、会場に集まった大衆はスピーカーから新大統領の第一声を耳にした。二二年ごろまでに、ウェスタン・エレクトリック社は、会議場、ホテル、デパート、教会、映画スタジオなど、音を増幅して届ける技術が役立ちそうなさまざまな場所にＰＡシステムを販売・設置する体制を整えた。劇場やホールでもマイクロホンとスピーカーの導入が進み、当初はミュージカルの稽古中の指示などで用いられていたＰＡシステムが、次第に本番でも導入される。三〇年代にさしかかるころには、大勢の観客を入れてラジオの公開収録をおこなうために設計されたラジオシティミュージックホールのように、電気的な技術を当初から組み込んだ会場も設立されている(13)。

また、スポーツ競技場、野球場、レース場などへのＰＡシステム導入が進むと、壁面による反響が得にくくアコースティックな音量の補強が困難だった屋根がない会場や屋外で、大規模な公演を実現する可能性が開けていく。たとえば、電子楽器テルミンの開発者レオン・テルミンが一九二八年八月二十七日にニューヨークのルウィンソン・スタジアムでおこなった公演は、およそ一万二千人の聴衆を動員した。同公演ではテルミンと三人の教え子によるテルミン四重奏とニューヨーク・フィルハーモニック交響楽団が共演し、高く積み上げられたスピーカーから発せられたテルミンの大音量は、オーケストラのそれをしのいだという。「ニューヨークタイムズ」紙はその音量と音色について、トーキー導入期でもある当時の映画館に設置されていたヴァイタフォンのサウンドとの類似を指摘している(14)。

屋外での大規模なパフォーマンスとしては、アフリカ系アメリカ人歌手のマリアン・アンダーソンが一九三九年四月九日にワシントンＤＣのリンカーン記念堂前でおこなったパフォーマンスも見逃せない。アンダーソンはヨーロッパ巡業でその名声を確立し、アメリカ国内でも興行的な成功を収めていたものの、人種隔離を徹底する

図2　1939年のリンカーン記念堂前でのマリアン・アンダーソンのリサイタルと聴衆
（写真提供：ゲッティ イメージズ）

ジム・クロウ法下では差別的な待遇を受けていた。首都では愛国的な女性団体が所有するホールでの公演を予定していたが、同団体はアンダーソンの公演に白人と黒人がともに集うことを危惧してホールの使用を拒否した。この対応への批判が強まり、記念堂前での歌唱が実現する。イースターの日曜日にあたる当日、会場にはおよそ七万五千人が集まり、その人種構成は白人と黒人が半々だったという。アンダーソンはヨーロッパ由来のレパートリーと黒人霊歌の双方を歌唱し、マイクロホンによって補強された歌声はその場で耳を傾ける人々だけでなく、ラジオを介してより広く中継された[15]（図2）。

アンダーソンはおよそ四半世紀後の一九六三年八月二十八日に、同じくリンカーン記念堂前でおこなわれたワシントン大行進でも歌唱している。マーティン・ルーサー・キング牧師の演説とともに記憶されるこのデモは総計二十万人から三十万人を動員し、その組織化にあたってＰＡ技術が重要視された。当時の公民権運動デモにおけるサウンドシステムの予算は大規模なものでも千ドルから二千ドルだったが、運動家のバイヤード・ラスティンは未曾有の規模の集会に備えて「聞こえない状態では秩序を保てない」と主張し、約二万ドル（当時のレート換算で七百万円弱）を拠出した。調達したシステムを記念堂近辺に設置するも、大行進の前日に何者かがこれを破壊した。デモの運営にあたっていたウォルター・ファントロイは司法長官のロバート・ケネディに「数十万人がやってくる。明日すべてがすんだあと、ここで争いが起こることを望みますか？」と連絡し、政府にＰＡシステムの補修を要求した。アメリカ陸軍の信号隊が一晩のうちにシステムを再構築し、キング牧師の「I have a dream」のリフレインは応急処置によってよみがえったＰＡから響いた(16)。

「publice address」が、単なる音量の増大や音質の向上ではなく、「公衆」に向けた効果的な伝達を意味することをふまえると、ＰＡの本懐は単に音を届けることを超えて、音によってその場を治めることにある。さらに、音が発せられるそのとき・その場だけでなく、放送や録音を介して別の時間と空間にいる人々へも音を届けられることに留意するべきだろう。ワシントン大行進にみられたような二十世紀中葉以降の「大衆」の急速な拡大は、同時代の新たなメディアの展開と不可分だからである。

ロックンロール以前の「スタジアムロッカー」

ラジオ放送やレコード制作のためにスタジオで用いられていたマイクロホンは、スピーカーとともにステージに導入され、日本でも一九三〇年代に入るころには劇場での利用が広まった。マイクロホンがポピュラー音楽の実演にもたらしたインパクトとしては、公共の広場やスポーツ競技場での大規模な動員が可能になったことに加えて、歌手の声量を増幅することで、一人の歌手が大編成の楽団をバックに「地声」で歌を披露できるようになったことも重要である(17)。聴衆はまずラジオやレコードで歌を聴取し、その歌手の声質とルックスやパーソナリティを結び付けて憧憬する。そして実演の場に臨めば、電気的に補強された当人による歌唱が、これらを再統合し

図3　1951年のシスター・ロゼッタ・サープの結婚式公演を記録したSPアルバム
（出　典：*The Wedding Ceremony Of Sister Rosetta Tharpe And Russell Morrison* (1951, Shellac), “Discogs”〔https://www.discogs.com/release/9756423-Various-The-Wedding-Ceremony-Of-Sister-Rosetta-Tharpe-And-Russell-Morrison〕［2024年9月27日アクセス］）

て聴衆の心を動かす。このプロセスは現在にも引き継がれている。

　ポピュラー音楽でのPA実践のもう一つの特徴である再帰的なモニター技術の導入は、筆者が調査したかぎり二十世紀前半の段階では確認できない。放送や録音用のスタジオではヘッドホンやイヤホンを用いて発した音を確認する技術が広まったが、ステージ上でマイクを使う歌手は、観客に向けて設置されたシステムから自分の声を耳にしていた。また、楽器の音を電気的に増幅する場合も、アンプをステージ上に設置して客席に向けてじかに鳴らすことがほとんどであり、ドラムやパーカッションなど原音の音量が大きな楽器はPAを通さずそのまま鳴らされた。こうした状況が変化し、ステージ上に複数のマイクを立てて二次的な増幅と調整をおこない、その音を観客と演奏者の双方に出力する循環方法が広まっていったのは、一九六〇年代以降である。

　そのため、PAに関しては一九四五年を画期として戦前／戦後を分かつ区分はあまり有効ではない。五〇年代までは前述したように演奏者も聴衆も会場に備え付けのシステムとステージ上の楽器とアンプから出る音を耳にしていた。ただし、この段階でも数万人規模の実演はおこなわれていた。たとえば近年「ロックンロールのゴッドマザー」として再評価が進んでいるゴスペル歌手のシスター・ロゼッタ・サープは五一年七月三日にワシントンDCの野球場グリフィススタジアムでおこなった結婚式に二万人超の観客を集め、ウエディングドレス姿で歌唱した[18]（図3）。

前項でみたアンダーソンの公演をはじめ、大規模で画期的な音楽公演が行政の中心地で企画されているのはおそらく偶然ではない。政治やスポーツなどの領域でも先駆的なPA実践が試行されてきたためである。グリフィススタジアムは歴代の大統領が始球式をおこなった球場であり、式や試合の様子を場内にも場外にも伝えるための装置を備え付けていた。[19] アメリカ現地の時間で一九四一年十二月七日に真珠湾攻撃が起こった際には、フットボールの試合を観戦していた将校に向けて、球場内のシステムから緊急招集がかけられている。[20] また、当時のアナウンス用システムは音楽演奏を十分に媒介できたわけではなく、翌四二年にルイ・アームストロングとチャーリー・バーネットが「Battle of Music」と題した公演でグリフィススタジアムに一万八千人を集めた際には、音響の悪さが観客の不満を募らせ、一部の人々がフェンスを乗り越えてグラウンドで踊りだしてしまい、警察との間で暴動に近い混乱が起こった。[21]

さらに、サープの伝記をまとめたゲイル・ヴァルドは、ハワード大学の近くに立地するグリフィススタジアムが同市内のさまざまな階級のアフリカ系住民の居住区と隣接していたことを指摘している。サープの結婚式を企画したプロモーターのアーヴィン・フェルドは、この結婚式の着想を、ラジオを通じた活動で人気を誇ったアフリカ系アメリカ人の伝道者ライトフット・ソロモン・ミショーが一九三〇年代後半以降から球場でおこなっていた大規模な宗教的なイベントから得たという。ポピュラー音楽公演への動員は、こうした宗教実践の延長線上にも位置づけられるだろう。[22]

サープがあくまで宗教的な動機で演奏していたことに注意を払いつつも、ヴァルドはサープを最初期の「スタジアムロッカー」として位置づける意義を主張している。サープの再評価には、アフリカ系アメリカ人女性であり、なおかつ音楽活動上のパートナーだったマリー・ナイトとの親密な関係からバイセクシュアル傾向が噂されていたサープのセクシュアリティも深く関わっている。エルヴィス・プレスリーのデビュー以前に、「クィアな黒人女性がロックンロールを発明」していただけでなく、大規模な球場を埋めるほどの人気をすでに確立していたことの重要性は、いくら強調してもしすぎることはない。[23]

一方で、一九五一年当時の野球場でのサープの公演のプログラムが、二十一世紀を生きる私たちが想像するスタジアム公演のそれとは大きく異なることには注意するべきだろう。このイベントのメインはあくまで結婚式であり、当日の演奏を収録したSPレコードに収録されたサープのリード曲は“God Don't Like It”と“So High”の二曲だけである。実演に注目して笠置シヅ子の表現史を跡付けた輪島裕介が、貫戦期の実演では「単独のアーティストが長いライブ・パフォーマンスを行うこと」がほとんどなかったことに留意すべき[24]、と指摘しているように、アメリカでも一組のアーティストが一時間以上のステージをこなすような形式は、少なくとも歌唱を中心とするポピュラー音楽文化ではまだ一般的ではなかった。五〇年代から流行しはじめるリズム&ブルースやロックンロールの興行でも、複数の出演者が各地を回る形式がとられた[25]。また、サープの結婚式でどのようなサウンドシステムが組まれていたのか定かではないが、おそらくは球場内に配置された場内拡声用のシステムから音を出力したものと思われる。

この数年後、一九五〇年代のロックンロール全盛期にプレスリーやバディ・ホリーが球場で公演をおこなった際にも、移動式のステージを兼ねたトレーラー上から音が出力されるだけで、ミックスやモニターの技術は導入されていなかったと考えられている[26]。

2 音量のさらなる補強と再帰的な回路の構築

スタジオ内ではなくステージ上でのモニターとミックスは、おそらくさまざまな場での実践が次第に収束するなかでシステム化されていったため、今後も特定の起源や発明者が明らかになることはないだろう。とはいえ、現段階での通説では、二十世紀後半のポピュラー音楽文化史を良くも悪くも神話的に編み上げているビートルズの公演をPA史の分水嶺としている。代表例として、イギリス・アメリカそれぞれの実演文化通史であるサイモン・フリスらによる *The History of Live Music in Britain* と、ワクスマンによる *Live Music in America* は、ともにビートルズがアメリカ巡業の一環として開催したニューヨークのシェイスタジアム公演をＰＡ実践の転換点とし、その前後に台頭したロック文化がＰＡの構築に果たした役割を強調している[27]。

日本でもビートルズの武道館公演をＰＡ史の分水嶺とみなす傾向は根強い。スピーカーの技術史を編んだ佐伯多門は、演説や場内放送に用いられる一般拡声用の「ＰＡ」と、音楽公演に用いられる楽音補助拡声用の「ＳＲ」を区別し、各時代に開発された装置の詳細を俯瞰したうえで、コンサート用のシステムが変化したのは、「一九六六年に英国のビートルズの武道館公演を機に、次々と外人タレントの来日公演が増えて、観客数が増加し、大出力のＳＲシステムが求められるようになってからで、その後は急速に進展しました[28]」と主張している。

ビートルズ武道館公演の音響を担当したのは、戦後日本のＰＡ技師の草分けともいえる岡本廣基である。日本舞台音響家協会の協会誌「Stage Sound Journal」の二〇一一年三月号に寄せられた追悼文によると、一九二七年に広島で生まれた岡本は、旧制中学校在学中に予科練習生として海軍に入隊し、そこで通信機器の操作を学んだ。台湾で敗戦を迎え、復員後は山口の松竹関西支社に入社して映画館で映写技師として勤務している。五一年に戦後の民放事業拡大のなかで産業経済新聞社が設立した大阪サンケイ会館に転職し、五四年には東京の産経ホールに移る。このころマスコミ主導でおこなわれたホール建設は、戦前アメリカのラジオシティミュージックホールのように、放送メディアと実演を直結させるメディア再編が進むなかで計画されたものである。岡本は六三年に独立して東京音響通信研究所を開設し、二年後には同組織を株式会社化した。同社は二〇二五年現在もＰＡ業者として営業を続けている。こうした岡本の経歴は軍事・映画・放送などの諸産業を行き来しながら展開したＰＡ技術史そのものをたどるかのようである[29]。この追悼文も、武道館公演がどれほど画期的だったのかについて以下のように記している。

岡本さんが担当された一九六六年のビートルズの武道館公演はわが国のＰＡ技術史を塗り替えた記念すべき

出来事でした。一万人にも及ぶ観客を同一空間で、同時に満足させることは実演音楽がPA技術を導入したことで「産業」の仲間入りを果たすことになるからです。それまでの「実演音楽」は多くても三千人の観客を収容するホールが最大の規模でしたから興行の域を出ることができませんでした。「ビートルズ」以降多くの観客を収容できる野球場や体育館での催しが盛んになったことをみるにつけ、観客の「生」の熱気を感じるにつけ、その実感は否めません。

一九六九年にウッドストックで野外のロックコンサートが催されました。余裕のある「大音量」が求められる時代の到来です。(30)

以下では「シェイ＝武道館史観」ともいうべきこの議論を整理したのち、それに対する筆者のささやかな反駁として、ビートルズ以前の来日公演でのモニターとミックスの実践事例を検討したい。

シェイスタジアムの大歓声

ビートルズのシェイスタジアム公演は、一九六五年と六六年におこなわれている。このうち広く知られているのはドキュメンタリー番組にもなった六五年八月十五日の公演であり、口コミの宣伝と郵便で受注するチケット販売だけで五万五千枚を売り上げた。ステージはグラウンドの中央に組まれ、異例の大規模公演に備えダイヤモンドに沿ってスピーカーが並べられた。バンドと主催者はこの公演に向けてVOX社の協力のもと機材を特注し、使用するギターアンプの出力を三十ワットから百ワットにまで高めて当日に臨んだ。(31)

それでもなお、三十五分間にわたって十二曲を披露したビートルズの演奏は、五万五千人のファンが発する大歓声にほとんどかき消されてしまったという。この公演を研究したデイヴ・シュウェンセンは、当時の参加者たちの回想をもとにその聴覚的な経験を再構成している。なかでも興味深いのは、デビー・スターンという女性の証言である。「同じ空気を吸い、同じ空間にいる」にもかかわらず、ビートルズの面々は客席のスタンドから遠く離れた場所に立ち、そのもどかしさのためか、スターンを含む十代の観客たちは彼らに向かって叫んだ。公演後、たびたび尋ねられた「ちゃんと聞こえたの？」という質問に対し、スターンは「聞くためには叫ぶしかなかった（You had to scream to hear them）」と応じ、甲高い大歓声を超越してビートルズの声が響いてくるような魔術めいたことが起こったのだと振り返っている。[32] スターンの回想を言い換えるなら、女性の観客が多かったために高音域でとどろいたファンの叫びは、ビートルズの演奏をマスクするものではなく、むしろその音と共振するために不可欠な触媒だったのだ。この逆説は、演奏中の歓声が禁じられたコロナ禍中の実演の違和感が生々しく記憶に残っているいまこそ説得力をもつ。

ワクスマンもスターンの証言を引きながら、これに続くロック時代の実演で音量が増大していった背景には、演奏中に客席からも声を発してパフォーマンスに参加しようとするオーディエンス側の欲望の高まりがあったと指摘している。[33] つまり、一九六〇年代のＰＡ実践に変化を迫ったのは、会場規模の拡大や音質の向上だけではなく、数万人規模の観客たちがステージの演奏と自ら発する大声の双方を同時に聴取できる状態を目指す志向性だったのだ。トンプソンが近代的なサウンドスケープと呼んだ没入型の環境で「鑑賞」されるクラシック音楽の演奏は、渡辺裕やクリストファー・スモールが批判的に検討したように、ステージから発せられる音を観客が黙って聴く一方通行性によって条件づけられてきた。[34] これとは相補的に、ポピュラー音楽演奏の本質はコミュニケーションの双方向性に見いだされる。観客が発する音の大きさが、ミュージシャンがステージから発する音量を凌駕し、従来にはない規模でのコミュニケーション不全が起きたこの時点から、適切なバランスとボリュームでの交歓を目指してＰＡ実践のさらなる試行錯誤が始まったのである。

実際に、こうした問題を解決するため、シェイスタジアムでの両公演を手がけたプロモーターのシド・バーンスタインは、翌一九六六年八月二十三日に開催された二度目の公演のために、エンジニアのビル・ハンリーを雇った。ハンリーは前年六五年七月二十五日のニューポートフォークフェスティバルで、ボブ・ディランがエレキギターを導入したステージを手がけるなど、数多くの大規模な屋外公演の音響面を支えて高く評価されていた。[35]

ビートルマニアたちの大音量に太刀打ちできるよう、ハンリーはＲＣＡ社が戦艦用に開発した一台あたり百キログラムにもなる六百ワットのアンプを四台調達するなど、質量ともに前年以上の機材をそろえて当日に臨んだ。しかし、動員数は前年ほどは伸びず四万人程度だったにもかかわらず、ビートルズがステージに上がるや否や「大混乱（absolute pandemonium）」が巻き起こり、特製のシステムが発する音はほとんど聞こえなかったとハンリーは回想している。(36)

ビル・ハンリーの諸実践

ハンリーもシェイスタジアム公演をきっかけに音量をめぐる試みが新たな段階に達したと振り返っており、その後、多岐にわたる試行錯誤を重ねた。のちに「サマーオブラブ」と称されるサンフランシスコ発のロック文化――その起点の一つはジェンセンとプリダムが実験をおこなったゴールデンゲートパークで、およそ半世紀後の一九六〇年代前半に開催されていたフリーコンサートである――に深く関わったプロモーターのビル・グラハムは、東海岸へ進出するため、サンフランシスコの拠点であるフィルモアオーディトリアムの系列店をニューヨークにオープンした。その際、グラハムはハンリーに音響面の監修を依頼した。ハンリーは全二十六台のスピーカーを配置して総出力が三万五千ワットにも及ぶシステムを作り上げ、大音量の制御を前提として各種機材を組み込んだこの画期的会場は、フィルモアイーストとして六八年三月八日にオープンした。(37)

こうした数値以上に重要なのは、最先端のスタジオ用機材をハンリーが実演に応用し、ステージ上の全楽器の音をマイクで拾う仕組みを整えたことである（図4）。たとえば一九六六年に発売されたシュア社製のダイナミックマイクＳＭ58は、いまやあらゆる会場に常備されているためその来歴を忘れがちだが、もともとはStudio Microphoneとしてテレビ収録用に開発されたものである。ハンリーはＳＭ58の頑丈さと音質を評価してフィルモアイーストのシステムに組み込み、各楽器のバランスを調整したうえで観客に向けて出力する方式を編み出していった。(38)

さらに、ハンリーはバッファロー・スプリングフィールドの公演を手がけた際に、アコースティックな楽器とエレクトリックな楽器の響きをステージ上のミュージシャンがバランスよく聴き取れるように、ステージ前方で演者を照らすフットライトのように、四五度の角度をつけたスピーカーを各プレーヤーの足元に置く方式を考案し、ニール・ヤングとスティーブン・スティルスの前に設置した。これ以前にも、舞台袖に設置したスピーカーからステージ全体に音を返す試みはなされていたが、足元のスピーカーから演奏者一人ひとりに向けて音を返すようになったのは、ハンリーがこうした試行錯誤を進めた一九六〇年代後半以降とされている。[39] 観客の大歓声に合わせてステージ側の出力を上げると、演奏者もまた自分たちが互いに発する音を聴き取りにくくなり、アンサンブルの精度は下がってしまう。また、当時マルチトラックレコーディングが普及し、スタジオ録音の段階で音量が異なるさまざまな楽器の音を組み合わせる試みが進んでいたため、それを実演で再現するためにはステージ上でもより繊細なミックスが求められた。現代的なＰＡの二つ目の特性である再帰性は、こうした課題を解決するために導入が進んだと考えられる。

図4　ビル・ハンリーの伝記的研究書 John Kane, *The Last Seat in the House: The Story of Hanley Sound*（University Press of Mississippi, 2020）書影。ステージ正面に置かれたPA席上でオペレーションをするハンリーにスポットライトが当てられている

ハンリーの業績として現在最も有名なのは、一九六九年八月十五日から十七日まで開催されたウッドストックフェスティバルでのＰＡである。ビートルズのシェイ公演やフィルモアイーストの設立に先駆けて、ハンリーはそれまでバックステージに置かれていた音響機材を客席内に設置する、いわゆるフロントオブハウス方式をいち早く考案していた。この方式は、ステージから延ばしたケーブル類

を束ね、さらに信号の強さを保つため末端に変換器を置いて客席まではわせる「スネーク」と呼ばれる手法とともに洗練され、六〇年前半にニューポートで開催されたジャズとフォークのフェスティバルに導入された。[40]

さらにハンリーは、ウッドストックでは高低差がある丘陵上の観客になるべく均等に音を届けるために、さまざまなメーカーのスピーカーを集めて配置した。ステージから離れた丘の上にいる観客と、ステージ近くの低い位置に腰かけている観客、それぞれにクリアな大音量が届くように、ハンリーは各装置の帯域や設置方向を考慮しながら並べて出力を調整した。グリール・マーカスは当時の「ローリングストーン」誌で、バンドが見えないほど離れた位置でも明瞭に聞こえたその音の質を称賛している。こうした複数種の出力装置を会場内の全方位に向けて設置する手法は、高い位置からスピーカーを吊り下げ、傾斜を設けて観客側に向ける今日のラインアレイ式のスピーカー配置の先駆をなしている。[41]

このように、音量をより大きくクリアに補強しながら、ステージに音を返す再帰的な回路を組み込んだPAシステムを構築する試みは、ロック文化の熱狂のなかで求められていたものとひとまずは結論づけられる。英語圏で支持を得たバンドは海外巡業をおこない、そのスタッフや機材、ノウハウもまた旅をする。現在のPA実践はハンリー一人の功績によるものではなく、さまざまなエンジニアが各地で設営と「バラシ」を繰り返していくなかで、次第に道が踏みならされていくように定式化したものだろう。一九六〇年代後半以降は実演用にデザインされたミキサーも販売されるようになり、[42]耳を頼りにブリコラージュされていたPAシステムの規格化とポピュラー音楽公演の大規模産業化が進んだ。ワクスマンによれば、このころから数組のサポート・アクトが演奏したあと、ヘッドライナーが長時間にわたって演奏する今日的な「単独公演」が確立されていったという。[43]

3　シェイ＝武道館史観を批判する

日本もまたこうした新しい交通網ならぬ実演網に組み込まれ、一九七〇年前後からロックバンドの来日公演が盛んになった。ロック以前の時代から戦後の来日公演を多く手がけたキョードー東京は、二度のシェイスタジアム公演に挟まれた六六年六月三十日から七月二日に開催したビートルズの武道館公演をきっかけに興行の規模を拡大し、七〇年に株式会社化した。同社は相倉久人・青木誠・中山久民の三人を主筆とする『プロフェショナル・ロック』(44)という書籍を七三年に出版している。この書は電化したポピュラー音楽全般を「ロック」と位置づけ、その実演に必要なPA技術を詳細に解説する。「A COMPLETE GUIDE TO THE ROCK BAND」というキャッチフレーズからもわかるように、この本はロックファンだけでなく、バンド結成を目指す人々をも読者として想定し、成功を収めるために必要なPAの基礎知識や集客のためのマーケティング、さらにマネジメントの手法までを、自社のノウハウをふまえて紹介している。新しい文化の担い手を育てることで市場の拡大を狙うプロモーターの思惑が読み取れる。

とりわけ「P．A．ロック・オン・ステージ」と題した第二章は、PA構築の経緯や当時用いられていた機材の特性をふまえてモニターも含む一連のオペレーションについて詳述し、「P．A．システムは音楽と同等、もしくはそれ以上の位置を持っている」とその役割の重要性を強調する。(45)いくつかの公演で実際にどのようなシステムが組まれたのかを回路図を添えて具体的に説明しており、これをみるかぎりビートルズの武道館公演の段階ではモニターは用いられず（図5）、一九七二年のエルトン・ジョン来日公演のころにはドラムセット内の全楽器も含むすべての出力元にマイクを立てて客席とステージに返す方式をとっていたことがわかる(46)（図6）。巻末の「協力者」一覧には「執筆協力」者として岡本廣基、「資料提供」元として東京音響通信研究所の名前が記載されており、『プロフェショナル・ロック』は公演に関わったスタッフの監修を経た貴重な資料である。

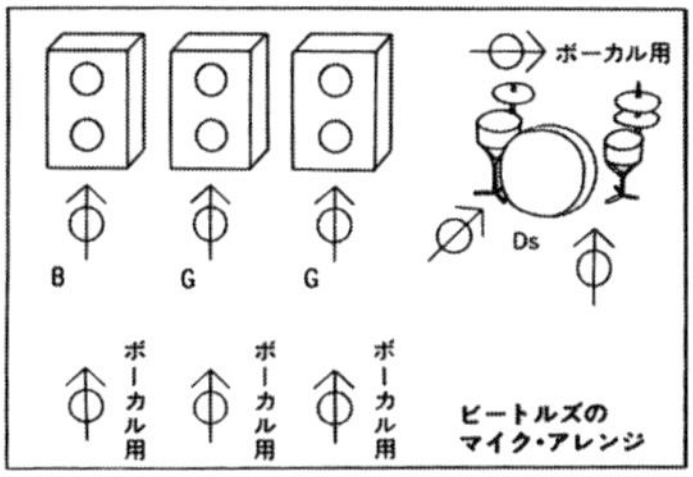

図5　1966年のビートルズ武道館公演のPAシステム略図
（出典：相倉久人／青木誠／中山久民『プロフェショナル・ロック』キョードー東京、1973年、56ページ）

ミッチ・ミラーの諸実践

『プロフェショナル・ロック』によれば、モニターの導入はビートルズ以降に始まったものではなく、「今日では当たり前になっているP．A．システムを日本に最初に紹介した」のは、一九六五年に来日したミッチ・ミラー合唱団だった[47]（図7）。ミラー以前に来日したミュージシャンは各会場に備え付けられたシステムをそのまま

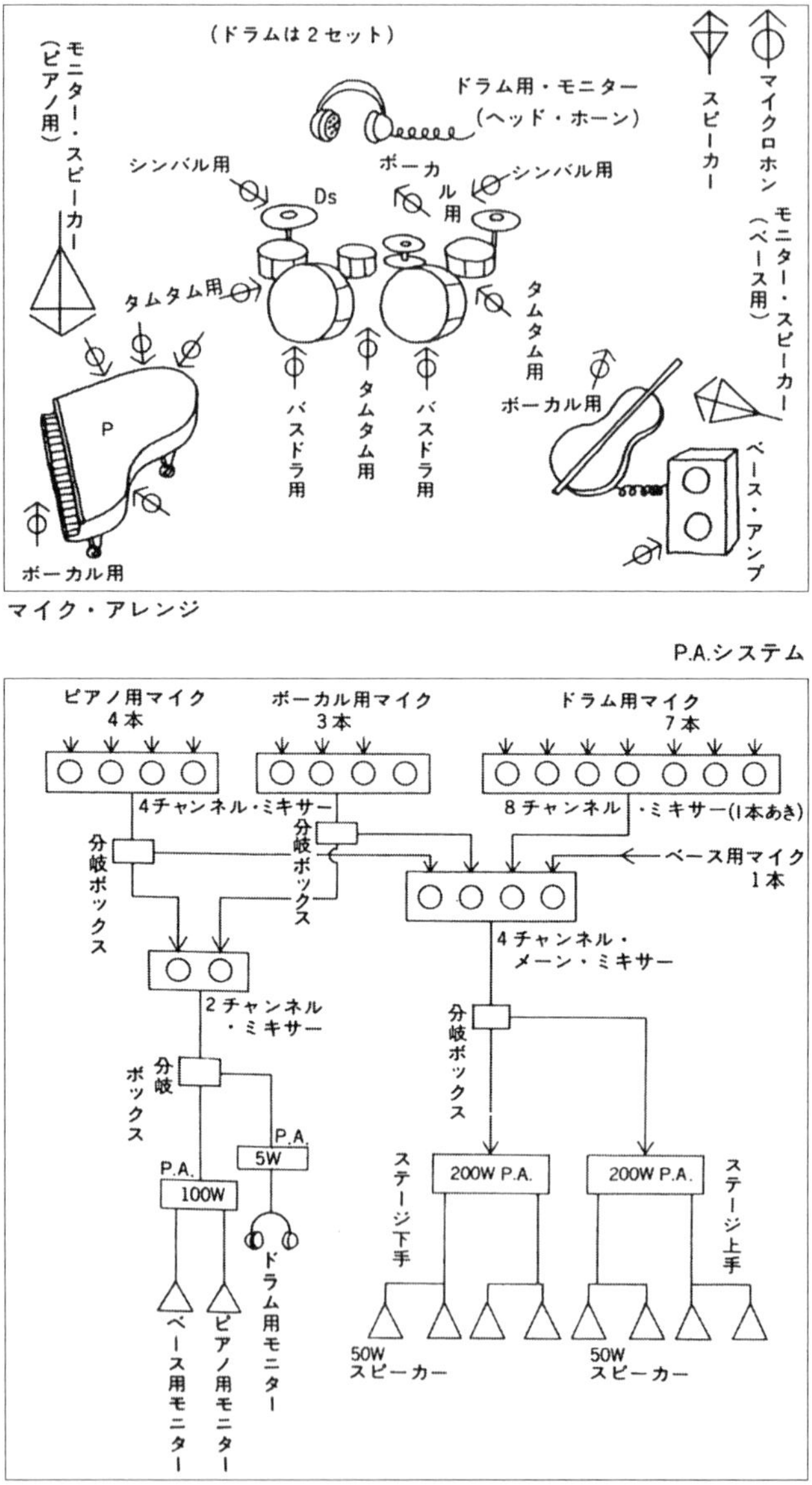

図6　1971年のエルトン・ジョン来日公演のPA システム略図
（出典：同書57ページ。同書中では1972年来日とされているが71年の誤り）

使用していたが、ミッチ・ミラー合唱団のエンジニアは一行の来日に先駆けて各会場を下見して入念に準備をした。そのうえで必要な機材をアメリカから持参するだけでなく、特注のスピーカーを用意するよう日本側に依頼している。モニターはステージの上手と下手だけでなく、指揮をするミッチ・ミラー用のものも設置され、これは「はね返りがなくちゃ、歌えないなんて、プロじゃない」という常識を覆すものだった(48)。

一九一一年生まれのミッチ・ミラーはアメリカのコロンビア社でA&Rを担当してローズマリー・クルーニーやフランク・シナトラなどのヒット曲を数多く手がけた。戦後の日本コロムビア社の洋楽部門を担当した金子秀も師事した人物である(49)。六〇年代前半には自身が率いる合唱団とともに出演したテレビ番組 *Sing Along with Mitch*（『ミッチと歌おう』）が人気を博し、

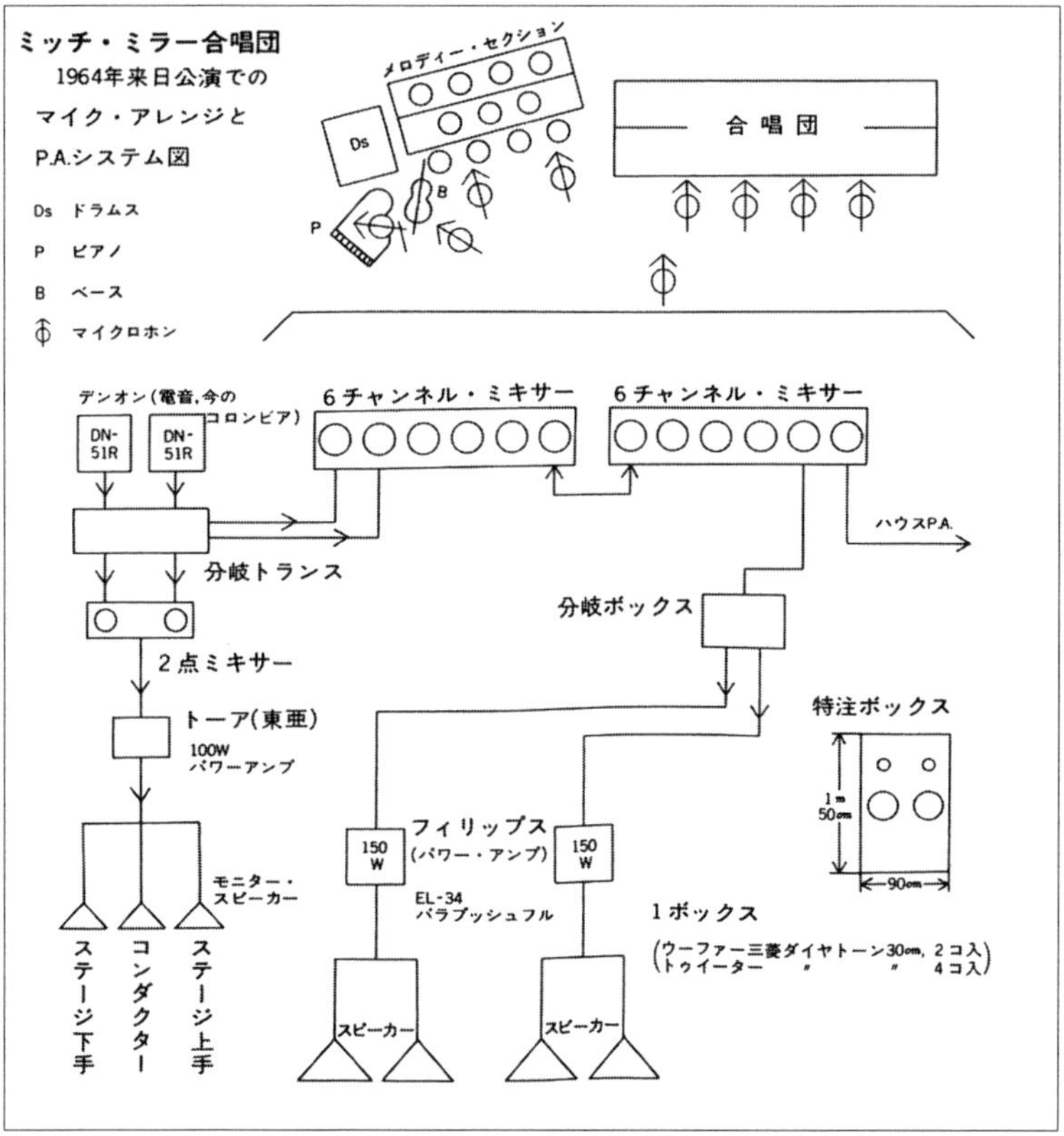

図7　1965年のミッチ・ミラー合唱団来日公演の PA システム略図
（出典：同書55ページ。図中の年の表記は原文ママ）

ＮＨＫでも六三年から六五年にかけて毎週日曜の午後一時から放送され、来日当時は「ヒゲのおじさん」として知られていた。若者世代に特化したロックンロールの流行には批判的で、ミンストレル・ショウ由来の「草競馬」や、日本ではヨドバシカメラのＣＭソングの替え歌で知られる南北戦争期の「リパブリック讃歌」、ハリウッドの映画音楽をアレンジした「大脱走マーチ」や「クワイ河マーチ」（これは「サル・ゴリラ・チンパンジー」の替え歌でおなじみだろう）など、世代を超えた歌唱を想定したレパートリーで番組を作り、テレビの前に集まった家族が放送に合わせて歌えるよう画面下部に歌詞を表示する方式を考案した。(50) こうした選曲と放送上の工夫には、歌唱を通じて「健全」な家族イデオロギーを広めようとする家父長制的な狙いが読み取れる。(51)

ＰＡ実践の転換点を革新的なロック文化の熱狂に求めようとする論者にとっては、保守的なミッチ・ミラー合唱団が、ビートルズに先駆けて再帰性を備えたサウンドシステムとともに海外巡業をおこなっていたことは不都合な事実かもしれない。ここまで本章で参照してきた英語圏の先行研究にはミッチ・ミラーの名前はほとんど登場しない。しかし、彼は来日公演のためだけにこうしたシステムを組んだわけではなく、それ以前にアメリカ国内を巡業している。来日時にミラーを取材した金子は、「POPS」誌に寄せたレポートのなかで、ミラー当人のサウンドシステムに関する発言を以下のように紹介している。

> ステージに立つと誰でもマイクが必要だ。しかし、一般にマイクというのはアナウンスとか演説のためのものので、まず音楽には使えない代物だ。だから、私たちは巨大なスピーカーと性能のよいアンプなどの、特別な音響再生装置を武器にしているのだ。(52)

ミラー合唱団が音を発するための「特別な音響再生装置」だけでなく、音をステージへ返すためのモニターも必要としたのは、テレビに合わせて歌うことに慣れた視聴者が来ることを想定したからだろう。観客側の歌声がある程度の音量に達した場合も、ステージ上の合唱団が自分たちの歌と演奏を聴けるように備えていたのである。

実演の場をテレビの延長線上で「sing along」できる場にしようとする戦略は、アメリカでのツアー時に歌詞をスライドで投映しながら演奏していたことからも裏付けられる。来日公演時にはスライド投映装置が調達できなかったのか、カタカナで読み仮名が振られた歌詞カードを配布して観客の歌唱を促した。[53] ミラー合唱団の再帰的なシステムが、演奏者と観客が相互に大きな音を発するコミュニケーションの樹立を目指して作り上げられたとするならば、その動機はロック文化がＰＡ実践を築き上げた際の交歓志向とも通底している。

もっとも、東京での公演評によると「あまり知らない歌をうたわせようとして、聴衆には同調しにくい面」があり、観客の声量が評者を圧倒することはなかったようだ。それでも「ステージ正面の客席にミキサー器具を特設し、専属の技師が楽団では出せないオーケストラの音をつけ加えたり、歌と演奏のバランスをとったり――こんなに音を大切にした公演はめずらしい」と、日本で初めて駆動したとされる再帰性も備えたＰＡシステムは、効果音を出すマニピュレーションの役割も含めて積極的に評価された。[54] 一九六五年五月十四日から三十日にかけてミラー合唱団は東京・神奈川・北海道・静岡・大阪・京都・福岡・愛知・広島の各都市を回り、その影響が及んだ地理的な範囲は武道館だけで演奏したビートルズ以上である。[55]

こうしたシステムをミラーが構築・導入できた背景には、一九三〇年代から四〇年代にかけて指揮者およびオーボエ奏者として録音されることを経験したのち、ジョン・ハモンドに雇われて四七年にレコードのプロデューサーに転身した彼のキャリアが関係している。スーザン・シュミット・ホーニングは、ミラー本人への取材も含む史料調査に基づいて、フォノグラフ時代からLP時代までを視野に入れて音楽録音スタジオの技術史を検討した。そのなかでホーニングは、マルチトラックレコーディングが可能になった磁気録音の導入期にミラーがスタジオでおこなった諸実践は、録音のプロセスやクオリティそのものをコントロールすることが音楽プロデューサーの重要な役割になるきっかけを作ったと主張している。SPからLPとEPへのフォーマット移行期に、ミラーはレコードがステージのドキュメンテーション以上の価値を帯びることを確信していた。さらに、演奏者および指揮者としての録音経験を生かしてエンジニアともミュージシャンともスムーズに意思疎通できたため、録音上のさまざまな試みを生かしたヒット曲を生み出すことができた[56]。ホーニングの研究は *Sing Along with Mitch* の収録については詳細にふれていないが、複数の楽器に向けてマイクを立てて録音し、プレイバックしたトラックを聴きながら音を重ねていく磁気録音以後のスタジオ録音のノウハウは、テレビ番組制作とのちの巡業の基礎を成していたはずである。

おわりに

結びとして、「ライブ」という言葉の日本語圏での使われ方に関する筆者の仮説を、ここまでたどってきたPAの歴史と関連づけて提示したい。最初期のPA実験がおこなわれた一九一五年から、補強性と再帰性の両立が試みられた六〇年代まで、半世紀にわたる経緯を駆け足でたどった本章では、「ライブ」という語の使用を意図的に避けてきた。というのも、筆者が調査したかぎりでは、音楽が実演される場を「ライブ」というカタカナ語で一般に称するようになったのは、循環器としての役割を帯びたPAが普及する七〇年代以降だからである。

宮入恭平と佐藤生実は、『広辞苑』（岩波書店）と『現代用語の基礎知識』（自由国民社）の改訂をたどったうえで「ライブという言葉が「音楽の生演奏」という文脈で用いられるようになったのは八〇年代になってからだと推測」しながら、一九七〇年代にはすでに音楽との関わりのなかでこの言葉が広がっていたことを指摘している[57]。この時期は循環的なPAシステムの普及期と重なっている。六〇年代後半以降のポピュラー音楽の実演では、電気的に媒介された聴衆と演奏者の双方向的なコミュニケーションによって、主客の隔絶を批判することが通ジャンル的に試行錯誤された。それらと従来の一方通行的な「コンサート」との差異を明確にするために、日本語圏では「ライブ」という語が次第に一般化したのではないだろうか。前節で参照した七三年刊の『プロフェショナル・ロック』でも、公演はもっぱら「コンサート」と表記され、巻末に掲載されている用語解説にも「ライブ」

という項目はない。こうした語法の変化は、同時代の「ライブ・レコード」の流行の影響も受けながら緩やかに進行したものと推定できる。

また、ミッチ・ミラーの例からも明らかなように、モニターの導入による再帰性は、スタジオでおこなわれていた録音と放送での実践をステージ上に応用する順序で確立されたと考えられる。フィリップ・オースランダーは、現在の「live performance」は素朴なナマの状態に置かれてはおらず、さまざまな技術によって幾重にもメディア化されていることを指摘している。[58] これをふまえるなら、現在われわれが体験している「ライブ」の多くは、閉ざされたスタジオから飛び出した機材を用いて、録音物を残さない前提でおこなわれる公開録音ないし公開収録とも捉えられるだろう。そのために、今後のより詳細なPA史研究では、その媒介対象を音楽に限定しない、さらに包括的な視座が必要になる。

こうした広がりを想起するため、最後に本章の冒頭でふれた国立競技場に立ち戻りたい。その前々身にあたる明治神宮外苑競技場の建設は、一九二二年に着工するも、翌年九月一日の関東大震災で工事の中断を余儀なくされた。建設途中の競技場には被災者たちの一時的な避難所が設けられ、六千四百人が収容されたという。同年十一月三日の明治節には東京市が陸上競技大会を主催し、砂を撒いた臨時のトラックで被災者を励ましている。二六年の竣工以後はさまざまな競技の会場になった。[59]

一九三〇年代までに競技場内でのアナウンスや実況をはじめ、日常のさまざまな場面で用いられるようになっていた音の補強は、第二次世界大戦が激化するころには大規模な軍事的行事に欠かせない装置になった。明治神宮外苑競技場は四〇年に開催が予定されていた東京オリンピックの主会場になるはずだったが、大会は戦局の激化に伴い中止された。四三年十月二十一日には出陣学徒壮行会が開かれ、秋雨が降りしきるなか、観客席を埋め尽くす大勢の家族に向けて、出陣学徒のスピーチ、軍楽隊の演奏、東条英機の訓示などが電気的に補強されて鳴り響き、その様子はラジオでも中継された。[60]

東京の競技場がたどった足跡は、太平洋の対岸にあるサンフランシスコのそれと好対照をなす。両都市はともに二十世紀の前半に震災に見舞われ、双方でスポーツ用の競技場を含む公園が避難所として利用された。第一次世界大戦さなかの世界史上きわめて早い時期に電気的に補強された音が復興後の街に鳴り響いたサンフランシスコに対し、東京では第二次世界大戦の禍中に国民的な動員を達成するために、すでに開発が進んだ音の補強技術が用いられた。続く世紀の後半、戦争からの復興を印象づけるために開催された一九六四年のオリンピックに向けて、東京では国立競技場や日本武道館を含む大規模なスポーツ用のアリーナやスタジアムが建設されている。ポピュラー音楽のPA実践は、こうした歴史を背負った会場で展開していった。

特定の楽曲やアーティストに焦がれる人々が一時的に集まる機会は、日常から逃れてきた避難民の集会といえるかもしれない。そうした人たちがどのようにオルタナティブなコミュニティを生成していくのかは、まとまりを失った暴徒と化す危険性も含め、そこで鳴り響くサウンドに多くを負っている。

ここまではシェイ＝武道館史観を日本でみられる事例をもとに批判したが、ロック以前のPA実践についてはまだ不明な点も多い。ハンリーの伝記をまとめたケインも、より先駆的なモニター実践の一例として、映画『オズの魔法使』（監督：ヴィクター・フレミング、一九三九年）の主演で知られるジュディ・ガーランドが、一九六一年にサンフランシスコのシヴィックオーディトリアムで開催した公演を挙げている。(61) この会場もまた、一五年の博覧会に向けて震災からの復興の一環として設立されたものだ。のちに同性愛者たちのアクティビズムの震源地になる同市で、現在もセクシュアルマイノリティのアイコンとして親しまれているガーランドの歌声がどのように響いていたのかを検討することは、若者世代の抵抗文化でも家父長的な家庭文化でもない第三の系譜からPA史をラディカルに再考する契機になるだろう。同会場は現在はビル・グラハム・シヴィックオーディトリアムという名で営業しているが、ロック文化の影響を適切に認めながらも、これまで見落とされてきた事例をもとにサンフランシスコから始まるPA実践史を慎重に再構築することが今後の課題である。水の流れを適切にコントロールして共同体に潤いを与える治水に倣い、いまだ定訳がないPAを、電気的な音の流れによって人々を生き生きと結び付ける「治響術」と呼ぶ可能性に思いを馳せながら本章を締め括りたい。

注

（１）音楽ナタリー編集部「Ado が国立競技場で偉業を達成、声を震わせながら語ったボカロと歌い手への思い」「音楽ナタリー」二〇二四年五月一日（https://natalie.mu/music/news/571236）［二〇二四年九月二十七日アクセス］

（２）a_menb0「国立競技場で行われたAdo さんのライブに行ったら「音響がトラウマレベルの酷さ」だった「まだ設計のノウハウが蓄積されてないのかも」」「togetter」二〇二四年四月二十九日（https://togetter.com/li/2357799）［二〇二四年九月二十七日アクセス］。周辺環境への配慮や、再建から間もない会場だからこそのノウハウ蓄積の浅さなど、同公演の音響問題についてはさまざまな観点から論じられている。神舘和典「ブーイングを浴びたAdo「国立競技場ライヴ」の音響スタッフに同情してしまう理由」「デイリー新潮」二〇二四年五月十一日（https://www.dailyshincho.jp/article/2024/05111052/）［二〇二四年九月二十七日アクセス］

（３）トーキング・ヘッズのデヴィッド・バーンは、「いかにして建築が音楽を進化させたか」と題したプレゼンテーションで、キャリアを積んで動員を増やしたロックバンドが「音質的に最悪」なスポーツ用のアリーナやスタジアムなどの会場で演奏せざるをえなくなると、Ｕ２の“I Still Haven't Found What I'm Looking For”のような音の空隙を生かしたミディアムテンポの壮大なバラードがレパートリーの中心になりがちであると指摘している。その音響特性は、柴那典が「過圧縮ポップ」と称したような、音数も言葉数も多いハイテンポなボカロ曲とは対極をなす。バーンの表現を借りれば、過圧縮ポップがおもに聴かれた「新しい会場」は動画サイトやサブスクリプションサービス上であり、それを「音質的に最悪」な競技場で鳴らすには相当な困難が伴う。人気の上昇とともに拡大する実演空間への適応という観点から音楽表現史を再考する余地は大いにある。David Byrne, “How architecture helped music evolve,” “TED,” February 2010（https://www.ted.com/talks/david_byrne_how_architecture_helped_music_evolve）［二〇二四年九月二十七日アクセス］、および、柴那典『ヒットの崩壊』（講談社現代新書）、講談社、二〇一六年

（４）館内放送という表現が違和感なく用いられているように、その場に集まった人々に音を届けるための技術であるＰＡと、その場にはいない人々に向けて音を届ける放送の境界は、実際にはきわめて曖昧である。

（５）小瀬高夫／須藤浩『ＰＡ入門――基礎が身に付くＰＡの教科書 三訂版』リットーミュージック、二〇一九年、八

ページ

（6）David Cashman and Waldo Garrido, *Performing Popular Music: The Art of Creating Memorable and Successful Performances*, Routledge, 2020, pp. 144-152.

（7）Emily Thompson, *The Soundscape of Modernity: Architectural Acoustics and the Culture of Listening in America, 1900-1933*, MIT Press, 2002, pp. 4-5, 13-18.

（8）Steve Waksman, *Live Music in America: A History from Jenny Lind to Beyoncé*, Oxford University Press, 2022, pp. 227-232.

（9）被災者の目からサンフランシスコの震災を捉え直した著作として、レベッカ・ソルニット『災害ユートピア――なぜそのとき特別な共同体が立ち上がるのか』（高月園子訳、亜紀書房、二〇一〇年）二五―一〇一ページを参照。本章は、ソルニットのほかの著作にも通底する辺境や廃墟から希望を紡いでいく想像力に多くを負っている。

（10）ゴールデンゲートパークでの実験については、ジャーナリストの報道も含めて以下から引用した。W. David Lewis, "Peter L. Jensen and the Amplification of Sound," in Carroll W. Pursell Jr., ed., *Technology in America: A History of Individuals and Ideas*, 3rd ed., MIT Press, 2018, pp. 214-216.

（11）佐伯多門『スピーカー技術の１００年――黎明期〜トーキー映画まで』誠文堂新光社、二〇一八年、九一―九二ページ

（12）Andy Coules, "The History Of PA, Part 1," "ProSoundWeb," December 9 2014（https://www.prosoundweb.com/the-history-of-pa-part-1/）［二〇二四年九月二十七日アクセス］

（13）Thompson, *op. cit.*, p. 99, pp. 231-235, 241-242.

（14）*Ibid.*, p. 241 および、Albert Glinsky, *Theremin: Ether Music and Espionage* (Music in American Life), University of Illinois Press, 2000, pp. 88-89. ほかにも、クラシック界では指揮者のレオポルド・ストコフスキーが一九三三年にハリウッドボウルでベル研究所協力のもと、オーケストラの補強用に特注したスピーカーを用いた公演をおこなっている。これは日本の新聞でも「機械文明を歓迎してそれ等文明の利器を自ら進んで応用して一つの新しい芸術を生まんがための精進」と数年後に評された（「朝日新聞」一九三七年九月二十四日付）。同公演については前掲『スピーカ

ー技術の１００年』一一三—一一四ページを参照。ストコフスキーは録音・映画・実演でさまざまな先駆的な試みをおこなっているが、本章では彼が六五年に来日し、七月十三日に日本武道館を音楽公演に初めて利用した外来の音楽家になったことを付記しておきたい。ビートルズの来日はこの翌年である。ストコフスキーの武道館公演は二〇二二年に『ストコフスキー in 武道館1965』（日本フィルハーモニー交響楽団）としてＣＤが再発されている。

（15）Waksman, *op. cit.*, pp. 263-264.

（16）Charles Euchner, *Nobody Turn Me Around: A People's History of the 1963 March on Washington*, Beacon Press, 2011, pp. 8-9. マーティン・ルーサー・キング牧師のスピーチはテレビやラジオで放送されたほか、一九六三年のうちにモータウン社が記録レコード *The Great March On Washington* を発売した。二〇二一年には同作のＬＰが再発売され、これには前年のジョージ・フロイド事件を受けたブラックライブズマター運動の拡大も関係しているだろう。

（17）近代日本での実演とマイクロホンの関係については以下を参照。細川周平『近代日本の音楽百年——黒船から終戦まで　第3巻　レコード歌謡の誕生』岩波書店、二〇二〇年、八九—九二ページ、および、輪島裕介『昭和ブギウギ——笠置シヅ子と服部良一のリズム音曲』（ＮＨＫ出版新書）、ＮＨＫ出版、二〇二三年

（18）サープのウエディングコンサートについては以下を参照。Gayle F. Wald, *Shout, Sister, Shout!: The Untold Story of Rock-and-Roll Trailblazer*, Beacon Press, 2007, pp. 109-124.

（19）John Schleppi, "Griffith Stadium (Washington, DC)," "Society for American Baseball Research," 2017（https://sabr.org/bioproj/park/griffith-stadium-washington-dc/）［二〇二四年九月二十七日アクセス］

（20）David Elfin, *Washington Redskins: The Complete Illustrated History*, MVP Books, 2011, p. 56.

（21）Ariel Veroske, "It's Raining Bottles at Griffith Stadium: The Music Battle of 1942," "Boundary Stones," June 7 2013（https://boundarystones.weta.org/2013/06/07/its-raining-bottles-griffith-stadium-music-battle-1942）［二〇二四年九月二十七日アクセス］

（22）Wald, *op. cit.*, pp. 110-112.

（23）*Ibid.*, pp. 115-116. ゲイル・ヴァルドは同書の出版後、「クィアな黒人女性がロックンロールを発明した」という主張がジャネル・モネイやリゾなどのミュージシャンの発言をきっかけにネット上でミームとして広がっていく過程も

検証し、論文化している。Gayle Wald, "'A queer black woman invented rock-and-roll': Rosetta Tharpe, memes, and memory practices in the digital age," *Feminist Media Studies*, 23 (3), 2020, pp. 1075-1091.

（24）前掲『昭和ブギウギ』一一二ページ

（25）Waksman, *op. cit.*, p. 308.

（26）Mark Cunningham, "A Short History of Rock Touring," in Diana Scrimgeour, *U2 Show*, Riverhead Books, 2004, pp. 196-199.

（27）Simon Frith, Matt Brennan, Martin Cloonan and Emma Webster, *The History of Live Music in Britain, Volume I: 1950-1967: From Dance Hall to the 100 Club*, Ashgate, 2013, pp. 182-184, Waksman, *op. cit.*, pp. 396-401.

（28）前掲『スピーカー技術の１００年』一一五ページ

（29）八幡泰彦「追悼 岡本さんのこと」「Stage Sound Journal」二〇一一年三月号、日本舞台音響家協会、三一五ページ

（30）同記事四ページ

（31）一九六五年八月十五日のシェイスタジアム公演でのセッティングの詳細は、John Kane, *The Last Seat in the House: The Story of Hanley Sound* (American Made Music), University Press of Mississippi, 2020, pp. 129-130をおもに参照した。Waksman, *op. cit.*, pp. 396-397 および Frith et al., *op. cit.*, p. 184も参照。

（32）Dave Schwensen, *The Beatles at Shea Stadium: The Story Behind Their Greatest Concert*, North Shore Publishing, 2013, p. 133.

（33）Waksman, *op. cit.*, pp. 428-429.

（34）渡辺裕『聴衆の誕生――ポスト・モダン時代の音楽文化』春秋社、一九八九年、および、クリストファー・スモール『ミュージッキング――音楽は〈行為〉である』野澤豊一／西島千尋訳、水声社、二〇一一年

（35）ビル・ハンリーのキャリアの詳細は、Kane, *op. cit* を参照。

（36）Waksman, *op. cit.*, pp. 396-397.

（37）*Ibid.*, pp. 397-398.

（38）Kane, *op. cit.*, p. 92.

（39）*Ibid.*, pp. 168-171.

（40）Waksman, *op. cit.*, pp. 395-396.

（41）*Ibid.*, pp. 400-401. グリール・マーカスの引用も同書による。ラインアレイ式の効果は、南田勝也『オルタナティブロックの社会学』（花伝社、二〇一四年）一二六―一二九ページを参照。

（42）Andy Coules, "Modern Pioneers: The History Of PA, Part 2," "ProSoundWeb," January 15 2015（https://www.prosoundweb.com/modern-pioneers-the-history-of-pa-part-2/）［二〇二四年九月二十七日アクセス］

（43）Waksman, *op. cit.*, p. 308.

（44）相倉久人／青木誠／中山久民『プロフェショナル・ロック』キョードー東京、一九七三年

（45）同書三四ページ。引用部の主筆は青木誠である。

（46）同書五六―五七ページ。回路図を添えた各公演の解説は音研の協力のもと中山久民が文責を負っている。

（47）同書五四ページ。この資料中ではミラー合唱団が「東京オリンピックのあった六四年に来日した」としているが、これは一九六五年の誤りである。同書のロックに対する立場は慎重で、「電気楽器や場内拡声――P．A．という――によって、音を変形・拡大することを、単なる方便としてでなく、そこに積極的な意味を見つけだそうとしている最近のポピュラー音楽を、すべてひっくるめて、ロックということばでくくって」おり、その理由は「たまたま、ロックがこの問題を最初に意識的にとり上げた音楽だったという事実があるからである」（四ページ）としている。とはいえ、一九六〇年代以前から電化が進んでいたジャズの現場で批評家・司会者として活動していた相倉久人が、編著者の一人として他ジャンルのロックに革新性を見いだしていることは画期的である。

（48）同書五四ページ。同書は一九七三年に出版されたものだが、六五年の合唱団来日が「はね返り」の常識を覆したとする指摘は、それ以前からモニターのような技術が使われていた可能性を示唆している。

（49）篠崎弘『洋楽マン列伝１』ミュージック・マガジン、二〇一七年、七九―八二ページ

（50）"Remembering Singing Along With Mitch Miller," "NPR," August 3 2010（https://www.npr.org/2010/08/03/128957153/remembering-singing-along-with-mitch-miller）［二〇二四年九月二十七日アクセス］

（51）占領期以降のアメリカ式家族イデオロギーと日本の音楽文化の関連については周東美材の研究に詳しい。周東美材

『「未熟さ」の系譜――宝塚からジャニーズまで』(新潮選書)、新潮社、二〇二二年
(52) 金子秀「ミッチ・ミラー／哲学するエンタテイナー」「POPS」一九六五年七月号、音楽之友社、三三ページ
(53) 同記事三三ページ
(54)「朝日新聞」一九六五年五月十七日付夕刊
(55) ツアー日程は来日当時の新聞や雑誌などで確認できた告知をもとに筆者がまとめた。
(56) スーザン・シュミット・ホーニングは録音制作全体を巧みにコントロールしたミラーのプロデュース業を、フィル・スペクターのようなロック時代のプロデューサーの先駆と位置づけている。Susan Schmidt Horning, *Chasing Sound: Technology, Culture and the Art of Studio Recording from Edison to the LP*, Johns Hopkins University Press, 2013, pp. 99-102.
(57) 宮入恭平／佐藤生実『ライブシーンよ、どこへいく――ライブカルチャーとポピュラー音楽』青弓社、二〇一一年、一九―二一ページ。宮入恭平と佐藤生実はライブ概念が日常化したことを示す例として「お笑いライブ」という用法に注目しているが、この用法がそれほど違和感なく使用されているのも、漫才やコントの音声がステージ中央に置かれる通称「サンパチマイク」や全体の音を拾えるよう舞台下部に仕込まれるフットマイクなどで拡声され、それに対して観客が各自のタイミングで発する笑い声で応じる双方向性が大前提になっているからだろう。
(58) Philip Auslander, *Liveness: Performance in a Mediatized Culture*, 3rd ed., Routledge, 2023.
(59) 後藤健生『国立競技場の１００年――明治神宮外苑から見る日本の近代スポーツ』ミネルヴァ書房、二〇一三年、二一―二三ページ
(60) 同書一八一―一八四ページ
(61) Kane, *op. cit.*, p. 170.『オズの魔法使』の劇中歌 “Over the Rainbow” は、二〇〇一年に全米レコード協会などが主催した「二十世紀の楽曲 (Songs of the Century)」を対象とする投票企画で首位に選ばれている。

第３章　ライブパフォーマンスの半世紀
――聴く／視るの二軸をもとに

南田勝也

音楽は、アートを二つに大別する枠組み、すなわち空間芸術（絵画、彫刻、建築）か時間芸術（音楽、舞踏、文学）かでいえば時間芸術に区分される。また、視覚芸術か聴覚芸術かという枠組みでは聴覚芸術に分けられる。ただし、このような区分は古典的なもので、二十世紀の映画の誕生（その複合的な性格のため第七芸術と呼ばれた[1]）や、二十一世紀のテクノロジーとアートの融合（３Ｄ絵画やオーディブル小説など）に鑑みれば、現在では区分けすることの意義は見いだしにくい。しかしそれにもかかわらず、音楽はいまも時間芸術・聴覚芸術の範疇に位置づけて語られることが多い。

音楽は耳を澄まして純粋に聴くことが本来の享受の仕方である、という概念は、長きにわたって私たちの共通認識だった。レコードジャケットのデザインがアートとして評価を受けたり、ショートムービー並みの凝ったミュージックビデオが制作されたりしても、それは変わらなかった。なぜならば、音楽の再生機器が、ラジオ受信機、レコードプレーヤー、カセットデッキ、ＣＤプレーヤー、ＤＡＰ（iPod やWALKMAN）、音楽サブスクアプりと変化しても、それらすべてが視覚に頼らず聴覚で享受するよう設計されていたからである。

クラシックもポピュラーも、音楽家はまずはレコーディング音源のマスタリングに最大限の注意を払う。生真面目な音楽の研究書も、ほとんどは楽譜やレコーディング音源をもとに分析をする。その風潮のなかで、ヴィジュアルのインパクトに凝るミュージシャンは、一段下の存在として、音楽性では勝負できない色物として扱われることもあった。

このような認識が変化するのはごく最近のことである。二〇一〇年代以降、CD市場が失墜してライブ市場が成長したことは本書のほかの章でも述べるとおりだが、このことは、単に音楽市場の変動を示すにとどまらない。レコーディング音源よりもライブの音像が存在感をもつ状況は、すなわち、ライブ演奏を目撃する（目で確かめる）ことにプライオリティを置く価値観が一定以上のシェアを占めていることを表している。ライブにはパフォーマンスが伴う。ミュージシャンは聴衆を満足させるために、流れる時間に合わせて、観客が沸く空間に合わせて、多かれ少なかれ視覚的に魅せる演出をおこなう。

音楽を享受する際に視覚的要素を優先する態度は――本章でこれから明らかにしていくように――もちろんこれまでにも存在したのだが、少なからぬ人々が視覚的要素を重視しはじめた現在、音楽の芸術区分や聴取のあるべき姿は見直しを迫られることになるだろう。また、聴覚と視覚のせめぎ合いに注目して音楽の過去を振り返り、ライブの歴史を再整理する作業も必要になる。本章では、その再整理を試みる。

とはいえ、限られた紙幅で広大な音楽ジャンルのすべてを扱えるわけではないので、ここでは直近五十年間のロック音楽のライブを中心に考察する。聴くことを優先する時代が、視ることを優先する時代に移り、また聴くこと（＋体感）の時代になり、そして視ること（＋体感）の時代へと移行する変化を、段階を踏んで論述する。いずれにせよ聴覚／視覚をめぐる音楽の問題は射程が広く、応用展開の可能な研究テーマであることを示したい。

1 デヴィッド・ボウイの挑戦

音楽ライブは、音（サウンド）の魅力だけで聴取者を引き付けるのではない。音以外のさまざまな要素を楽しみに、人はライブ会場に足を運ぶ。とりわけポピュラー音楽の公演は、当初からそれを織り込みずみのものとしている。ミュージシャンのルックスを、衣装を、キャラクターを、話術を、パフォーマンスを、ダンスを、舞台装置を、テクノロジーを、ライブイベントの演出に利用している。

とはいえ、演出にも限度がある。音楽ライブが相互につながりがないヒット曲や新曲を披露する場でもある以上、一つのコンセプトで長丁場を押し通すわけにはいかないからである。ミュージカルや歌劇のように音楽が物語の添え物の一つになってしまうと本末転倒だし、コンセプチュアルにやりすぎると演出過多とみられ固定ファン以上の広がりをもてないのだ。

図1　1973年のロンドンでのライブでジギー・スターダストに扮するデヴィッド・ボウイ
（写真提供：ゲッティ イメージズ）

このジレンマの克服を目指した存在として、半世紀前に活躍したデヴィッド・ボウイが挙げられる。それ以前にも化粧をしたり変わったパフォーマンスを繰り広げたりしたロックスターはいた――とりわけ「狂気」と称されたアーサー・ブラウンやジェスロ・タルのステージは異彩を放った――が、ボウイの一九七三年の公演は桁が違った。演出過多の声など何するものぞ、彼は自身を異星人に仕立て上げ、妖艶なメイクときわめてグラマラスな衣装に身を包み、ジギー・スターダストというキャラクターを作り上げた（図1）。楽曲はSF的世界観のコンセプトに沿い、ステージでは独特のパフォーマンスを展開した。その動きは映画『時計じかけのオレンジ』（監督：スタンリー・キューブリック、一九七一年）のイメージや日本の歌舞伎を参考にしたという。常識から逸脱したもう一つの現実（The Other World）を提示したのだ。(2)

このときボウイは、音楽による自己表現を犠牲にしたわけではなかった。彼が元来得意にした哀愁あるフォーキーなメロディは、ミック・ロンソンの反響音豊かなギターによって、正反対ともいえる近未来的なサウンドに変貌した。ボウイの一九七二年作のアルバム『ジギー・スターダスト』はライブのステージ構成に合わせた全十一曲を収録した完全なコンセプトアルバムだが、その一曲一曲が単体で名曲の称号を得るにふさわしい作品群だった。

また、このジギー・スターダストのコンセプトで彼が得た名声は、さまざまな方面に波及する。一つにはグラムロックというサブジャンルを生み出したことがある。グラム（Glam）はグラマラス（glamorous）を意味するが、音楽的特徴や態度的特徴でなく〝見た目〟でジャンル名が付けられることはさほどあるわけではない。その奇抜で装飾過剰なファッションスタイルが、それだけ注目されたということである。T・レックス、スレイド、ロキシー・ミュージックなど、派手な装飾品を身につけたバンドが同時多発的に人気を博し、ロンドンのキングスロードにはグラムファッションを模倣したい若者向けのアパレル店がいくつも軒を連ねた。(3)

そしてもう一つ、ジギー・スターダストの未来人のような（性差を超越したかのような）キャラクター、ステージ上でミック・ロンソンに執拗に絡むその立ち回りは、謎めいたボウイ本人の両性具有的なイメージと重なり合い、彼は性規範の揺らぎを象徴する存在になった。長いポピュラー音楽史のなかでもデヴィッド・ボウイほどヘテロなのかゲイなのかバイなのかで物議を醸した人物はいないだろう。

ボウイの功績を端的に記せば、その後のポピュラー音楽の領域で、化粧、仮装、仮面などを通じて異形の存在へとミュージシャンが自らを化身させることに正統性を付与したこと、そして、音楽のステージに上演芸術の性格をもたせる可能性を示したことである。

2 視ることが優先され、派手なパフォーマンスが繰り広げられた時代

一九七〇年代と八〇年代を通じて、ミュージシャンたちの化身への願望は高まっていく。たとえばキッス（KISS）は、顔面に悪魔メイクを施し、金属プレートや鋲を飾ったシルバーと黒の衣装に身を包み、超厚底ブーツで威圧的なムードを醸し出した。しかしその扮装をしたのは、悪目立ちをしたかったからとか、ましてや悪魔に心酔していたからではなく、ライブでのサービス精神のたまものだったという。(4) キッスが活躍した七〇年代中期は、ステージの大型化が進み、ロックスターたちは各地のスタジアムを巡業するようになっていた。スタジアムには万単位の聴衆が訪れるわけだが、劇場やホールとは異なり、後方の観客席からはステージの様子はほとんど見えない。そのような安い席を買うしかない少年たちのために、身体を大きく見せるよう厚底ブーツを履き、照明に反射して姿が見えるよう光り物を身にまとい、大仰なアクションでギターを弾き、ステージ上で火を吹くなど派手なパフォーマンスをおこなったのだ。このエピソードがどこまで本当かはわからないが、そもそもレコーディングするだけならメイクも衣装もいらないわけで、ライブでの要請が、のちのちまで残るキッスのあのアイコンを生んだことはまちがいないだろう。

ステージの大型化が進んだ一九七〇年代中期は、その巨大な舞台の規模を最大限に生かすべく、さまざまなミュージシャンが演出に力を入れていた。(5) バラードシンガーのイメージが色濃いエルトン・ジョンは、ライブではピアノの派手な曲弾きを披露し、奇抜な衣装に身を包んでサービス精神旺盛なショーを展開した。ショーといえ

図2　バイクにまたがりステージに登場するロブ・ハルフォード
（写真提供：ゲッティ イメージズ）

ばアース・ウィンド・アンド・ファイアーのエンタメ魂も相当なもので、色彩豊かな衣装とゴージャスな舞台装置でステージを盛り上げるだけでなく、大がかりなマジックを披露したり、サーカスのように宙吊りになったり、セットごと回転したりしながら演奏していた。単純に観客の度肝を抜く演出としては、ジューダス・プリーストのバイクによるアクションが群を抜いている。レザー＆スタッドを身にまといハーレーダビッドソンをステージ上で乗り回すロブ・ハルフォードのパフォーマンス（図2）は、ヘヴィメタルの重厚なイメージ創出に一役買ったわけである。

　さらに、レコーディング音源では知的で難解な音楽を追求したプログレッシブロックの担い手たちも、ステージでは派手なパフォーマンスで来場者を沸かせていた。たとえばジェネシスのピーター・ガブリエルは、楽曲のテーマに沿った奇抜なかぶりもので観客の視線を釘付けにした。イエスやピンク・フロイドも、ライティングにこだわり、巨大オブジェを配置し、スペクタクル性が高い演出をおこなっていた。エマーソン・レイク・アンド・パーマー（ＥＬ＆Ｐ）のキース・エマーソンに至っては、ライブのたびにハモンドオルガンにナイフを――日本公演では日本刀を――突き刺し、そのパフォーマンスは伝説として語り継がれている。

そして一九八〇年代、アメリカでMTVの放送が始まり、ミュージシャンたちはこぞってミュージックビデオの制作を始める。すなわち、ステージ以外の場面でも、自分をどうキャラクタライズするかについて、よりいっそう注意を払うようになったのである。イギリスでは、イギリス流ダンディズムを体現したヒューマン・リーグの大ヒットを端緒として、スパンダー・バレエやジャパン、デュラン・デュランなど、容姿端麗なニューロマンティックスが次々と世界的ヒットを成し遂げていく。なかでもカルチャー・クラブのボーイ・ジョージは女装をして数々のビデオクリップを作成し、映像の時代に彩りを添えた。この時期のイギリス勢の活躍ぶりは、第二次ブリティッシュ・インヴェイジョン（イギリスからの侵攻）と呼ばれ、六〇年代中期のビートルズらイギリス人ミュージシャンのアメリカ進出になぞらえられた。異なっていたのは、八〇年代のミュージシャンたちがグラムロック以降に範になった自身の魅惑的な姿をビデオによってヴィジュアライズし、テレビの向こう側の視聴者に提示したことである。なお、このMTV時代にはデヴィッド・ボウイも――ジギー・スターダスト時代と比べれば控えめな――イギリス紳士然とした姿で注目を浴び、ダンサブルな楽曲群によって第二の全盛期を迎えたのであった。

その一方、アメリカでは、ヘヴィメタルのミュージシャンたちが、逆立てて膨らませたロングヘアと濃いメイク、女性ものをアレンジした衣装やシルバーアクセサリーで、自らをきらびやかに飾り立てた。グラムメタル、ヘアメタルと称されたが、モトリー・クルーやポイズン、ラットなどロサンゼルス出身のバンドが多かったので、日本ではLAメタルと呼ばれた。彼らの服装は、一見するとバイセクシュアルを想起してもおかしくない格好だったが、ほとんどのバンドのMV（ミュージックビデオ）は「路地裏の不良がいい女をかっさらう」といった典型的なマッチョイズムに基づく作りになっていて、むしろバンドメンバーとファンコミュニティのホモソーシャルな関係を強化するものだった。(6)

また、ダンスの魅力をフィーチャーする表現者にとってMTVの時代は福音だった。マイケル・ジャクソン、マドンナ、プリンスらが活躍し、ビデオクリップが多数制作された。きわどい性的アピール、こだわり抜いたカメラワーク、魅力的なロケ地など、映像には華やかな要素が詰め込まれていたが、なによりもミュージシャン自身の習練されたダンスが最も注目を集めた。マイケル・ジャクソンの「スリラー」に至っては、六分弱の曲のために十四分近い映像を撮影して物語を作り出し（図3）、その試みに世界は熱狂した。ますます「音楽以外の要素」が「音楽」に必要になっていったのである。

図3 「スリラー」のミュージックビデオでゾンビに化身するマイケル・ジャクソン
（写真：Alamy ／アフロ）

3 同時代に日本では

ここまで洋楽シーンの「視る」時代の様相を追ってきたが、同時代の日本での「聴く／視る」の変遷もみておこう。日本の若者による自作自演音楽の起点を一九六〇年代末のフォークムーブメントに据える[7]ならば、これは「聴く」ことを優先した音楽だった。フォークシンガーたちは反戦や反商業主義を旗印にした。演奏形態はシンプルなアコースティック編成がほとんどで、過激な歌詞で異端者のイメージを押し出してはいたものの、ファッションはヒッピー風（日本でいえばフーテン風）あるいはサザンロック風であり、きらびやかな印象からはほど遠かった。同じユースカルチャーとしてライバル関係にあったグループサウンズはそろいのコスチュームに身を包んでテレビ出演していたので、そういったアイドルバン

ド と差異化する意図もあったと思われる。このころを象徴するライブイベントの一つは六九年から七一年に開催された中津川フォークジャンボリーだが、魅せる要素はほとんどなく、聴衆は歌詞のメッセージをかみしめるように聴き入っていた。(8)

一九七二年以降は吉田拓郎や井上陽水らがシングルやアルバムでチャートのトップを記録するようになり、反商業主義からの脱却が始まる。その一群は、人生や情景を歌のテーマにすることで、世間一般が共感するフォークブームを呼び起こしたのである。とはいえ担い手たちは、テレビ出演には否定的で、反芸能界的な側面は持ち合わせていた。前述の二人と泉谷しげる、小室等《ひとし》の四人はレコード会社フォーライフレコードを七五年に設立し、自分たちのペースを守り、芸能界の旧弊に従わないことを目指した。テレビに出演しないフォークシンガーたちは、深夜ラジオのパーソナリティを担当し、歌と語り、すなわち聴覚だけに頼るプロモーションを展開して盤石の地位を築いていく。彼らには、着飾ることも化粧をすることも無縁だった。

フォークソングのサウンドは厚みを増していき、現状肯定的な歌世界を表現し、一九七五年の荒井由実の登場を機にニューミュージックと呼ばれるようになるが、踏襲されたのはそのマイペース主義である。(9) 無理な芸能活動からは距離を取り、しかしビジネスとの折り合いはつけてCMソングの制作やテレビタレントへの楽曲提供はおこなう。そしてレコードとラジオリクエスト、有線放送を通して、自らの音楽の才を示していく。ニューミュージックは曖昧なジャンル用語で、松山千春やさだまさしらフォーク畑のミュージシャンも、大瀧詠一や山下達郎らシティポップのミュージシャンもそこに含まれていたが、彼らはおおむねその価値観を共有していた。少し遅れて七八年にデビューしたサザンオールスターズは例外的にテレビによく出演したが、売りにしていたのはルックスではなく若さというエネルギーである。

ライブ中の振る舞いとしても、本人が本人の声と演奏でありのままを見せることがニューミュージック歌手たちのスタンダードな姿としてあった。したがって、一部のロックミュージシャン――フォークからロックへと転身し派手なメイクと服装にイメージチェンジしたRCサクセションら――またはテレビの歌番組に登壇するアイドルを除けば、化身願望はさほど生まれなかった。

　その一方で、架空の舞台を設定して情景を演出する試みについては、ニューミュージックのミュージシャンの多くが得意とするところだった。イギリスやアメリカのミュージシャンのように現実を超越した異世界を表現することは少なかったものの、部屋にいながらにして春夏秋冬を経験し、学生生活を追体験し、日本の各地やアメリカ西海岸さらにヨーロッパに至る名所巡りを体験できる、そんな佳曲が多く作られた。すなわち、シーンメイキングの機能をニューミュージックは果たしていたのである。中島みゆきの『夜会』はまさにそのコンセプトに見合うものだろう。中島みゆきがこのイベントを始めたのはキャリアを積んだ一九八九年以降だが、楽曲のそれぞれが映し出す情景を語り部になって歌い上げていく姿は、コンサートとも演劇ともつかないステージの形態を世に知らしめたのだった。

　ただし、舞台芸術の観点からすれば、そもそも舞台に上がるということはその瞬間から何者かになりすました姿を人前にさらす行為に相違なく、ありのままでステージに立つことを信念にしたミュージシャンたちも、多くの場合、芝居がかったパーソナリティで演技していた。あのストレートなメッセージで鳴らした尾崎豊でさえ、ステージでMCとして語った〝真実の言葉〟はシナリオに基づくものだったことが遺品から明らかになっている。[10]ファンの眼前に現れていたのは、ハダカの尾崎豊ではなく、十代の代弁者として役割遂行するパフォーマーの姿だったのである。

　そして一九八〇年代後半にさしかかると、MTVの影響が日本でも浸透し、装飾過剰なミュージシャンに対する大衆の理解が広がっていく。男性によるメイクがマスのレベルで注目されたのは、それよりも以前の沢田研二の歌番組での姿や、忌野清志郎と坂本龍一による「い・け・な・いルージュマジック」のMVを嚆矢とするが、当時メイクや仮装を当たり前にしていたインディーズバンドが相次いでメジャー進出したこともあり、メジャーシーンでも絢爛さを競い合う傾向が一気に加速する。イギリス・アメリカに遅れること十年あまり、いよいよ「視る」ことを優先する時代が始まるのである。

まずBOØWYが一九八六年にアルバムチャート一位を獲得し、そのライブ中の姿に人々は魅了される。彼らのファッションは、インディーズに特徴的だったパンクロック由来の髪形や服装ではあるものの、アングラ臭は一切感じさせず、モノトーンを基調に洗練されたものだった。彼らはライブをＧＩＧと呼び、ナルシスティックなボーカルと計算されたギターワークを、ライティングやポージングの視覚表現を用いて積極的に提示した。彼らの表現は「刹那の美」「均衡の美」と呼ばれた。BOØWYの影響力は大きく、少し遅れてBARBEE BOYS、ZIGGY、TM NETWORK、BUCK-TICK、Xなどのバンドが表舞台に登場したが、サウンドのテイストは異なっていても、多くは「魅せること」を前面に押し出すスタイリッシュなロックを実践していた。(11)

また一九八〇年代後半、日本はバブル経済期に突入していたため、巨額の資金を投入したライブが可能になっていた。米米CLUBやDREAMS COME TRUEのライブがよく知られているが、バルーンや紙吹雪はもちろん、ゴンドラやメリーゴーラウンドなどの大がかりなセットを設置し、さながらテーマパークのようなショーを展開した。これらはまさしく見せ物的（大勢の人に見られ、興味の対象にされること）なライブだったといえる。日本では、ミュージシャンやライブの舞台をきらびやかに飾る傾向は九〇年代末ごろまで続く。社会のバブル景気は九一年に早々と終息したものの、音楽産業の好景気は九〇年代を通じて継続していたからである。

一九九〇年代の日本の音楽シーンは、Ｊ―ＰＯＰのジャンル名が誕生した時代であり、ミリオンセラーが頻発し、さまざまなタイプの音楽が市中にあふれかえった。テレビ番組やＣＭとタイアップすればヒットは約束され、通信カラオケの著しい発展があり、コピーが容易なＣＤは広く出回り、ＭＤやＣＤ―Ｒも普及した。また国内での音楽の自給自足化が進み、欧米並みのスケール感で楽曲にアレンジがなされ、大がかりなツアーを展開することが可能になった。それまでは洋楽ミュージシャンの専売特許だった化身の姿も、国内ミュージシャンがその役割期待に応えた。日本独自のスタイルであるヴィジュアル系が登場した背景には、この国のこの時期に特有の消費形態がある。

化粧や仮装を通じて自らを美しい身体に装飾したヴィジュアル系は、X JAPANを起点として系譜を数えることができるが、[12]早々とメジャーデビューを果たしたLUNA SEA、黒夢、GLAY、L'Arc~en~Cielは、音楽的には王道ロックに依拠していて、化粧もいまからみれば控えめなもので、むしろ素の顔立ちのよさが注目を浴びていた。化粧や仮装を超えて化身と呼ぶべきレベルの装飾に身を包むのは、一九九七年からメジャーで活動した「ヴィジュアル四天王」――La'cryma Christi、SHAZNA、FANATIC◇CRISIS、MALICE MIZER――が嚆矢である。とりわけMALICE MIZERは際立った存在で、ストーリー性がある楽曲を制作するとコンセプチュアルにメイクや衣装を変化させて、中世ヨーロッパ風から黒装束風まで幅広い化身をおこなった。ステージには歌と演奏にとどまらず舞踏や演劇の要素を取り入れ、幻想的な世界をライブの空間に現出させていた。

　このようにヴィジュアル系は、ライブで（その名のとおり）ヴィジュアライズされた魅力を発揮し、ライブに関連するさまざまな記録を打ち立てている。たとえばX JAPANは日本人ミュージシャン初の東京ドーム三日連続公演を一九九二年に開催している（東京ドームの開業は一九八八年）。このときYOSHIKIはドラムごと空中にせり出す大がかりなステージセットを用意し、満員の観客を沸かせたのであった。ほかにも例を挙げると、LUNA SEAは九六年の真冬に気温五度の野外で約四万人を動員するライブを成功させている。また彼らは九九年に台風で破壊されたステージをそのまま利用した十万人規模のライブを決行し、メンバーがヘリコプターで会場に降り立つという映画のワンシーンのような光景を出現させた。黒夢は、精力的かつ過密なライブツアーをおこなうことで知られ、九七年から九八年にかけて約二百三十本のライブをこなしている。PIERROTは九八年のメジャーデビュー後五カ月あまりで日本武道館でのワンマンライブをおこない、当時の最短記録を更新している。

　そして特筆すべきは、一九九九年のGLAYによるGLAY EXPOである。このライブは単独公演で二十万人を動員し、いまなお日本最高動員数を誇っている（図4）。またライバルのL'Arc~en~Cielは同年に1999 GRAND CROSS TOURと題した野外ツアーをおこない、東京公演の2デイズで二十五万人、全十二公演で六十五万人を動員した。いずれも驚異的な記録であり、最盛期のヴィジュアル系にどれほど勢いがあったかを物語っている。

図4　20万人を集めたGLAY EXPO
（出典：「GLAY ライブに20万人が熱狂 千葉・幕張メッセ」、毎日新聞社提供）

4 化身や派手なパフォーマンスから撤退した時代

さて、しかし時代は変わる。日本よりも十年ほどさかのぼるが、アメリカでは一九九〇年代前半から虚飾を剝いだオルタナティブロックが台頭しはじめる。グランジのニルヴァーナを呼び水にしたそのムーブメントは、「音（サウンド）のなかにこそ真実がある」とする聴覚優先主義の復権だった。

一九九一年、人々はまずＭＴＶでそれを目撃する。ニルヴァーナの「スメルズ・ライク・ティーン・スピリット」は発売と同時に評判を呼び、ＭＴＶでヘビーローテーションになる。この曲のために作られたビデオは、単なるライブ映像ではなく、ハイスクールを舞台にチアリーダーや清掃員が登場する抽象的な映像作品に仕上がっていたが、注目すべきは、ヘヴィネスなサウンドであり、リフであり、声であり、そしてカート・コバーンの形相と服装――鬼気迫るシリアスな表情と、それとは不釣り合いな平凡な普段着――だった。

グランジはリアリズムの芸術である。カート・コバーンは、ロックスターとして脚光を浴びるにつれて、雑誌用のピンナップやライブフォトで自身の姿を大衆にさらしていったが、服装は、破れたネルシャツや伸びたカーディガン、ボロボロのジーンズにスニーカーといった古着屋で安くそろえられるものが大半であり、アメリカの貧乏青年の標準的な格好をしていた（図5）。豪華絢爛な過剰装飾は舞台上の衣装もしくはテレビ画面の向こう側にあるもので、金がない駆け出しバンドが用意できるものではなく、また用意する必要もない。彼らは成功を手にしたあとも服装を変えることなく、アンダーグラウンドな質感の音楽を演奏することだけに注力しつづけた。

その一方、グランジはファッション業界に飛び火する。Grunge ＝「薄汚い」ものが、モード界で「斬新さ」に転置され、新進のデザイナーやモデルを巻き込んで一大流行を形成したのである。このことは掛け値なしの商業的展開であるためにグランジロックの当事者たちをいらだたせ、同時に一九八〇年代に数々のトレンドを生み

図5　ニルヴァーナのカート・コバーン
（写真提供：ゲッティ イメージズ）

出してきた先達のデザイナーたちにも失望感を抱かせた。古着でいいとなれば何のためのファッションデザインか、と、アイデンティティクライシスを招く結果になったのである。さらに、あおりを食ったのはＭＴＶも同じだった。ＭＴＶは八〇年代を通じてファッショナブルなミュージシャンに活躍の場を与え、享楽的な音楽文化の隆盛に一役買っていた。しかしそれとは正反対の音楽性をもつ楽曲のビデオを繰り返しオンエアすることで、皮肉にも自分たちの時代の終焉を伝えることになってしまった。

　アメリカのロック音楽シーンは、グランジに露払いされたうえでオルタナティブロックへと発展する。オルタナティブはいまでは一九九〇年代以降のロックミュージックの総称になっているが、発生当初は文字どおり「代替」の意味合いが強かった。その輪郭は、八〇年代までのオールドロックのサウンドや態度的特徴と比較するとわかりやすい。メジャーが好む透き通った音響ではなくインディー特有の濁った音響を奏で、メディアスターを志すのではなくシリアスなアルチザンを目指し、表現者のカリスマ性に頼るのではなくライブ会場を埋め尽くすノイジーな轟音に身を任せる。そのような志向性が複合してオルタナティブと呼ばれた[13]。

　オルタナティブのミュージシャンたちは、ことさらに地味な服装を選んだわけではないが、スポーティーで動きやすい服装になり、音響以外の要素が入り込まないライブを志した。メタルはカラフルなヘアスタイルや化粧をやめて、本来の定義に立ち戻るように――とはいえおどろおどろしい表象に化身することはやめなかったが――重低音と音圧をとどろかせるグルーヴメタルに移っていった。イギリスのブリットポップのロッカーは、一部にはイギリストラッドやユニオンジャックをあしらったファッションに身を包む者がいたものの、オアシスのギャラガー兄弟のようにサッカーのフーリガンよろしくジャージ姿でステージに立っていた。メロコア（メロディック・ハードコア）のバンドは、スリーピースのメンバー構成が多くシンプルなライブをおこなうが、服装もシンプルで、Tシャツに短パンがトレードマークである。もう少しハードコアになると、身体に刻んだタトゥーを威圧感たっぷりに見せつけるが、いずれにしても足元を見ればスニーカーだ。

彼らはライブでは演奏に注力するのが常だったが、ステージ上で演技や演出をせずにすんだのは、聴衆がそれを求めなかったからである。聴衆の目的は、シリアスなメッセージを乗せた叫びの声とギターの残響音がもたらす音の渦を全身に浴びて、自身のフラストレーションを発散すべくモッシュに身を投じることである。もはやステージ上の人物を凝視することもしていない。演奏者も聴衆も全身で躍動するのであり、過剰に装飾された衣装を着込んでいてはその動きをすることができない。「視る」音楽から、「聴き、体感する」音楽への転換[14]である。

一九九〇年代から二〇〇〇年代にかけてライブが聴衆参加型のシンプルな構成へと変わっていったのは、この時期に発展したフェスティバル形式のイベント[15]の影響もある。たいていのフェスは複数のステージが同時進行する構成になっていて、来場者にとってさまざまなタイプのミュージシャンをコンパクトな日程で観て回れることが魅力である。逆にミュージシャン側からすると、演奏時間はタイムスケジュールにのっとっていて、時間がくれば次の出番の人たちにステージを譲らなければならない。要するに、単独ライブでおこなえるような融通がきかない。大がかりなセットを用いてバンド独自の世界観を表現することは、その日のヘッドライナーでもなければほぼ不可能である。また、野外でおこなわれるフェスの場合は、屋根がない開かれた空間であるため、その日のステージングは天気や風に左右される。シアトリカルな舞台で聴衆の視線を引き付けることは無理とはいえないまでもかなり難しい。端的に、音（サウンド）だけで勝負するほかないのである。

日本でも、フジロックやライジングサン、サマーソニック、ロックインジャパンのいわゆる四大フェスが出そろった二〇〇〇年代になると、音楽雑誌やウェブの啓蒙記事によって「フェスの作法[16]」が広く知られていく。そもそもミュージシャン目当てのライブイベントであれば、二つのステージのヘッドライナーが同時間帯に演奏を始めることなどとうてい許容できないはずだし、オールスタンディングの観客ゾーンでいくらでも前に行けるのに後方で座していることなど機会損失と捉えるはずである。しかしフェスではそれが普通におこなわれ、参加者たちも平然と受け入れている。「視る」ライブから「聴き、体感する」フェスへの転換はスムーズに進行していった。

また、この時期にデビューしたオルタナティブの影響下にあるバンドたちは、時代の転換に呼応するかのように、表に出ない美学を貫いて、ライブアクトで評価を高める道を模索するようになる。CDが売れない時代に突入したという事情もあるが、フェスの出演でネームバリューを獲得し、ライブハウスの動員を増やしていき、やがてアリーナに至る道筋である。地味なようでいて、これは時代に呼応した賢明な方法論だった。そして、あれほど隆盛を極めたヴィジュアル系は沈黙を余儀なくされていく。

試みに二〇〇〇年代の邦楽ロック雑誌のページをめくってみてほしい。化粧や仮装は見当たらなくなり、それどころか、まるで自らの存在を消したいかのように長く伸ばした前髪で顔を覆い隠すミュージシャンが増えたことに気づくだろう。宣材写真でもアルバムジャケットでも、容姿を強調することなく、メンバーが等間隔に並んで全身像で写真に収まっていたり、人物以外のアートワークで表現したりしている。MVではスタジオ演奏のシーンと俳優を起用したショートストーリーが交錯する構成が顕著だ。匿名志向ともいえるこのような姿勢は、「音楽」に「音楽以外の要素」は不要と宣言しているかのようである。インタビューではシャイな受け答えに終始していたバンドが、ライブでは豹変し、自信たっぷりの演奏と歌唱で聴衆を熱狂の渦に巻き込む姿は、〇〇年代以降は特に珍しくない光景である。

では、同様に二〇〇〇年代に人気を博していったグループアイドルはどうか。アイドルはファンに愛と夢を届けることを第一義とし、ライブはダンスを披露したりファンとの交流のコーナーを設けたりする総合エンターテインメントである。しかし、化身への願望はそこには見当たらない。その理由の一つに、大型会場での巨大ビジョンの整備が挙げられる。いまやどこの会場でも、ステージ横に大きなビジョンモニターが設置され、歌い手の表情を大映しにしている。モニターがなかった時代のキッスのように、後方座席のファンのために自分を大きく見せる必要はない。ファンは、アイドルの端整な顔立ちや、ダンステクニックや、グループ内の素朴な交流が見たいのだ。アイドルのライブで化身など見せれば、ファンからのブーイングは止まらなくなるだろう。

このような変化は、ミュージシャンの化身願望やライブの上演芸術的性格が減衰したことを示している。そのことを如実に表すのがセットリストである。セットリストとは、ライブ当日の演奏楽曲名が順番に並べられたリストである。公式に発表されることもあるが、ファンが聴き覚えてメモに残すことも多い。人が、その日のライブについて、その良し悪しも含めて誰かに報告するとき、セットリストを使って説明することが増えている。短い言葉で情報を伝達するSNSが主流になった影響もあるが、見方によっては無味乾燥なこの文字列に、現代のライブのあり方は集約されているのだ。

5 時代の転換を見据えて

しかしそれもまた変化していくことだろう。変化の予兆と考えられるのは、二〇一八年にコーチェラでビヨンセが魅せたパフォーマンスである。ヘッドライナーのビヨンセはステージ中央に巨大なピラミッド状の構造物を建てて、すべて黒人による百人以上のマーチングバンドとダンサーを配した。ビヨンセ自身は古代エジプト王妃を思わせるコスチュームで登場し、多彩な豪華ゲストを迎えて、何度も衣装替えをしながら、また前身のデスティニーズ・チャイルドが再集結する演出も織り交ぜながら、二時間のステージでヒット曲を存分に披露した(図6)。そしてその光景をネットのライブストリーミングで中継し、世界中の視聴者を魅了したのである。

ここにはいくつもの語るべき内容がある。それまで白人の男性ミュージシャンが中心だったフェスのラインナップに、またインターネット配信に慎重だったフェスの興行に、そして演奏に専念するシンプルさを美徳としてきたライブのシーンに、ビヨンセは光炎万丈の勢いでカウンターを突き付けたのである。ブラックパワーを示唆する政治的イシューを盛り込んだうえで完璧なエンターテインメントショーを演じた一夜は、一般の音楽ファンだけでなく辛口の評論家をうならせることにも成功した。この年のコーチェラ（Coachella）は早々と伝説化され、ビヨンセを褒めたたえる意を込めてビーチェラ（Beychella）と呼ばれた。

図6　コーチェラでのビヨンセのステージ
（写真提供：ゲッティ イメージズ）

もちろん多くのミュージシャンは、ビヨンセほど採算を度外視したステージを組み立てることができない。しかしそこで助けになるのが、テクノロジーの発展である。たとえば東京ビッグサイトで年に一回開催されるライブ・エンターテイメントEXPOの展示ブースを見れば、「視る」だけでなく「体感する」を兼ね備えたライブ演出が可能になっている状況がわかる。シアトリカルな空間にアリーナ全体を変貌させることさえ、かつてよりも容易になっている。体験型アトラクションのようなライブ空間を求める人たちは今後増え続けるにちがいない。

なお、テクノロジーの発展は別の方向へ進む道も示唆している。VR（バーチャルリアリティ）やAR（拡張現実）の技術を用いたバーチャルなライブ、ネットワーク網を利用してスムーズに課金を促す有料配信、オンラインゲームのプラットフォームとコラボレートしたライブなどだ。新型コロナウイルス感染症の蔓延（コロナ禍）によって急速に伸びた「おこもり需要」は、このような「在宅のままライブコンテンツを楽しむこと」を現実のものにした。たとえば

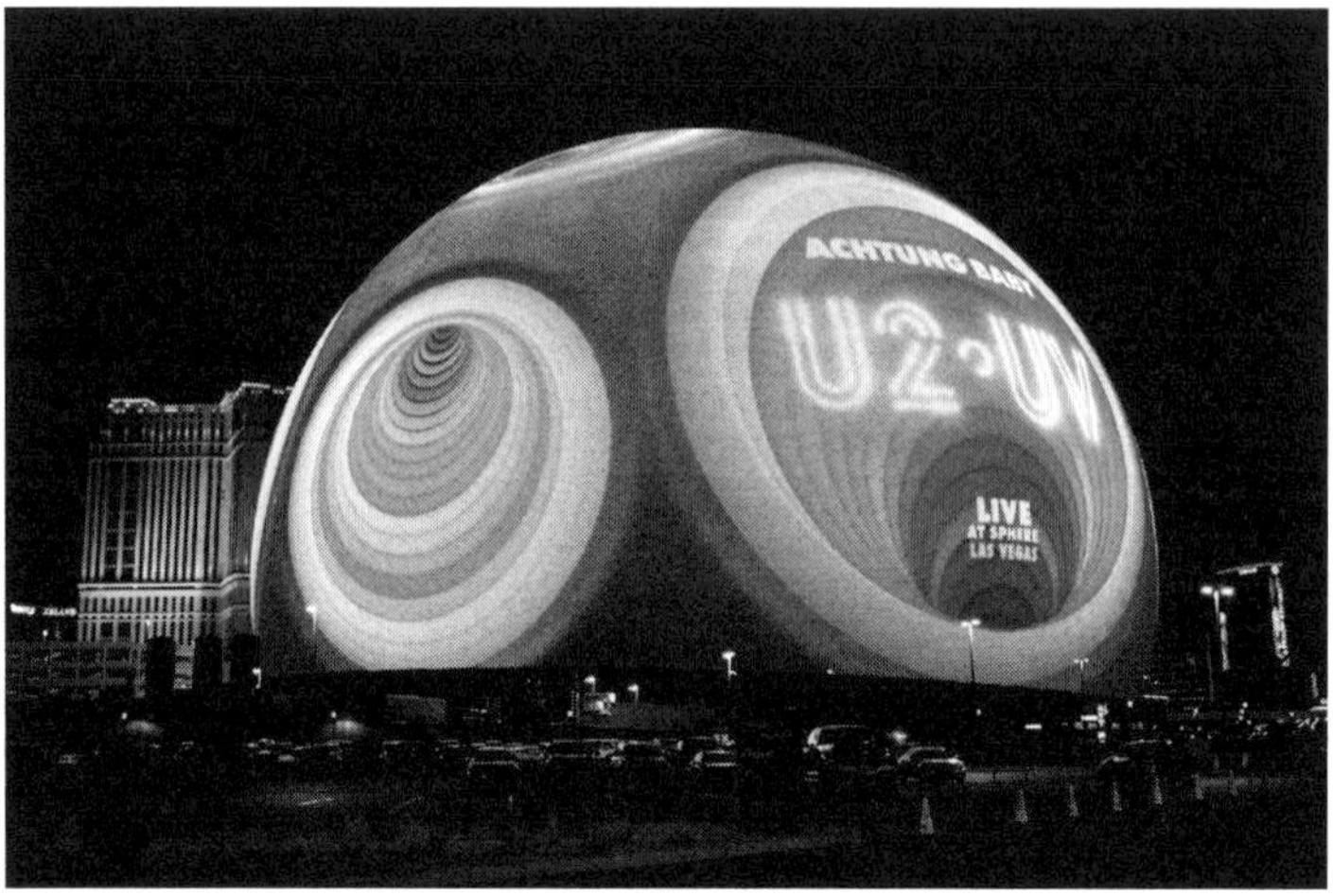

図7　スフィアの外観（U2の公演 *UV Achtung Baby*）
（出典：“Wikimedia Commons”〔https://commons.wikimedia.org/wiki/File:Sphere_with_U2_UV_Achtung_Baby_branding_on_Jan_26_2024.jpg〕［2025年2月3日アクセス］）

二〇二〇年四月、アメリカのラッパー、トラヴィス・スコットは、マルチプレイゲーム『フォートナイト』内で十分弱のバーチャルライブをおこない、千二百三十万ユーザーの同時接続という記録を樹立した。現実のライブでは実現不可能な数字である。これは現実のライブがおこなえない状況下でのめざましい成果だったといえる。

とはいえ、人々がバーチャルだけで満足するとは考えられない。バーチャル空間の経験とリアル空間の経験では、五感の動員という観点からしても、同じものとはいえないからである。前述したライブ・エンターテイメントEXPOは、コロナ禍でライブ興行の見通しがまったく立っていない状況にもかかわらず、緊急事態宣言下の二〇二一年二月に開催された。展示、デモ体験、各種セミナーなど多様なブースをそろえていて、さまざまなライブイベントの主催者や関係者が来場した。これは、それだけ多くの人が〝生〟のライブの復活を待ち望んでいたことの証しである。

そしてアフターコロナの二〇二三年、アメリカのラスベガスに前代未聞のライブ空間が出現する。スフィア（Sphere）と名づけられた巨大な球体型アリーナは、外観も内観もLEDスクリーンが張り巡らされ、映し出される映像によってその姿を変化させる（図7）。総工費は二十三億ドルで、公式ウェブサイトには「ライブエンターテインメントの未来を再定義する次世代メディアで、一流のアーティスト、クリエーター、テクノロジストが、ストーリーテリングを新たなレベルに引き上げ、観客を現実と空想の両方の場所に連れていく特別な体験を提供します[17]」と書いてある。これが大げさでないのは写真を見るだけで理解できる。

図8　2023年のU2による公演 *UV Achtung Baby* の内観の模様
（写真提供：ゲッティ イメージズ）

スフィア開館に合わせてライブ公演をおこなった最初のミュージシャンはU2である（図8）。U2は一九八〇年代にはシンプルでストレートな演奏と強いメッセージを発するロックバンドだったが、九〇年代に時代の主流がオルタナティブに転換すると、その潮流に逆行するかのように電子音を大々的に取り入れた音楽性に変化し、スタジアムクラスの会場で最先端の装置と派手な色彩、刺激的な映像を駆使するライブバンドに変貌した。それ以来、ライブの動員記録を塗り替え続けているモンスターバンドである。スフィアのこけら落としにこれ以上ふさわしいバンドはいない。

最新の施設は音響にも力を入れているため、「聴く」ことがおろそかになったわけではないが、再び「視る」ことが優先され、「体感する」ことも同時に重視される時代を迎えつつあることは確かだ。ただし、この視覚のマジックは、かつてミュージシャン自身が工夫を凝らして化身や演技で表現した見せ方とは異なり、高度なテクノロジーと巨額の資本を基盤として成立している。ここに注意を払う必要がある。スペクタクルなライブが必然的に引き起こすチケット価格の高騰は「体感できる／できない」の格差を生むし、「音楽の本質とは何か」という議論もまたぞろ活性化することだろう。

ライブパフォーマンスの半世紀を振り返ると、聴覚と視覚のどちらに重きを置くかで振り子のように揺れ動く潮流を確認することができる。そしてそのこと自体が、ライブという興行の、時間／空間もしくは聴覚／視覚の二律背反を超えた、両義的な立場を説明するものなのである。

注

（1）村山匡一郎編『映画史を学ぶクリティカル・ワーズ』フィルムアート社、二〇〇三年、六八―六九ページ

（2）BBC制作ドキュメンタリーDVD『20世紀ポップ・ロック大全集』（販売：NHKソフトウェア、二〇一六年）のディスク6「グラムロック・ブーム――俺達は美しい」にデヴィッド・ボウイのインタビューが収録されている。

（3）佐藤誠二朗『ストリート・トラッド――メンズファッションは温故知新』集英社、二〇一八年、一五三―一五四ページ

（4）前掲『グラムロック・ブーム』にポール・スタンレーのインタビューが所収されている。キッスのメンバーは、その大胆なイメージとは裏腹に、バンドのコンセプトからステージセットまで、多くのスタッフを統率しながら知的なアイデアを具現化させていて、その様子がビデオから伝わってくる。

（5）世界の音楽編集部編『音楽がわかる世界地図――今と過去、世界各地の音楽・楽器・ミュージシャンが一冊でわかる！』（ロコモーションパブリッシング、二〇〇五年）五四―五九ページに、本章では紹介しきれなかった多様なロックミュージシャンの多彩なパフォーマンスが写真とともに掲載されている。

（6）染谷留花「クィアの視点から見たヘヴィメタル――「男らしさ」と「逸脱」について」武蔵大学大学院人文科学研究科二〇二一年度修士論文、二〇二二年。なお、同論文によると、一九八〇年代当時にはヘアメタルは本文で説明したような解釈をされたが、その後の時代経過とともに、おもにクィア的視点によって、まなざしのありように変化が

生じている。

（7）南田勝也「日本のロック黎明期における「作品の空間」と「生産の空間」」、南田勝也編著『私たちは洋楽とどう向き合ってきたのか――日本ポピュラー音楽の洋楽受容史』所収、花伝社、二〇一九年、八九―一二一ページ

（8）一九七一年の第三回全日本フォークジャンボリーは推計二万五千人が参加した大型野外フェスになったが、開催二日目の夜、討論を望む一部観客によってメインステージが占拠され、パフォーマンスを魅せるどころか音楽の演奏さえされなかった（南田勝也「フォークに賭けた青春――1970年前後の音楽シーンに生じたこと」、岩見和彦編著『続・青春の変貌』所収、関西大学出版部、二〇一五年、二二一―四六ページ）。

（9）小川博司『音楽する社会』勁草書房、一九八八年、四六ページ

（10）尾崎豊『NOTES――僕を知らない僕 1981-1992』新潮社、二〇一二年

（11）南田勝也『ロックミュージックの社会学』（青弓社ライブラリー）、青弓社、二〇〇一年、一七〇―一七二ページ

（12）井上貴子「ヴィジュアル系とジェンダー」、井上貴子／森川卓夫／室田尚子／小泉恭子『ヴィジュアル系の時代――ロック・化粧・ジェンダー』（青弓社ライブラリー）所収、青弓社、二〇〇三年、二七ページ

（13）南田勝也『オルタナティブロックの社会学』花伝社、二〇一四年

（14）同書で筆者が示した「波から渦へ」「表現からスポーツへ」「鑑賞からプレイへ」は、すべてこの転換を表している。

（15）グラストンベリー・フェスティバルなどの老舗フェスを有するイギリスでは、一九九四年にティー・イン・ザ・パーク（スコットランド）が、九六年にVフェスティバル（エセックス州とスタフォードシャー州）が、二〇〇三年にダウンロード・フェスティバル（レスターシャー州）がスタートしている。アメリカでは一九九一年にロラパルーザ（各地巡業型で二〇〇五年からシカゴに定着）が始まり、九四年にはオールドロックとオルタナティブが混在した巨大イベント、ウッドストック94が三十五万人の観客を集めて開催された。現在でも人気が高いワープド・ツアー（各地巡業型）は九五年、コーチェラ・バレー・ミュージック・アンド・アート・フェスティバル（カリフォルニア州インディオ）は九九年、ボナルー（テネシー州）は二〇〇二年に始まり、アメリカのフェスの代名詞的存在になっている。

（16）永井純一『ロックフェスの社会学――個人化社会における祝祭をめぐって』（叢書現代社会のフロンティア）、ミネ

ルヴァ書房、二〇一六年

(17) スフィア公式ウェブサイト内の"The FAQs"(https://www.thespherevegas.com/faqs)［二〇二四年九月十七日アクセス］。

［付記］本章は、南田勝也「ライブパフォーマンス論序説」(南田勝也/木島由晶/永井純一/平石貴士『コロナ禍のライブをめぐる調査レポート［聴衆・観客編］』所収、日本ポピュラー音楽学会、二〇二一年、一〇七―一一六ページ)をもとに大幅に加筆・修正したものである。

第４章　巨大化するライブ産業
――アメリカのライブ・フェスの現状

永井純一／山添南海子

はじめに

現在、世界中でライブが人気を博している。日本国内で話題になることも少なくないが、むしろ海外のほうがライブ熱は高く、市場規模は空前のスケールに成長しつつある。試算によると二〇二三年の世界のライブ音楽市場規模は三百億ドルであり、今後も成長する見込みだという(1)。

二〇二三年のテイラー・スウィフトは、まさしく巨大化するライブシーンを象徴する存在だった。音楽業界誌「ポールスター」によると、彼女が同年におこなった「ジ・エラズ・ツアー」は六十公演の興行収入が約十億四千万ドルに達した(2)。なお、これまでの歴代最高興行記録は、エルトン・ジョンの「フェアウェル・イエロー・ブリック・ロード」の約九億三千九百万ドルだった。ポールスター社は、エルトンのツアーが三百二十八公演だったのに対し、スウィフトは公演数がその五分の一という「前例がない」ペースで記録を更新したことを指摘している。

その背景には、会場のキャパシティーが大きくなったことに加えて、平均価格二百三十八・九五ドルというチケット価格の高騰がある。一公演あたりのチケット売り上げの平均は約七万二千枚、千七百三十二万千六十三ドル、全六十公演のチケット販売合計は約四百三十五万枚という途方もないスケールでツアーが展開していることには驚かされるが、同ツアーは本章執筆中の二〇二四年六月も進行中だ。ヨーロッパやアジア、オーストラリアなどでさらに八十五公演が予定されていて、この記録は更新される見込みである。

もちろん、こうした超大型公演を誰もが取り仕切れるわけではない。その背景では圧倒的なノウハウと資金を有するライブネーションやAEG（アンシュッツ・エンターテインメント・グループ）などのメガプロモーターによる市場寡占が進んでいる。

この事実に目を向けたとき、現在のコンサートやライブの人気は単に需要の問題ではなく、供給の問題であるということに気づく。つまり、状況を正確に理解するには、受け手に注目した分析や考察だけでは不十分であり、送り手が音楽の演奏を興行たらしめる技術や制度に注目する必要があるだろう。当たり前のことではあるが、ライブには会場が必要であり、チケットを売ることによって興行として成立する。公演の規模を大きくするには、大きなキャパシティーの会場が必要になるし、手売りではとうてい追い付かない大量のチケットをさばかなければならない。本章ではこうしたライブ産業の構造的な関心から「会場」と「チケット」に注目し、それらとライブネーションおよびAEGの関係について論じる。

両社は、現在のグローバルなライブ産業のトップ企業であり、二〇〇〇年代以降に同業者を含むさまざまな企業の買収を繰り返すことで成長を遂げた。ただし、その道程を詳しくみていくと、そもそも出自の異なる二社がやや異なるビジネスモデルを展開していることがわかる。端的にいえばライブネーションはチケット販売システムを押さえ、AEGは会場を保有することでライブに付随する利益を最大化し、成長したのである。経済学者アラン・B・クルーガーの表現を借りるならば、「興行会社の最大手は水平方向にも垂直方向にも独占企業[3]」なのである。

1　巨大化する公演

表1はポールスター社が発表した二〇二三年の世界のコンサート興行収入トップ三百のなかから上位二十を抜粋したものである。なお、このランキングには前述のテイラー・スウィフトは含まれておらず、ツアー単位ではなく同一会場での連続公演を一公演と扱っているため、同じアーティストが重複してランクインしている。こうした点には注意が必要だが、まずはこれを手掛かりに一公演の規模を確認しよう。

一位はU2によるラスベガスのライブスポット、スフィア（第3章「ライブパフォーマンスの半世紀――聴く／視るの二軸をもとに」〔南田勝也〕を参照）のこけら落とし公演であり、全十七公演のチケット売り上げ枚数は約二十八万枚、総収入は一億九百七十五万ドルだった。二位はビヨンセによるロサンゼルスのソフィ・スタジアム公演で、三日間で約十五万五千枚のチケットを売り、総収入は四千五百五十四万ドルだった。三位は八月十一日から十三日にサンフランシスコのゴールデンゲートパークで開催され、ケンドリック・ラマーらが出演した音楽フェスティバル、アウトサイド・ランド・ミュージック・アンド・アート・フェスティバルで、チケット売り上げ約二十二万五千枚、総収入四千十二万ドルだった。四位はコールドプレイのサンパウロでの六公演で、チケット売り上げは約四十四万枚、収入は四千十万ドル、五位は再びビヨンセで、アトランタのメルセデス・ベンツ・スタジアムでの公演、チケット売り上げ約十五万六千枚、収入は三千九百八十四万ドルになっている。なお、ビヨンセはこの二つ以外にも三百位以内に三十八公演、コールドプレイは十七公演、複数出演者によるフェスティバルは十六公演がランクインしている。

次に会場のキャパシティーに関して。ハリー・スタイルズのウェンブリー・スタジアム（ロンドン）公演の八万三千八百四十九人を筆頭に、七万人台が三公演、六万人台が三公演、五万人台が七公演と、スタジアム規模の超大型公演が並ぶ。ちなみに一位のU2のスフィアは屋内施設ということもあり、キャパシティーは一万六千五百十二人でほかの公演に比べると「控えめ」である。チケット販売数は、最も少ないものでも七万五千枚、多いものだと四十三万九千六百五十一枚で、ほとんどがソールドアウトしている。

なお、上位三百位に目を向けると総収入が一千万ドルを超える公演は百四十二にも上り、超大型公演が増えていることがわかる。ちなみに三百位以内にランクインしている日本での公演はSEVENTEENのジャパン・ツアー（百六十六、二百三十一、二百八十七位）、レッド・ホット・チリ・ペッパーズ（二百二十六位）、ENHYPEN（二

	公演回数	チケット発売枚数	総収入（ドル）
	17	280,717	109,751,705
	3	155,567	45,540,402
	3	225,000	40,124,343
	6	439,651	40,104,881
	3	156,317	39,849,890
	5	240,330	38,986,169
	4	335,394	37,341,665
	2	106,056	33,082,997
	2	103,053	31,692,656
	2	123,308	31,332,332
	4	217,609	30,115,863
	2	97,686	30,115,863
	2	75,000	29,925,000
	4	249,560	29,439,180
	2	97,909	29,392,299
	4	224,761	27,262,896

表1　興行収入上位20公演（2023年）

	アーティスト	ベニュー	プロモーター
1	U2	スフィア、ネバダ州ラスベガス、アメリカ	ライブネーション
2	ビヨンセ	ソフィ・スタジアム、カリフォルニア州イングルウッド、アメリカ	ライブネーション
3	アウトサイド・ランド・ミュージック・アンド・アート・フェスティバル	ゴールデンゲートパーク、カリフォルニア州サンフランシスコ、アメリカ	アナザー・プラネット・エンターテインメント
4	コールドプレイ	エスタジオ・ド・モルンビー、サンパウロ州サンパウロ、ブラジル	ライブネーション
5	ビヨンセ	メルセデス・ベンツ・スタジアム、ジョージア州アトランタ、アメリカ	ライブネーション
6	ビヨンセ	トッテナム・ホットスパー・スタジアム、ハーリンゲイ・ロンドン特別区、イギリス	ライブネーション
7	ハリー・スタイルズ	ウェンブリー・スタジアム、ブレント・ロンドン特別区、イギリス	ライブネーション
8	ビヨンセ	メットライフ・スタジアム、ニュージャージー州イーストラザフォード、アメリカ	ライブネーション
9	ジョージ・ストレイツ	ニッサン・スタジアム、テネシー州ナッシュビル、アメリカ	メッシーナ・ツアリング・グループ／AEG プレゼンツ
10	ビヨンセ	NRG スタジアム、テキサス州ヒューストン、アメリカ	ライブネーション
11	コールドプレイ	ヨハン・クライフ・アリーナ、アムステルダム、オランダ	ライブネーション
12	ビヨンセ	ソルジャー・フィールド、イリノイ州シカゴ、アメリカ	ライブネーション
13	ハード・サマー・ミュージック・フェスティバル	BMO スタジアム、カリフォルニア州ロサンゼルス、アメリカ	イムソムニアック
14	コールドプレイ	スタディオ・ジュゼッペ・メアッツア、ロンバルディア州ミラノ、イタリア	ライブネーション
15	ビヨンセ	フェデックス・フィールド、メリーランド州ランドーバー、アメリカ	ライブネーション
16	コールドプレイ	エスタディ・オリンピック・リュイス・コンパニス、カタルーニャ州バルセロナ、スペイン	ライブネーション

百四十四位)、TOMORROW X TOGETHER(二百七十一位)の六公演である。いずれも日本人アーティストではなく、興業主も日本の企業ではない。

さて、本章の最も重要な関心であるプロモーターに目を向けると、トップ三百公演のうちライブネーションが百八十九公演、AEGが三十六公演で、二社が占める割合は全体の七五%になっている。ライブネーションがAEGに対して大きく水をあけてはいるが、世界を股にかけたトップ企業による寡占状態を見て取ることができる。

こうした状況は二〇〇〇年以降に進んだといわれている。かつてのプロモーターはそれぞれ特定の地域での興行を仕切っていたが、企業の合併が進み、メガプロモーターが誕生したのである。以下では、ライブネーションとAEGの足跡をたどり、アメリカのライブ産業がどのように再編されたのかをみていこう。

	公演回数	チケット発売枚数	総収入(ドル)
	2	139,092	26,848,600
	4	267,180	26,242,821
	2	86,465	25,784,512
	2	118,264	16,154,895

2 「ライブミュージック」の台頭

音楽社会学者ファビアン・ホルトは、「ライブミュージック」という言葉が、「似たような言葉がほかにもあるにもかかわらず」近年多用されるようになったことを指摘する。[4]

ホルトによるとライブミュージックという言葉は中立的でも普遍的でもなく、学術や分析の用語としては限界がある。一方で、一般的に使用されるほかにマーケティング用語として使用された歴史があるという。つまり、この言葉が積極的に用いられるようになった背景には、ライブの産業化があるのだ。以下ではホルトの議論を概観しておこう。

ライブミュージック産業は、イギリスとアメリカでロックコンサートが成

	アーティスト	ベニュー	プロモーター	
17	モーガン・ウォーレン	オハイオ・スタジアム、オハイオ州コロンバス	ライブネーション	
18	コールドプレイ	ウッレヴィ、ヴェストラ・イェータランド県ヨーテボリ、スウェーデン	ライブネーション	
19	ビヨンセ	アレジアント・スタジアム、ネバダ州ラスベガス、アメリカ	ライブネーション	
20	キャロル・G	ローズ・ボウル、カリフォルニア州パサデナ、アメリカ	ライブネーション	

（出典：“POLLSTAR TOP REPORTS YEAR END TOP300 CONCERT GROSSES”〔https://data.pollstar.com/Chart/2024/01/121123_ye.top300.concert.grosses_digital_1040.pdf〕［2025年1月29日アクセス］から筆者作成）

長したのち一九八〇年代に発展した。それ以前にも競合する言葉はあった。たとえば「ライブエンターテインメント」という言葉はラスベガス特有の歴史を有し、集客装置としてカジノ産業に従属するものだった[5]。

一九六〇年代にはロック界の伝説的コンサートプロモーターが何人も活躍したが、ビル・グレアムはサンフランシスコ、ロン・デルセナーはニューヨーク、という具合に、それぞれのテリトリーでビジネスを展開していた。このローカルなコンサートビジネスが、二〇〇〇年代にプロモーターの統合によって再編され、グローバルな産業へと進化する。産業化の表れとして、ヨーロッパで一九八九年にインターナショナル・ライブ・ミュージック・カンファレンス（ＩＬＭＣ）が設立されたことや業界誌「オーディエンス」が九九年に創刊されたことを挙げることができる。

二〇〇〇年代に入ると国際的なライブミュージックビジネスを扱う「ＩＱマガジン」が創刊される（二〇〇四年）などメディアが活気づき、ビルボードは頻繁な取材活動を展開した。ホルトによると、これらのレポートはしばしば「コンサート産業（concert industry）」という言葉を用いることで投資家に影響を与え、業界への信頼を高めた。〇四年にはビルボード・ツアーリング・カンファレンス・アンド・アワード（現在はビルボード・ライブ・ミュージック・アワード）が設立された。なお一九八一年に設立されたポールスターは二〇一七年に会場コンサルタントのオーク・ビュー・グループに買収されている。

公共事業や文化政策の文脈では一九九一年に音楽フェスティバル、サウ

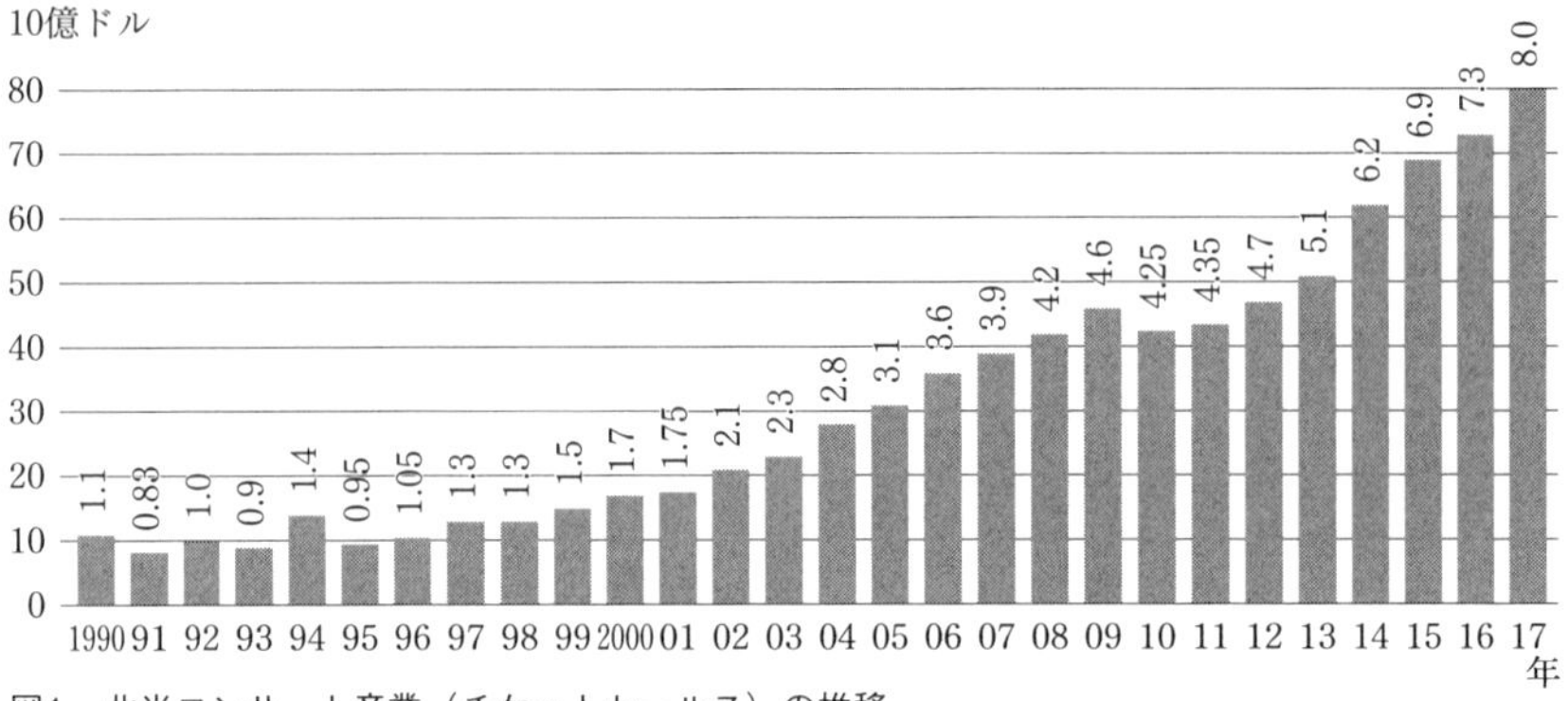

図1　北米コンサート産業（チケットセールス）の推移
（出典："2017 POLLSTAR YEAR END Business ANALYSIS"〔https://data.pollstar.com/chart/2018/01/2017YearEndBusinessAnalysis_634.pdf〕［2025年1月29日アクセス］から筆者作成）

ス・バイ・サウスウェストを始めたアメリカ・テキサス州オースティン市の「ライブ・ミュージック・キャピタル・オブ・ザ・ワールド」宣言や、二〇〇四年のユネスコの音楽都市プログラム創設などを先駆けに、一〇年ごろには「ライブミュージック」が頻繁に取り上げられるようになった。業界は産業としての成長を目指す一方で、公的助成金を求めるロビー活動をおこなうようになったのだ。

こうした業界全体の再構築を背景に、ライブネーションとAEGは企業買収を繰り返し、ライブミュージック産業は成長を続けた（図1）。以下ではその詳細を追うが、前日譚として、パール・ジャムとチケットマスターの「闘争」を挙げることができる。そこには、当時と現在のライブミュージックに関する重要なアジェンダが横たわっている。

3　パール・ジャムによる問題提起

一九九〇年代にニルヴァーナやスマッシング・パンプキンズらとともにオルタナ／グランジシーンの牽引者だったパール・ジャムは、現在のライブミュージックの制度化にとって最重要バンドだったといえるだろう。といっても、それは本人たちにとっては意図するところでもなければ名誉でもなく、むしろ苦い経験だったかもしれない。

ポピュラー音楽史上、とりわけライブに関するトピックで有名なパール・ジャムとチケット販売会社の最大手チケットマスターの闘争は一九九二年に始まった。現在の視点から振り返って、このオルタナティブロックの雄とチケット販売会社のストーリーが興味深いのは、ライブネーションとAEGという現在の二大プロモーターが少なからず関係する出来事だからだ。パール・ジャムが九三年にチケットマスターをボイコットしておこなったカリフォルニア州エンパイア・ポロクラブでの公演はコーチェラのひな型になり、これを手がけたゴールデンボイスはのちにAEGの傘下に入る。一方、チケットマスターはのちにライブネーションに合併される。

一九九二年に、パール・ジャムは地元シアトルで無料ライブ「ドロップ・イン・ザ・パーク」を計画した。これに対しシアトル市当局は、セキュリティ上の問題を理由にバンドにチケットを配布するよう求め、バンドはこの業務をチケットマスターに依頼した。

チケットマスターは一九七六年に設立されたチケット販売会社である。同業者に先んじてコンピュータ発券システムを導入して国内シェアのトップになると、九一年には業界二位のチケットロン社を買収し、市場シェアの九〇%を占めるまでになっていた。

チケットマスターは、このパール・ジャムの無料公演のチケットに一・五ドルのサービス料を課した。このことに疑義を抱いたバンドは、チケットの印刷を自分たちで手配し、地元ラジオ局の協力を得てなんとかチケットマスター抜きでの公演にこぎつけた(6)。これに端を発したパール・ジャムとチケットマスターの確執はその後しばらく続き、一九九四年にはパール・ジャムの代理人が連邦議会での公聴会に出席して業界の問題点を訴え、一連の騒動は多くの人々に注目された。

パール・ジャムはチケットマスターが手数料によって不当に利益を得て、そのためにチケット代が高くなっていると主張した。当時チケットマスターの影響力は大きく、前述のとおりアメリカのライブチケット販売のほとんどを手がけていた。パール・ジャムの伝記を執筆したスティーブン・ハイデンは、「九〇年代半ば、誰もがチケットマスターが独占企業であることを知っていた。そして、コンサートチケットの購入に競争がないことがファンにとって不利益であることも誰もが知っていた」[7]と述べている。

暴利をむさぼるヒールがチケットマスターで、業界の権力と闘うベビーフェイスがパール・ジャムという見立てはわかりやすいが、状況はもっと複雑だった。結論からいえば、パール・ジャムはこの騒動でコンサートをおこなうことが困難になったばかりか、最終的にはファンの支持を集めることさえできなかった。

というのは、事態はチケットを売るという単純な行為に収まるものではなかったからだ。チケットマスターは国内の主要なプロモーターはもとより、国内の主要なコンサート会場のほとんどと独占契約を結んでいたため、パール・ジャムはそれらを使うことができなくなってしまったのである。「ローリングストーン」誌は一九九五年の記事で「チケットマスターはこの国の会場の六三・二％と独占契約を結んでいて、残りの三六・八％の一部は契約を伴わない提携をしている」[8]と報じている。結局パール・ジャムは、これらの国内の大型ライブ会場を使うことができず、代替会場を探さなければならなかった。

それでもバンドは、一九九五年には新興のチケット販売会社ETMエンターテインメント・ネットワークをパートナーにツアーを敢行した。このチケットには詐欺や偽造を防ぐための最新技術が織り込まれていた。なお、このニュースは「ニューヨークタイムズ」「ロサンゼルスタイムズ」「ワシントンポスト」などで報じられており、関心の高さがうかがえる。

このツアーの会場には、国内の主要なホールなどが使えないため、郊外のスキー場や遊園地など通常はコンサート会場にならない場所が含まれていた。これらは許可取りや手続きに手間がかかり、また公演は周辺の交通渋滞を引き起こすなど、さまざまなトラブルの引き金になった。結局のところ、バンドはチケット価格を希望どおりに抑えることができたものの、ファンからするとそれはせいぜい数ドル程度のことであり、それ以上の不便を強いられることになったのである。

ライターのキム・ニーリーはこの騒動が結果的にパール・ジャムのキャリアを後退させたと指摘し、ことの顛末について以下のように述べている。

　チケットマスターは国内のすべての会場を掌握していたわけではない。しかし、チケットマスターは実際、国内のほとんどのおなじみの会場と独占契約を結んでいた。それは、ブッキングエージェントが長年にわたってトップアーティストを日常的に経由させてきた、安全で、便利な場所にあり、経営がうまくいっていて、音響的に適したホール、円形劇場、アリーナなどの確立されたネットワークであり、主要なツアーバンドの旅程を常に支配しているものだった。(9)

　パール・ジャムが無名のバンドで小規模なライブスペースを必要としていたのであれば、事態は違っていただろう。この騒動は、ある程度の規模のコンサートをチケット販売会社やプロモーターなしでおこなうことの難しさを露呈することになった。体制や権威と闘った結果がメガプロモーター出現を招いたのであれば、なんとも皮肉な結果である。

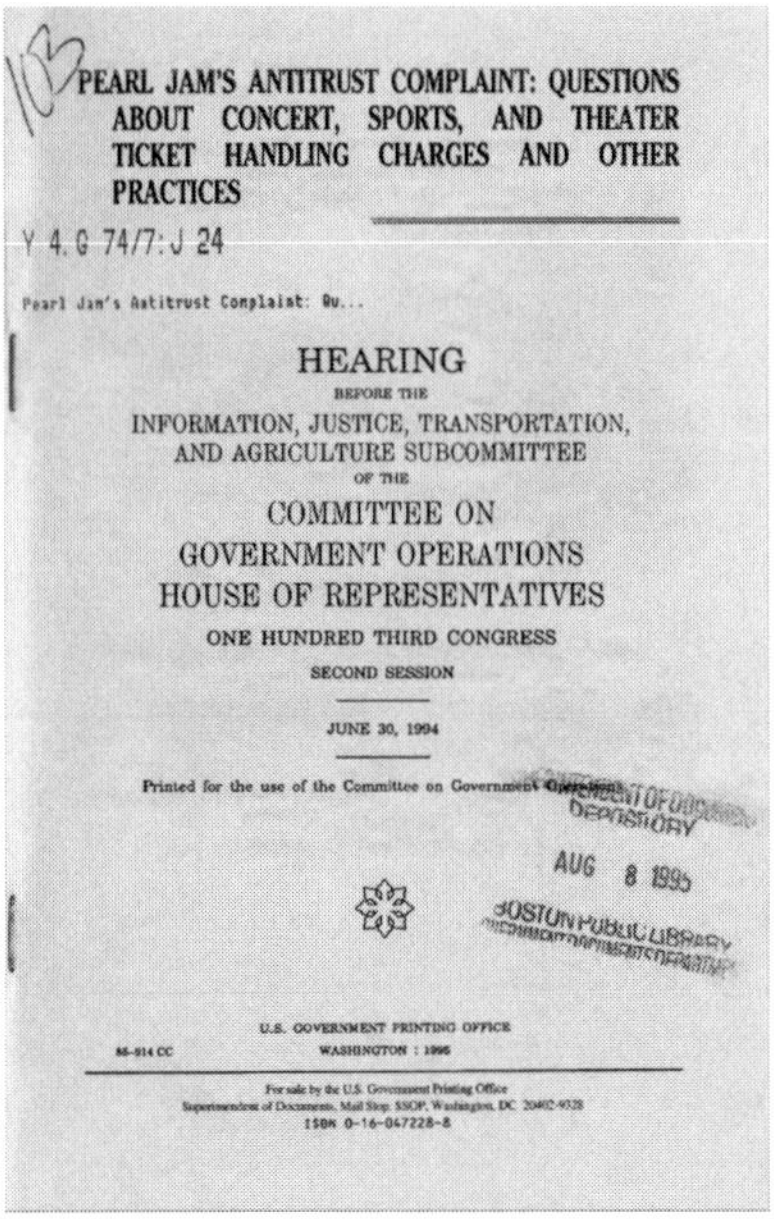
PEARL JAM'S ANTITRUST COMPLAINT: QUESTIONS ABOUT CONCERT, SPORTS, AND THEATER TICKET HANDLING CHARGES AND OTHER PRACTICES

Y 4. G 74/7: J 24

Pearl Jam's Antitrust Complaint: Qu...

HEARING

BEFORE THE

INFORMATION, JUSTICE, TRANSPORTATION, AND AGRICULTURE SUBCOMMITTEE

OF THE

COMMITTEE ON GOVERNMENT OPERATIONS HOUSE OF REPRESENTATIVES

ONE HUNDRED THIRD CONGRESS

SECOND SESSION

JUNE 30, 1994

Printed for the use of the Committee on Government Operations

DEPOSITORY

AUG 8 1995

BOSTON PUBLIC LIBRARY

U.S. GOVERNMENT PRINTING OFFICE

WASHINGTON : 1995

For sale by the U.S. Government Printing Office

ISBN 0-16-047228-8

図2　パール・ジャムによる反トラスト法違反訴状
（出典："PEARL JAM'S ANTITRUST COMPLAINT: QUESTIONS ABOUT CONCERT, SPORTS, AND THEATER TICKET HANDLING CHARGES AND OTHER PRACTICES," "Internet Archive"〔http://ia600307.us.archive.org/4/items/pearljamsantitru00unit/pearljamsantitru00unit.pdf〕［2025年1月29日アクセス］）

なお一九九四年、パール・ジャムはアメリカ司法省から相談を受け、チケットマスターに対して正式に苦情を申し立てるよう要請された（図2）。司法省は一連の騒動よりも前から、チケットマスターを反トラスト法（独占禁止法）違反で捜査することを考えていた。この捜査は翌年に打ち切られたものの、チケットマスターとライブネーションはその後も何度か同容疑の捜査対象になっている。市場の寡占は、現在も業界にくすぶっている火種である。

4 コンサートの制度化と巨大化するプロモーター

パール・ジャムが提起した論点をあらためて整理しておこう。通常のコンサートはプロモーターが会場を手配してチケットを配給する。しかし、彼らはこれらを自ら手配しなければならなかった。その際に明らかになったことは、一九九〇年代の時点でライブミュージックの制度化はかなり進んでいて、プロモーターと会場、チケット販売会社の三者は分かちがたくつながっていたということである。そのために、パール・ジャムはチケットマスターだけではなく、ライブ産業そのものを相手にしなければならなかった。

そして、二〇〇〇年代に入るとライブ産業の制度化・合理化がさらに進み、メガプロモーターが登場する。チケットと会場に注目することは、この過程で何が起こっていたのかを理解するうえできわめて有用である。

ライブネーションとAEGは、すでに述べたとおりグローバルに展開する二大プロモーターであり、ライブエンターテインメント企業である。事業規模（売り上げや資産などのデータ）はライブネーションのほうが大きいが、AEGは油田開発から出発したアンシュッツ・コーポレーションが親会社であり、いずれも巨大な資本をもとにさまざまな企業を買収しながら成長を続ける組織である。

詳しくみると、事業方針やビジネスモデルにやや異なる点がある。ウェブサイトに紹介された業務内容を比較

表2　ライブネーションの2023年度決算報告の一部（単位：100万ドル）

	2023年 通年報告	2022年 通年報告	増加率	2023年 通年 恒常 通貨換算	恒常通貨 換算時 の増加率
歳入					
コンサート	18,763.7	13,494.1	39%	18,724.4	39%
チケット販売	2,959.5	2,238.6	32%	2,953.3	32%
スポンサーおよび広告収入	1,095.2	968.1	13%	1,077.6	11%
その他と相殺	(69.3)	(19.6)	-	(69.3)	-
	22,749.1	16,681.2	36%	22,686.0	36%
連結営業利益	1,066.2	732.1	46%	1,036.6	42%
調整後営業利益					
コンサート	325.5	169.7	92%	292.8	72%
チケット販売	1,116.3	827.9	35%	1,112.3	34%
スポンサーおよび広告収入	675.1	592.0	14%	669.0	13%
その他と相殺	(39.5)	(14.5)	-	(39.5)	-
統合	(215.0)	(167.9)	(28)%	(215.0)	(28)%
	1,862.4	1,407.2	32%	1,819.6	29%

（出　典：“Live Nation Entertainment Reports Full Year and Fourth Quarter 2023 Results – Live Nation Entertainm,” “Live Nation Entertainment,” February 22 2024〔https://www.livenationentertainment.com/2024/02/live-nation-entertainment-reports-full-year-and-fourth-quarter-2023-results/〕［2025年1月29日アクセス］から筆者作成）

すると、ライブネーションの業務は「コンサート、チケット販売、スポンサーシップ」であるのに対し、ＡＥＧのそれは、「フェスティバル、ベニュー（会場）、ツアー、パートナー」になっている。なお、スポンサーシップとパートナーは、協賛や広告事業であり、この売り上げは年々大きくなっている。

二〇二三年のライブネーションの決算概要（表2）をみると、二三年のコンサート事業の歳入は百八十七億六千三百万ドルだが、そのほかの事業を手がけることで利益を上乗せしている。その業務の中心にライブネーションはチケット、ＡＥＧは会場がある。もちろんライブネーションも会場を、ＡＥＧもチケットを手がけているが、ここを押さえると両社の事業モデルの違いを理解しやすい。すなわち、ライブネーションはチケット販売網を押さえることによる水平統合、ＡＥＧは会場運営による垂直統合を主軸に事業を展開したのである。

また、両社の特徴は買収してきた傘下のプロモーターにも表れている。ライブネーションがあくまで主催者としてのプロモーター色が濃いのに対して、AEGは制作も手がけるイベンターや会場管理者をメインに置く。こうした両社のスタンスはフェスを比較するとわかりやすい。以下ではそれぞれの略歴と運営するフェスについて概観する。

5 ライブネーションによる水平統合

現在のライブネーションの正式な名称はライブネーション・エンターテインメントであり、二〇一〇年にチケットマスターを合併することで生まれた多国籍企業である。同社は一九九六年に企業家ロバート・F・X・シラーマンのSFXブロードキャスティングの子会社として設立されたSFXエンターテインメントが前身になっている。多くのラジオ放送局を所有していたシラーマンは同社を通じてエルヴィス・プレスリーの住居だったグレースランドの所有、テレビ番組『アメリカン・アイドル』の制作会社19th メディアの買収、フットボール・プレーヤーであるデヴィッド・ベッカムのマネジメントなど、放送以外の事業を広く手がけていた。

SFXは、設立された一九九六年にニューヨークの大物プロモーター、デルスナー・スレーター・エンタープライゼスを買収した。これを皮切りに、地方のコンサートプロモーターを次々に買収して事業を拡大すると、二〇〇〇年に同社をラジオ・通信の巨大企業クリアチャンネルに売却した。〇五年にクリアチャンネルはライブエンターテインメント部門を独立させて社名をライブネーションとし、CEOにはマイケル・ラピーノが就任した。

クリアチャンネルにとってライブ事業は、多角経営戦略の一手にすぎなかったかもしれないが、ラジオ局がライブ事業に着手したことは現在の状況から考えると興味深く、先見の明があったといえるだろう。シラーマンは、ラジオとライブ音楽プロモーションには明らかな相乗効果があると考えていたのである(10)。

ライブネーションはその後も勢力を拡大した。二〇〇八年ごろにはさらなる増収のためにライブ会場での飲食事業へ参入し、ウェブサイトのポータル化を図るなど多角経営の方針を打ち出した。チケット販売の見直しはそのなかで最も大きな事業だった。そこには上流から下流まで包括的なシステムを構築することで、ローカル・ビジネスを全国的な産業に展開する狙いがあった。

二〇〇九年にライブネーションとチケットマスターは合併することで合意した。チケットマスターは、音楽だけでなくオリンピックやNBA（ナショナル・バスケットボール・アソシエーション）、NFL（ナショナル・フットボール・リーグ）、NHL（ナショナル・ホッケー・リーグ）といったプロスポーツなどさまざまなチケットを扱い、その事業は拡大の一途をたどっている。現在ではチケットのセカンダリーマーケット（再販売）まで手がけている。ライブネーションにとってチケットマスターを掌握することで各地のコンサート会場やスタジアムとのコネクションを強め、他方で各地に点在する傘下のプロモーターに全国的なつながりをもたらすことになった。

この二社の合併は、まさに業界再編を象徴する出来事として多くの反響を呼んだ。そして、チケットマスターは再び司法省の監視対象になった。二〇一〇年一月二十五日、アメリカ司法省は最終的に一定の条件を保留して合併を承認した。その条件には、チケット販売会社パシオランの所有権を売却することが含まれていた。また、AEGにそのソフトウエアのライセンスを供与し、チケットマスターとビジネスで競争できるようにしなければならなかった。AEGは五年後、このソフトを買い取るか、ほかのものに置き換えるか、あるいはほかのチケット会社と提携するかの選択肢を与えられた。

さらにライブネーションは、競合するチケット契約を受け入れた会場に対する報復を禁止する十年間の裁判所命令のもとに置かれた。あくまでも自由市場が重んじられ、ライブミュージックは独占禁止法の厳しいまなざしにさらされているのである。

プロモーターとしてのライブネーションが手がけるイベントの特色については、フェスティバルをみるとわかりやすい（図3）。二〇二三年にライブネーションが開催したフェスは全世界で百四十六件、全米だけでも約五

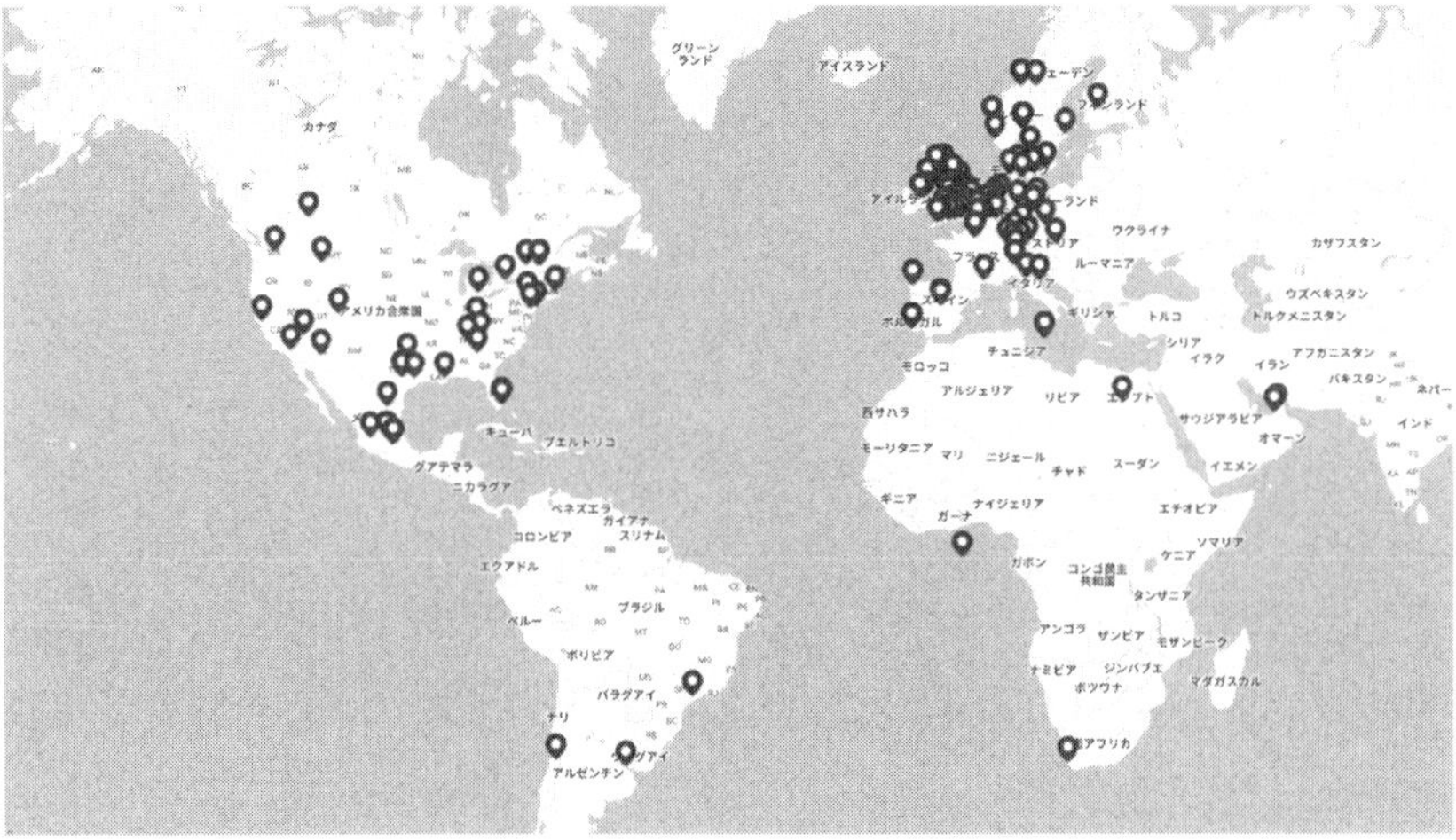

図3　ライブネーションが手がけるフェスティバルの一部
（出典：“Festivals,” “Live Nation UK”〔https://www.livenation.co.uk/festival〕［2024年7月4日アクセス］）

十件に上る。ただし、これらのフェスはライブネーションが一から立ち上げたわけではない。同社は世界中のフェス運営企業の株式を取得、もしくは運営団体を買収することで開催するフェスの数を増加させてきたのである。

その動きは早かった。まず二〇〇五年にレディング／リーズ・フェスティバルやラティチュードを手がけるイギリスのプロモーター、フェスティバル・リパブリックの株式の過半数を取得したほか、ヨーロッパで約四十のフェスティバルを買収した。

さらに二〇一〇年代に入ると、アメリカの有名なフェスティバルを次々と手中に収めていく。一三年にはルイジアナ州ニューオーリンズで毎年開催される音楽フェスティバル、ブードゥーミュージック＋アーツエクスペリエンスの株式の過半数を取得した。このフェスはその後、やはり同社が翌年に買収したオースティンのプロモーターであるC3プレゼンツが運営している。なお、C3はこのほかにもオースティン・シティ・リミッツ・ミュージック・フェスティバル、ロラパルーザなどの大型フェスティバルを手がけている。

同じく二〇一三年にはエレクトリック・デイジー・カーニバルなどで知られるEDM（エレクトロニック・ダンス・

ミュージック）に特化したプロモーターであるインソムニアの株式の五〇％を取得し、業務提携を結んだ。

二〇一五年にはACエンターテインメントとスーパーフライプレゼンツが〇二年から開催していた古株のボナルー・ミュージック・アンド・アーツ・フェスティバルの経営権を取得した。当時は三社による共同運営になると発表されたが、その後ライブネーションが両社を傘下に収め、一九年にはすべての所有権を手にした。

二〇一六年にはガバナーズ・ボール・ミュージック・フェスティバルの親会社であるニューヨークのファウンダーズ・エンターテインメントを買収し、一七年にはボトルロック・ナパバレー・ミュージック・フェスティバルの株式の過半数を取得した。いずれもフェスティバルの制作自体はもとの所有者であるファウンダーズとラティテュード38・エンターテインメントが手がけている。

このほかにもカナダやヨーロッパなど海外企業の買収にも積極的に乗り出し、南アメリカなどでは地元のプロモーターと合弁企業を設立するなど、さまざまな方法でフェスティバルやライブを手がけている。

二〇一七年にライブネーションは過去最高になる百三億ドルの収益を計上すると、その勢いを誇示するかのように世界中の九十以上のフェスティバルにアクセスできる限定千枚の「フェスティバルパスポート」を七百九十九ドルで売り出した。

翌二〇一八年も、フランク・プロダクションズ、エンポリアム・プレゼンツ、レッド・マウンテン・エンターテインメントなどの株式を取得し、コンサート・プロモーション部門をさらに拡大した。

このように、ライブネーションのフェスティバルの多くは買収したもので、運営は子会社化した企業に委ね、自らは資金を注入して利益を上げる方式を選択している。なお近年は新しいフェスティバルの制作を手がけているが、その多くはスタジアムなど大型会場を使用した都市型フェスである。ライブネーションは、なるべく制作をしない方法論によってリスクを減らし、世界で最も大きなプロモーターになったといえるだろう。

ライブでは、人気が確定したアーティストを起用するだけでなく、二〇〇七年にマドンナと契約を結んだことを端緒に、U2、ローリング・ストーンズ、レディー・ガガ、ジェイ・Zが代表を務めるロックネーションなどとアーティスト活動に関する包括契約を結んでいる。その路線は着実さを重視して買収したフェスティバルにも導入され、ボナルーなどのヒットチャートとは一線を画したインディーロックやオルタナティブミュージック中心のフェスティバルでも、積極的にメインストリームのアーティストを出演させている。

6 AEGによる垂直統合

AEGの設立は二〇〇二年だが、その礎になったアンシュッツ・コーポレーション(当初の社名はアンシュッツ・ダンウッディ・ドリリング社)はコロラド州デンバーで石油掘削業者のフレッド・アンシュッツによって一九五八年に創設された。六二年にフレッドから経営を引き継いだ息子のフィリップは一攫千金狙いの、いわゆる「ワイルドキャッター」として鳴らした。八二年には所有する牧場の鉱業権の半分をモービル社に五億ドルで売却すると、鉄道会社や通信会社などを買収した。九二年にアンシュッツ・カンパニーを設立すると九六年には所有していたサザン・パシフィック鉄道を約十四億ドルで売却した。同社はその後も映画館やプロスポーツチームなどを買収し、さらなる多角経営を展開している。AEGはそのエンターテインメント部門に位置づけられる。

音楽プロモーターとしては世界二位のAEGがライブネーションと大きく異なるのは、一九九五年にエドワード・ロスキー・ジュニアとともに買収したアイスホッケーチーム、ロサンゼルス・キングスをはじめプロスポーツチームのオーナーとしての側面をもっていることである。またそれに伴って、数多くのスタジアムやベニューを所有・管理している。

一九九八年にはバスケットボールチーム、ロサンゼルス・レイカーズの株式の一部を取得すると、九九年にNBAのレイカーズ、クリッパーズ、NHLのキングス、WNBA(ウィメンズ・ナショナル・バスケットボール・アソシエーション)のスパークスの本拠地になるステイプルズ・センター(現クリプト・ドットコム・アリーナ)を完成させた。

ＡＥＧは、大きな収入源になっているスポーツへの関心や、これらのチームがプレーするスタジアムを活用して、ほかにもコンサートを中心にしたさまざまなエンターテインメント・イベントを開催し、多くの利益を上げている。スポーツと音楽は施設を稼働させる両輪なのである。二〇一九年には会場管理の最大手だったＳＭＧとともにＡＳＭグローバルを設立した。

ＡＥＧの特色もまた、やはりフェスティバルに色濃く反映されている。同社は会場を運営するかたわら、そのスケジュールを埋めるために、ロサンゼルスの小規模なプロモーターをいくつか買収して音楽部門を強化した。そのなかには、コーチェラ・バレー・ミュージック・アンド・アート・フェスティバル（以下、コーチェラ）を運営するゴールデンボイスも含まれていた。

コーチェラはＡＥＧにとっても重要な転換点であり、同社がエンターテインメント事業に力を入れるきっかけになったといわれている。ブッキングの注目度もさることながら、快適で居住性が高い会場もフェスティバルの魅力を高めている。スタジアムの管理運営を担う同社がこうしたフェスティバルを手がけていることは決して偶然ではないだろう。少し長くなるが詳しくみておこう。

一九九〇年代のアメリカではロラパルーザなどツアー形式のフェスティバルが人気を博したが、九九年に始まったコーチェラは一カ所・複数日・複数アクトのコンセプトを採用し、後続の多くのフェスがこれに続いた。音楽学者のスティーブ・ワクスマンは十九世紀後半から現在までのライブ活動を総括したうえで、過去二十年で増加したフェスティバルを「二十一世紀のアメリカの音楽生活と音楽経済の中心的存在[11]」と評している。その象徴的な存在がコーチェラであり、二〇一八年四月にビヨンセがライブをおこなった際にはそれだけで「Wikipedia」の項目が立つほどのインパクトを世界に与えた。二時間にわたる圧巻のパフォーマンスはビヨンセとコーチェラを合わせてビーチェラと呼ばれ、「YouTube」で生配信された音楽フェスのなかで歴代最多の視聴者数を記録した。実に四十五万人以上がライブストリーミングで同時視聴したのである。

コーチェラを運営するゴールデンボイスは一九八二年にゲーリー・トーバーが起業したロサンゼルスのプロモーターである。ステイプルズ・センターを稼働させるために、ロサンゼルス周辺の公演を強化したいAEGと資金難に陥っていたゴールデンボイスの思惑が一致し、二〇〇六年に同社はAEGに買収されて子会社になった。

パンク・オルタナティブ・ミュージック・シーンにルーツをもつゴールデンボイスは前述した一九九三年のパール・ジャムのカリフォルニア公演のパートナーになった。チケットマスターの提携先が使えないなか、会社の経営権をトーバーから譲り受けたポール・トレットとリック・ヴァン・サンテンは、会場をカリフォルニア州インディオのエンパイア・ポロクラブに決めた。同会場は八七年に設立された高級ポロクラブで、コンサート会場としてはほとんど使われたことがなかったうえ、都市部から車で二時間以上かかるため懸念もあった。しかし、二万五千人を収容した公演のチケットは完売し、ライブ会場として成立することがわかった。この成功によって、グラストンベリーに代表されるヨーロッパ的なフェスティバルを地元でおこなうという彼らが温めていた構想が徐々に具体化する。そしてゴールデンボイスは九九年十月にコーチェラを初めて開催した。

その二カ月前、ニューヨーク州ロームではウッドストック99がおこなわれた。酷暑のなかでの同フェスティバルでは劣悪な環境に置かれた観客の不満が爆発し、略奪や放火を伴う暴動にまで発展した。これを受けてフェスティバル運営に対して批判的なまなざしが向けられるなか、コーチェラは安全性と快適性を大々的にアピールする必要に迫られた。ウッドストック99では入り口での飲み物の没収、観客による水道施設の破壊、会場内で販売された飲料水の価格高騰など、水に関するトラブルが多発した。これに対してコーチェラは無料の飲み水を用意し、十分な数のトイレを備えていることをアピールした。快適なフェスティバル体験はコーチェラがもともと目指していたものだったが、くしくも過去のフェスティバルとの差異を強調することにつながったのである。

会場へのこうしたこだわりは、AEGだけでなく初期のゴールデンボイスにも共通する哲学である。モッシュ（当時はスラムダンスと呼ばれていた）を生み出したといわれる一九八〇年代の南カリフォルニアのハードコア・パンク・シーンは、音楽もさることながら観客の過激さで知られ、小さなクラブの前には会場に入れないキッズたちがたむろしていた。こうした状況は警察当局から危険視され、ショーが中止させられることもあった。しばしば警察と衝突したトーバーはパンクショーそのものはやめなかったが、大きな会場のほうが安全であり、状況を打破するためには大きな会場を使うべきだと考えて、これを実行した。また、それらを使うことで、ダムドやスージー・アンド・ザ・バンシーズなど海外の著名なバンドを招聘することもできた。このときにできたイギリスをはじめヨーロッパとのコネクションは、初期のコーチェラのラインナップにも色濃く反映されている。

ワクスマンは、こうしたライブを続けることはパンクやヒップホップが「一部の熱狂的なファンにだけアピールするものではないという認識を広める一因になった」[12]と述べている。つまり会場を大きくすることで居住性を高め、ライブに足を向けるオーディエンスの裾野を広げたのである。コーチェラもこの延長線上にあるとみていいだろう。現在では「インフルエンサーのオリンピック」[13]といわれることもあるコーチェラだが、オルタナティブミュージックとフェスティバルの門戸を音楽マニア以外にも開放した功績は大きい。初期のコーチェラは経営的には安定せず、経営が傾いたゴールデンボイスを買収したことは、結果的にＡＥＧのエンターテインメント参入を決定づけたと同時に、企業の拡大へとつながった。ＡＥＧにも一部に提携・出資するフェスがあるが、それらはコーチェラと同様にロケーションを生かした大規模なものであることが多い。

なお、ＡＥＧとゴールデンボイスはエンパイア・ポロクラブでボブ・ディラン、ローリング・ストーンズ、ポール・マッカートニー、ニール・ヤング、ロジャー・ウォーターズ、ザ・フーが出演したデザート・トリップ（二〇一六年）、ガンズ・アンド・ローゼズ、AC/DC、ジューダス・プリースト、メタリカ、アイアン・メイデン、トゥールが出演したパワー・トリップ（二〇二三年）を開催している。

コーチェラがそうであるように、ＡＥＧの軸には会場がある。それは所有するスタジアムなどの大型会場を最大限生かすべく、スポーツ、ツアー、フェスティバルをおこなって会場をフル稼働させて収益を上げるスタイルであり、その特性を生かすことでブランド力を高めたといえる。

おわりに

本章ではアメリカを中心にしたライブ産業の巨大化に注目し、その中心にある大手プロモーター二社の歩みを概観した。

両社とも二〇〇〇年代に地方のプロモーターを買収したり合併したりすることで全米だけでなく世界的なネットワークを構築し、現在も大型のツアーやフェスティバルを展開している。ただし、両社の思想やアイデアには異なるところも多い。ライブネーションはチケットマスターを手中にすることでネットワークを強化し、AEGは多くの会場の管理・運営を手がけることで成長してきた。

こうした事例は、ライブ産業の事業がきわめて多岐に及んでいることをあらためて認識させるものである。上流にはアーティストマネジメントがあり、下流にはマーチ（グッズ販売）や飲食店および駐車場の管理・運営に至るまでさまざまな事業がある。本章では扱うことができなかったが、当然のことながら両社はこれらにも携わっている。

こうしたライブ市場の独占状況がもたらす弊害としては、競争力がはたらかないことによるチケットの高騰や、限られたアーティストだけがプロモーションされることによる選択肢の欠如が挙げられるだろう。二〇一九年のトップ百ツアーのチケット料金の平均は九十二・四二ドルだったのに対し、二三年は百十六・四一ドルと約二十四ドルも高騰している。[14]また、代わり映えがしないフェスのラインナップについての不満は毎年のように噴出している。

翻って、日本の状況をみるとアメリカのような寡占状態にはなっておらず、各地のプロモーターが活躍している状態である。ただし、ライブの産業化に関する議論は十分でないように思われる。新型コロナウイルス感染症拡大時にはライブ事業者が利用できる給付金や支援制度が少ないという問題だけでなく、フリーランスの働き手が多い業界で、「どこからどこまでがライブ産業従事者なのか」が明確でない産業構造上の問題が浮き彫りになった。本章の議論に従っていえば、チケットはコロナ禍でデジタル化が進んだものの、いまだに紙チケットが中心でDX化が遅れていること、スポーツ界と音楽界の交流が少ないため大型スタジアムの活用がうまくいっていないことが指摘されている。[15]

もっとも、注目すべき新しい展開もある。チケット販売に関してはチケットぴあ、イープラス、ローソンチケットの大手三社がしのぎを削っているが、この三社が近年では会員情報を活用したマーケティングやコンサルティング、自社による公演の開催など、事業を拡大して業界内での存在感を増している。会場に関しては近年、Zepp Shinjuku や SUPERNOVA Kawasaki、GORILLA HALL OSAKA などのライブハウスのほか、二〇二〇年には一万二千人収容のぴあアリーナMM、二三年には二万人収容可能なKアリーナ横浜など新たな大型会場がオープンした。こうした新しい会場は周辺に飲食店や商業施設が整備されていることが多く、関根直樹の言葉を借りるなら「ライブ会場から音楽文化施設へとステップアップ[16]」したといえる。

しかし大型コンサート会場は関東への一極集中が進んでいて、二〇二四年二月にはコンサートプロモーターズ協会が関西での大型会場建設を訴える異例の声明文「関西地区のアリーナ建設計画に関する声明」を発表した。[17]また、公演数が増加したことによる人手不足は深刻化している。一見するとライブ産業は好調にみえるが、ライブをめぐる状況は変化しつづけていて、国内のライブ市場がこのまま成長を続けるとはかぎらない。

現在のところ国外も国内もライブシーンは活気に満ちている。本章でみたライブネーションとAEGに共通しているのは運営の合理化であり、それはライブの規模や形態そのものにも影響を及ぼす。もちろんライブを取り巻く状況は常に変化しているのだが、過去二十年ほどの両社は状況に先んじて事業を展開してきたといえるだろう。

次の一手として、ライブネーションとAEGは南アメリカとアジアへの進出に積極的であり、既存のフェスティバルのラインナップにもラテン系やK―POPを取り込んでいる。この路線が続くと、ライブミュージックはますますグローバル化するだろう。そのとき、ライブとは一つの国に収まらない体験になるのだろうか、日本はどのような立ち位置にいるのだろうかと興味は尽きない。ライブは生き物であり、それを生み出す産業は、常に再編の契機をはらんでいる。

注

（1）経済産業省「音楽産業の新たな時代に即したビジネスモデルの在り方に関する報告書」二〇二四年（https://www.meti.go.jp/policy/mono_info_service/contents/musicindustry_2407meti.html）［二〇二五年一月十三日アクセス］

（2）Andy Gensler, "Taylor Swift Sets All-Time Touring Record With $1 Billion Gross," "Pollstar News," December 16 2023（https://news.pollstar.com/2023/12/16/taylor-swift-sets-all-time-touring-record-with-billion-dollar-gross/）［二〇二五年一月十三日アクセス］

（3）アラン・B・クルーガー『ROCKONOMICS 経済はロックに学べ！』望月衛訳、ダイヤモンド社、二〇二一年、二〇七ページ

（4）Fabian Holt, *Everyone Loves Live Music: A Theory of Performance Institutions*, The University of Chicago Press, 2020, pp. 16-21.

（5）Jerome H. Skolnick, *House of Cards: The Legalization and Control of Casino Gambling*, Little, Brown and Company, 1978, p. 51, 84.

（6）Kim Neely, *Five Against One: The Pearl Jam Story*, Penguin, 1998, Kindle Edition.

（7）Steven Hyden, *Long Road: Pearl Jam and the Soundtrack of a Generation*, Hachette Books, 2022, pp. 120-121.

（8）Jon Wiederhorn "Pearl Jam's Tickets to Ride: The band hits the road their way," "Rolling Stone," May 18 1995（https://www.rollingstone.com/music/music-news/pearl-jams-tickets-to-ride-177060/）［二〇二五年一月十三日アクセ

ス〕

(9) Neely, *op. cit.*, pp. 521-522.

(10) Steve Waksman, *Live Music in America: A History from Jenny Lind to Beyoncé*, Oxford University Press, 2022, pp. 547-548.

(11) *Ibid.*, p. 541.

(12) *Ibid.*, p. 544.

(13)「「コーチェラの真実」をインフルエンサーが暴露、インフルエンサー文化でコーチェラ終焉の時代!?」「フロントロウ」二〇二三年四月十七日（https://front-row.jp/_ct/17622752）〔二〇二五年一月十三日アクセス〕

(14) Bob Allen, "2023 Mid-Year Business Analysis: Boxoffice Tallies Point To Banner Year," "Pollstar News," June 26 2023 (https://news.pollstar.com/2023/06/26/2023-mid-year-business-analysis-strength-in-numbers-mid-year-boxoffice-tallies-point-to-banner-year/)〔二〇二五年一月十三日アクセス〕

(15) 山口哲一『図解入門業界研究　最新音楽業界の動向とカラクリがよくわかる本』秀和システム、二〇二一年、九五―九九ページ

(16) 関根直樹『17人のエキスパートが語る　音楽業界で食べていく方法』リットーミュージック、二〇二三年、五三ページ

(17) コンサートプロモーターズ協会（ACPC）「関西地区のアリーナ建設計画に関する声明」（https://www.acpc.or.jp/kansaibranch/statement/）〔二〇二五年一月十三日アクセス〕

第2部　それぞれの現場

第5章　ライブハウス店長の生活史
——二〇一〇年代以降の「オルタナティブ」な場所作り

生井達也

はじめに

筆者はこれまで、キャパシティーが十人から二百人程度の小規模なライブハウスに関わる人々の実践について、自らもミュージシャンとして参与しながら研究してきた。[1]コンサートプロモーターズ協会のデータが示しているように、二〇一〇年代以降、現場に行ってライブを観ることに対する人々の関心は高まっているが、[2]筆者のフィールドの周辺では動員数が増えているという話はほとんど聞くことがない。そのかわりに、現場にいる当事者として、動員数以外の変化がじわじわと起きつつあるのを感じる。それはライブハウスのイメージや居心地、そして集まる人々が従来とは違ってきているという「質」の変化である。

現在日本にある小規模ライブハウスの多くは、一九八〇年代以降に作られた「システム化したライブハウス」

といわれている。[3] その大きな特徴は、出演者にチケットノルマを課す制度をベースに経営されている点である。このためアマチュアミュージシャンが出演するようなライブハウスは出演者を搾取していると批判されたり、チケットをミュージシャン仲間に買ってもらうせいで内輪的な空間になってしまっていると指摘されたりする。研究者や批評家、そしてミュージシャンからも、小規模なライブハウスは非合理的で閉鎖的な場所というネガティブなイメージを付与されてきた。[4]

こうした動向のなかで、二〇一〇年前後からライブハウスのネガティブなイメージを払拭するような、小規模な音楽の場所作りについての報告が増加している。〇〇年代前半以降のライブハウス文化の研究をおこなった中野哲は、ライブハウスが「怖さ」や「汚さ」といった従来のイメージを脱ぎ去り、「居心地の良さ」を念頭に置くように」なり、「よりミュージシャン目線に立ったイベント運営を行う店舗が人気を集めるようになった」[5] という変化を指摘している。チケットノルマ制の問題を論じた宮入恭平は、ノルマを課さないライブバーやライブカフェなどの「アンチ・ライブハウス」が〇〇年以降増えていると述べる。[6] ノルマを課さないライブカフェを具体的な事例に基づいて考察した種村剛と小林泰名は、音楽活動を長く続けていこうとするミュージシャンや明るく入りやすい空間を求めるファンの期待に応える場所としてライブカフェが登場したと述べている。[7]

本章では、こうした既存のシステムや固定されたイメージを乗り越えようとする小規模ライブハウスの実践を、イバン・イリイチの思想に照らしてより大きな射程で捉えていく。イリイチは、産業化社会において無力化された人々が、どうすれば自分たちの手で価値を作り出せる状態を取り戻せるかを問い続けた。そこで重要になるのが「偶像化されたあらゆる理念、制度に対するラジカルな疑念」[8] をもつこと、それを通して「われわれがもつ可能性や選択肢についての自覚や、想像力に富み創造的なビジョンを拡大すること」[9] である。それはすなわち、既存の理念や制度を乗り越えることで新たな可能性としてのオルタナティブへと開かれていくことにほかならない。本章では、近年増えている新たなライブハウスの動向を、オルタナティブの具体的な様相を示唆するものとして考察していく。以下ではその補助線として、ミュージッキングという視角を導入する。

1 「生」としてのミュージッキング

ミュージッキングとは音楽学者クリストファー・スモールが提唱した概念である。(10) スモールは音楽を作品などのモノとして捉えるのではなく、「音楽すること」という行為＝コトとして捉え直すことが重要だとして以下のように述べている。

「音楽する」とは、どんな立場であれ音楽的なパフォーマンスに参加することであり、これには演奏することも、リハーサルや練習も、パフォーマンスするための素材を提供すること（つまり作曲）も、ダンスも含まれる。私たちはこれに、チケットのもぎりや、ピアノやドラムのような重たい楽器を動かすためのたくましい男たち、はたまた楽器をセットしたりサウンドチェックをするローディーたち、それからパフォーマンスの場から人がはけた後で活躍する掃除夫も含めることすらできる。なぜなら、かれらもパフォーマンスという出来事に、本来、貢献しているからだ。(11)

スモールはクラシックのコンサートを取り上げ、音楽の現場を、作曲者、演奏者、指揮者、聴衆、そのほか音楽に関わる人々の複雑で総体的な文化的生産物と捉えることで音楽という概念の拡大を目指した。北海道浦河町で精神障害の当事者たちがおこなう活動の一つ「音楽の時間」を研究した人類学者の浮ヶ谷幸代は、ミュージッキング概念を人類学者ティム・インゴルドの「生きている」という概念(12)と接続して以下のように述べている。

ミュージッキングという概念を人間存在の証である「生きていること」についての探求にまで広げると、

音楽することだけでなく、食べること、寝ること、家を建てること、野菜を作ること、言葉を交わすこと、コミュニケーションをとることなど、暮らしの中に散りばめられた無数の「生きていること」の軌跡を辿ることが可能になる。[13]

そして人々が日常を生き生きと過ごすための行為を「表現行為」と捉えることは、近代の「生」を抑圧するカテゴリー化にあらがい、分類を再考させる力があるとしている。[14] 本書では、このような生活全体を含み込んだミュージッキングという視角を導入し、音楽だけにとどまらない小規模ライブハウスにおけるオルタナティブの可能性を浮かび上がらせる。次節からは具体的な事例を取り上げて検討を加えていく。

2　調査の概要

本章は、二〇二〇年九月から二四年三月にかけて長野県松本市のライブハウスＧＬＭで実施した計六十日間の参与観察と聞き取りデータをもとにしている。なお、本文中に登場する店名や人物名などはプライバシーを考慮してすべて仮名にしている。

二〇一三年にオープンしたＧＬＭは地方の小さなライブ会場である。それにもかかわらず、海外インディー系アーティストのツアーに高い頻度で組み込まれ、国内外のインディー音楽ファンから注目を集めている。以下で取り上げるようにそのシステムや客層は、従来のライブハウスの形態とは異なる特徴をもっている。

まず、ＧＬＭがある松本市の概要をみていこう。松本市は長野県の中央に位置する人口約二十三万人の中核市である。江戸時代には松本城の城下町として栄え、商業の集積地にもなった。また日本アルプスに囲まれた自然豊かな立地のため、多いときは年間五百万人以上の観光客が訪れる街として知られる。

図1　GLM 外観（以下の写真はすべて筆者撮影）

図2　バースペース

松本市の文化的な側面に目を向けよう。長野県では信州白樺派という文学を主体にした思想運動が盛んだった。また一九二六年からの柳宗悦による民芸運動も松本の人々に大きな影響を与え、松本民芸家具が有名になった。八五年からはクラフトフェアが開催され、現在では五万人の来場者を誇る日本最大級の工芸イベントになっている。このように松本市は「工芸のまち」として国内外で知られている。また音楽教育のスズキメソードを創設した鈴木慎一が四六年に松本音楽院を開設したことや、九二年から始まったサイトウキネンフェスティバル（現在はセイジオザワ松本フェスティバル）がおこなわれていることから、松本市行政は「楽都」というキャッチコピーを掲げて音楽文化が盛んな街とアピールしている。ポピュラー音楽実践に関わる店舗をみてみると、城下町エリアを中心にライブハウスが二軒、クラブが三軒存在する。ほかにもジャズ喫茶やジャズバーなどがいくつか存在している。新型コロナウイルス感染症のパンデミック（コロナ禍）以前には、個人経営のカフェやゲストハウスでも小規模なライブがおこなわれていたようだ。このように松本市には多様な文化活動が活発におこなわれてきた歴史がある。そのため、インディペンデントな音楽実践も好意的に受容されている面があるといえる。

観光スポットから少し離れたところに立地するＧＬＭは、ツタに覆われた廃墟のような見た目で、ひっそりと、しかし異様な存在感を示している（図1）。なかに入ると洋酒の瓶が並んだバーカウンター（図2）があり、店内にはスパイスの香りが充満している。営業中はドリンクのほかに、カレーをはじめとする店長の手作りフードも提供される（図3）。十人ほどでいっぱいになってしまうバースペースの奥にある扉を入ると、イベントスペースが広がる（図4）。フロアの後方には備え付けの椅子が五脚ある。四十人を収容できるが、十五人ほど入れば肩が少し触れ合うほどの大きさである。ステージはフロアと地続きで、演者と観客の目線は同じ高さになる。ミキサーとＤＪ用の機材が並ぶＰＡ（音響）卓はフロアの奥に設置されている。このイベントスペースの最も印象的なところは、ドアを入ってすぐ右に高さ百六十センチ、横幅百七十センチの大きな本棚があることだ（図5）。並んでいるのは店長の蔵書である。小説や漫画、音楽系の本のほかに社会学、哲学、文化人類学、文学、美学など学術系の本が並び、来場者は気になった本があればその場

図3　本格的なスパイスカレー

図4　ステージ

図5　店長の蔵書が並ぶ本棚

で読むことができる。

ＧＬＭで現在おこなわれているイベントはほとんどが音楽ライブだが、ほかにもＤＪイベント、トークショー、講演会、映画鑑賞会なども開催される。後述するとおり、これはＧＬＭがただのライブハウスではなく「オルタナティブ・スペース」と銘打っていることと関係している。

音楽ライブで演奏されるジャンルは、ロック、ポップのほか、ヒップホップ、エレクトロニカ、ジャズ、現代音楽など幅広い。音楽のジャンルは問わず「アンダーグラウンド」や「インディー」という共通項をもったミュージシャンが多く出演しているようだ。特定のジャンルだけのイベントもあれば、多種多様な出演者を組み合わせたイベントもおこなわれる。GLMの音楽ライブの際立った特徴は、地元のミュージシャンを集めたイベントよりも県外のアーティストを招いたイベントが多いことである。

図6　たくさんのサインが書かれた壁

海外のミュージシャンも多い。二〇二三年のスケジュールをみると、全七十二公演のうち二十五ものイベントが海外ミュージシャンを迎えたものになっている。その蓄積を示すようにバーカウンター奥の壁には多くの海外ミュージシャンのサインが並ぶ（図6）。

出演する地元のミュージシャンは四十組以上いて、音楽を始めたばかりの大学生から東京から移住してきたベテランまで幅広い。GLMではチケットノルマ制度はとっておらず、ライブ出演への障壁はそれほど高くない。

音楽イベントの入場料は二千円前後に設定されている。イベント来客者数は十人から二十人くらいが最も多いが、知名度が高いアーティストの公演日には満員になることも少なくない。イベントの主になる音楽ジャンルによって客層は異なり、どのイベントにも来るような固定の常連客は数人である。イベントに来る客のなかにはGLMに出演するミュージシャンもいて、ミュージシャン同士が互いのライブを観る状況がないわけではないが、それほど高い割合ではない。

イベントがない水曜日から土曜日の十九時から二十五時の時間帯はバー営業がおこなわれている。バー営業中に訪れる客層はイベント開催時よりもさらに多様である。常連客は地元の音楽関係者、演劇など地元のサブカルチャー関係者、飲食店の経営者、公務員、会社員、学生などである。音楽にそれほど興味がない常連客も少なくない。ほかにも偶然に通りかかった人、インターネットで見つけてきた地元住民や観光客なども来店する。決して入りやすい外装ではないGLMに初めて来店する客の動機は「インディー音楽が好き」のほか「変わったバーが好き」「スパイスカレーが好き」「店の見た目が気になって」などである。そうした人々には、GLMはライブハウスというよりも「ライブもやっている変わったバー」と理解されているようである。常連客ではなくとも、初めて会った隣同士の客が会話する光景もよく見られる。筆者の調査では一日の来客者数は五人前後で、支払いは一人約二千円ほどだった。この数字はあくまで平均なので、一人も来ない日もあれば満員の日もあり流動的である。

このようにGLMはバー営業があることで、従来のライブハウスに来る客層とは異なる多様な人が訪れる店になっている。身内や固定的なバンドマンが多く訪れる従来のライブハウスのイメージはあまり感じられない。そして最大の特徴は、従来のライブハウスにとって重要な要素であるチケットノルマがないということである。

このようにGLMは、従来のライブハウスとは一線を画するシステムとイメージをもつ音楽実践の場になっている。次に、GLMがどのように作られてきたのかを店長のライフヒストリーをたどりながら検討していく。

3 GLM店長のライフヒストリー

インディーとの出合いと抵抗

店長NM氏は一九八八年、愛知県名古屋市に生まれた。幼少期はJ―POPが好きだったが、中学生のときにアコースティックギターとエレキギターを購入したことで「ロック」に興味が湧き、有名なロックのCDを手当たり次第に聴きあさった。その結果、DIY（自分たちでやる）という姿勢を含めて九〇年代以降のアメリカのインディー音楽がいちばん好きになったという。中学三年生のときには作詞・作曲をし、友人と結成したバンドで演奏をおこなった。作曲と並行して録音の方法もそのころ覚えた。

地元のライブハウスに出演していたが、チケットノルマで「カモにされていた」という。しかし、そのころはライブをすることに夢中だったため、特に問題視することはなかった。名古屋で音楽活動をしていたときにはライブハウスが「めちゃくちゃ好き」だったが、それはライブをしたり観たりするために行く場所としてであり、「居場所的なものではなかった」という。

高校二年生のころ、偏差値や入試方法が自分に合っているため松本市にある大学への進学を目指すようになる。加えて、当時名古屋と松本で活動していたあるバンドが好きになり、そのバンドが出演している松本のイベントをチェックしていたところ、地方ながら松本市では、海外のインディーバンドや国内のアンダーグラウンドなバンドが出演するイベントが開催されている点に興味をもち、松本市の大学に進む決意を固めた。

大学進学後にバンドを結成し、長野市のとあるライブハウスに出演する機会があった。そこは「ノルマがあったけど、あってないような値段だったからほとんど払ったことがなく」「いままで自分が知っていたライブハウスとは違う、コミュニティみたいのを感じるライブハウスで、衝撃を受けて」ライブハウスのあり方やチケットノルマについて考えるきっかけになったという。大学一年生のころ、松本市内のライブハウスでアルバイトをしていたこともあり、そのハコと長野市のハコに出演していた。長野市のハコではNM氏のバンドが評価され、海外バンドの前座を任されたりもしたが、松本市ではチケットノルマによってまたしても「カモにされていた」という。バンド活動を積極的におこなうなかで、バンドで生計を立てるか働きながら続けるか悩んでいたが、大学三年になると就職活動をすることになる。そこでターニングポイントが訪れる。

三年の終わりに就活をなんとなく始めてみるんですけど、リーマンショックがすごいことになってて。殺伐とした空気のなかで就活をやらなくちゃいけなくて。モチベーションが上がらず。そのときは何がやりたいかわからない感じで。あと、そのころいろんな考えがぐちゃぐちゃになって、ちょうど毛利さんの『はじめてのDiY』とかカルチュラル・スタディーズの本[15]を就活ちょっと前くらいに読み始めて……USインディー以外に語られるDIYっていうのに衝撃を受けて。就活しながら、なぜか仲間とフリーペーパー立ち上げたりとかしちゃって。そっちが楽しくなってしまって。エントリーシートを書いて面接一、二回受けてもういいやってなって、就活やめて休学に入って。そのころからずっとノルマとかモヤモヤしてたものを言語的に批判したいっていう気持ちが湧いて。それ書いてノルマ系のハコと徹底的にやり合っちゃって。で、もうライブハウスはいいやってなって。

ここで語られている、カルチュラル・スタディーズの影響とフリーペーパーの立ち上げ、そして既存のライブハウスへの決別がGLMの開店のきっかけになり、GLMの特徴を形作っていくことになる。

フリーペーパーから具体的な場所へ

NM氏は立ち上げたフリーペーパーで、松本市で「タコツボ化」していると感じていた演劇、ヒップホップ、クラフトなどさまざまなサブカルチャーの集団を取材して記事を書いたり、異種のサブカルチャー実践者を対談させたりする「クロスオーバー」の実験的取り組みをおこなっていた。前述のようにNM氏がフリーペーパー上でライブハウスのノルマを「言語的に批判」したことで「ノルマ系のハコと徹底的にやり合っちゃって」と発言していたことからわかるように、松本の音楽シーンのなかでは少なからず反響があったようだ。またフリーペーパーの活動を通して音楽以外のサブカルチャー実践者との人脈も築くことができた。フリーペーパー制作に熱中し、就職活動をせずに大学を卒業したＮＭ氏はその後の進路について思案に余ってしまい、「普通の仕事は無理だし」「正気を失って自分のハコをもてないか画策」して物件を探すが、うまくいかずに諦めた。ちょうどそのころ、よく出入りしていた松本市内のクラブで働くことを勧められ、スタッフになる。メインの仕事は月八本のイベントの企画とミュージシャンのブッキングだったが、そのほかにもリハーサルとイベント中のＰＡ（音響）、ドリンクの提供、打ち上げの料理の仕込みなどすべて一人でおこなわなければならず、「店のなかで自分の店をやる」状態といえるほどの激務だったという。さらには給料がかなり安く、まれにではあるがイベントの赤字も背負わなければならないような状況[16]だったので、ほかのアルバイトもおこないながら生計を立てていた。「フラフラしてたのにいきなりワーカホリック状態になってて。これは死ぬ」と思ったＮＭ氏は「だったらいっそ自分で店やったほうがいいんじゃないかって、逃げるように物件をこっそり探し始め」てＧＬＭを始めることになる。

このように、ＮＭ氏は必ずしも積極的にＧＬＭを始めたわけではないが、「松本にあるいろいろな文化をクロスオーバーさせる場を実際の場所として実現させたいという思いはあったんじゃないか」と振り返る。既存のライブハウスへの決別、そしてさまざまな文化活動が根付いた松本で過ごして培った音楽以外のサブカルチャーへの関心が、従来のライブハウスとは異なるオルタナティブな場所作りへとつながっていく。

4　ＧＬＭの運営と店長の役割

ＮＭ氏はもともとバーだった建物を借り、友人とＤＩＹでライブなどができる場所に改装した。そして二〇一三年にＧＬＭを開業した。最初の一、二年はあまりにも大変すぎてほぼ記憶がないという。以下では、ＮＭ氏の理念や実践を軸にＧＬＭの経営システムの特徴について検討する。

オルタナティブ・スペース

ＧＬＭを始めるにあたって「あえて」音楽色を控えてライブハウスとは呼ばず、「オルタナティブ・スペース」であることを打ち出した。現在もＧＬＭのウェブサイトにはオルタナティブ・スペースあるいは多目的イベントスペースと記載してある。オープン当初は音楽ライブと同じくらい映画や芸術系のトークイベントをおこなっていた。これが異なる文化を「クロスオーバー」させる実践の場の実現ということになるだろう。ＧＬＭを始めて三、四年してからは、ＮＭ氏自身がミュージシャンでもあったので音楽系のイベントが増加していった。その結果、現在のように音楽ライブがメインになり「ライブハウス化してしまった」という。

チケットノルマへの抵抗

ＮＭ氏はＧＬＭを作るうえで「チケットノルマがないライブができる場所っていうのは最初のポイント」であり「絶対条件」だったと語っている。ＧＬＭはこの点で、ＮＭ氏自身がノルマによって「カモにされていた」経験やライブハウスのあり方についてフリーペーパー上で展開したチケットノルマ批判を具体的な場所で実現したものである。すなわち既存のライブハウスのシステムへの抵抗を示す実践である。

海外アーティストの引き継ぎ

開業して最初に開いたイベントから海外のアーティストが出演し、海外アーティストのライブを頻繁におこなっているのもＧＬＭの大きな特徴である。そのようなイベントは、ＮＭ氏がゼロから始めたことではなく「流れを受け継いだ」ものだという。ＧＬＭができる前から、松本在住のインディーミュージシャンやイベンターたちは海外アーティストを招聘したイベントをおこなっていて、その際にＮＭ氏は、ミュージシャン、ときにはオーディエンスとしてイベントに関わり彼らと顔見知りになっていた。ちょうどその音楽関係者がイベントに「疲れた」ころにGLMがオープンしたため、「すんなりとその流れを引き継いだ」という。

イベントの作り方

地元の出演者だけの音楽ライブイベントでは、NM氏がブッキングをおこない出演者とイベント日時を決定していく。それ以外は、GLMで演奏したい県外のミュージシャンからのオファーや、ツアープロモーターなどから相談がありスケジュールが決まる。イベントの日時が決定すると、その出演者に合いそうな地元のミュージシャンにNM氏から声をかけてブッキングしていくという手法をとっている。GLMではこのように県外／海外からの出演者と地元のミュージシャンがともにイベントを作り上げることが多く、各イベントごとの特徴がそのつど際立っている。それはときにごちゃごちゃとしたカオスの様相を呈することもあり、組み合わせるというより交ぜ合わせるという表現のほうが適切に思えるほどである。NM氏はGLMでライブをしたいと相談してくる出演者を断ることはほとんどないという。こうした実験的な姿勢や未知の他者を積極的に受け入れようとするのもNM氏の特徴である。

出演者へのギャラと店の取り分

GLMはツアーでやってくる出演者には最低でもチケット収益の半分をギャラとして支払うことにしている。これも開業する際に決めたことだという。さらにそのイベントのチケット収益が六万円を上回った場合、どれだけ集客があってもGLMのチケット収益は三万円を最大として、それ以上は出演者に分配している。集客が多ければ地元の出演者にもギャラが支払われる。従来のライブハウスではノルマ以上を売り上げればそれがギャラになることもあるが、基本的にGLMのような規模のライブハウスでギャラがもらえることはほとんどなく、チケット収益はすべてハコのものになる。NM氏は自らもミュージシャンとしていろいろなライブハウスに出演した経験からそうしたシステムをわかったうえで、出演者に金銭的な分配・還元をしているようだ。

図7　バーカウンターのなかで接客をおこなうNM氏

バー営業

前述のようにGLMは、イベント日以外の水曜日から土曜日はバー営業をおこない、豊富な種類の酒と本格的なスパイスカレーなどを提供している[17]（図7）。NM氏は料理をするのが好きで、調理法は本やインターネットから独自に習得した。NM氏はフードの提供について、客層の「間口を広げるため」のもので、「飲み屋としてでもいいし、カレー屋として来てくれてもいい」と語る。実際、バー営業中には普通のライブハウスの客層とは異なる人々が集まる。さらには飲食店としてのGLMを気に入ってイベントにも来るようになる客も少なからずいて、飲食と音楽がつながっていることがわかる。こうしたバー営業とイベントの関係についてNM氏がたびたび取り上げる事例がある。それは、「バー営業に来ていた「普通の」サラリーマンの男性が、ライブ未経験者がライブをするためのイベント[18]があるということを知り、それに出るために音楽活動を開始した。さらにそれをきっかけに仕事を辞めて古本屋を開業した」という話である。これはNM氏が考えるGLMの理想像を体現した象徴的な出来事といえる。

このようなNM氏の理念に基づく経営・運営方針に加え、GLMには実務的な面でもほかのライブハウスとは大きく異なる点がある。GLMに関わる仕事のほぼすべてをNM氏一人でおこなっていることである。ほかのライブハウスではバーテンダーやPA、ブッカーなどのスタッフを雇うことが多いが、GLMでは飲食の提供、イベントの企画と出演者のブッキング、イベントの告知文や出演者の紹介文、フライヤーの作成、ウェブサイトの更新、チケットの受け付け、イベント中のＰＡ（図８）、ＳＮＳにアップするための動画撮影をすべてＮＭ氏が一人でおこなっている。出演者を紹介する文章はかなり丁寧に書かれていて、ＮＭ氏としても力を入れているという。また、現役でバンド活動をしているＮＭ氏はＧＬＭで自らライブをする機会も多い（図９）。その際は自分でＰＡをしながら演奏するという曲芸的な技をみせる。一人でやっている理由は「単純に人を雇う（金銭的）余裕がないから」ということと「基本的に一人でなんでもやるのが好き」で「人への任せ方がわからない」からだという。

図8　イベント中のPA

ＮＭ氏の日常に目を向けてみると、店休日も含めて毎日ＧＬＭで過ごし、事務仕事や依頼されたレコーディングのエンジニアをしたり、自らのバンドの練習などをおこなったりしている。しかし、ＮＭ氏はＧＬＭに対しては「アイデンティティから離れて」いて、「仕事がないバンドマンがしょうがないから管理人をしている」という立場で関わっていると語る。また、今後の店の展望として、「アーティストがストレスなくライブから制作までをおこなえる環境を整えること」が大きな目標であり、「自分もその利用者の一人でありたい」という。このようにＮＭ氏はＧＬＭに対して気持ちのうえで距離を取り、ミュージシャンとしての視点から客観的に運営していることがうかがえる。

以上、ＮＭ氏のライフヒストリーからＧＬＭのスタートとその運営方法、そして日常のあり方についてみてきた。ＮＭ氏はインディー音楽のＤＩＹ精神に共感し、それと連続するものとして人文社会科学系の思想を取り込んだ。そして音楽実践に対する視点を拡大していった。やがて、松本で生活するなかで生じた地域文化への思いを実現させる場所としてＧＬＭをオープ

図9　自らもステージでパフォーマンスをおこなう

ンさせた。チケットノルマを課さないことやアーティストへの経済的還元を優先するやり方も、それまでの音楽活動の体験や人文社会科学系の思想から培われた抵抗の姿勢である。GLMを始めるきっかけになったいろいろな文化の「クロスオーバー」への取り組みは、現在は薄れてしまっているようにもみえるが、バー営業でいろいろな人々を集め、従来のライブハウスよりも多様な人々が交ざり合う場所になっていることがその実践といえるだろう。サム・ワイティングがいうように、ライブハウスのオーナーは、経済的な利益よりも場の活性化のための社交を促進する役目を負っている。[19] NM氏も多様な人々を結び付け、新たな文化の結節点としての役割を果たしている。それは音楽関係にとどまらない。バー営業を通じて見知らぬ他者に自分を開き、なんでも楽しもうとするNM氏の積極的な姿勢がそれを可能にしているのである。

前述したように、こうしたNM氏の実践には松本という地域社会・文化が大きな影響を与えているといえる。次節では、地域社会とGLMおよびNM氏の関係についてみていこう。

5　地域との関わり

先にふれたように、現在の松本を代表する文化の一つにクラフトフェアがある。NM氏はGLMを始める前後にこれに深く関わっていたことがある。バンドメンバーを介したつながりで、クラフト関係者と日常生活で頻繁に交流をもつようになり、クラフトフェア中におこなわれるライブの企画やブッキングを依頼されるようになったという。さらにはフリーペーパー上でクラフトのことを取り上げていたことがきっかけになり、クラフトフェアの記念本の編集を任されることになる。クラフト自体にはそれほど興味がなく、むしろ苦手意識をもっていたＮＭ氏だが、それを逆手に取って批判的な意見も取り入れながら本を完成させた。その後はＧＬＭも忙しくなり表立ってクラフトフェアと関わることはなくなっていったが、クラフト関係者が客としてＧＬＭを訪れることもあるという。

また、ＧＬＭに出演するミュージシャンには松本で店を構える自営業者が多いことも特徴の一つである。彼らはバー営業日にもＧＬＭを訪れる常連客でもあり、書店、飲食店、ゲストハウスなど携わっている業種はさまざまである。ＮＭ氏も彼らの店を日常的に訪れて関係性を深めている。

こうした自営業者とのつながりは、松本中心地エリアの個人商店を対象にしたスタンプラリー企画への参加を通して強まったという。この企画は行政主体ではなく個人商店が主催したインディペンデントなものであり、観光客が少なく売り上げが落ち込む冬の松本を盛り上げようと立ち上げられたものである。この企画でＧＬＭがパーティー会場になり、いろいろな店主たちとの交流がおこなわれたという。ＧＬＭは地域社会を構成する個人店同士のネットワークの結節点としても機能しているといえる。

こうした地域社会での関係性はコロナ禍でも重要なものになった。二〇二〇年の新型コロナ・パンデミックがライブハウスに大きな影響を与えたことは記憶に新しい。多くのライブハウスは長期間の休業を強いられ、閉業するハコも少なくなかった。二〇年三月にはライブハウス、クラブ、劇場などの文化施設の関係者を中心に Save Our Space という団体が発足し、政府に文化施設への助成金の交付を求める署名活動をおこなった。社会学者の平石貴士は、新型コロナ禍で小規模ライブハウスは経済的な危機に陥ったにとどまらないと指摘している。社会コロナ禍はライブハウスに集まるオーディエンス、スタッフ、オーナーの交流によって生まれる文化資本や社会関係資本からなるライブ文化資本を再生産する機構を危機に陥れた[20]。ＧＬＭも二〇年三月から休業を余儀なくされた。収入が激減して先がみえない同年四月、NM氏はレコード店を営むパートナーとともに、休業に対する補助金を市行政に設立してもらおうと画策した。そこで市長と交友がある市内の個人商店のオーナーに協力してもらって意見書をまとめ、市長と直接面談することができた。そのはたらきかけも一因になって、松本市は二〇年五月に事業者への独自補助金を交付することを決定した。

このほか、経営を支えるためにおこなったのがカレーのテイクアウト販売である。普段の営業で売っていたカレーに副菜もつけて一食千円前後で販売した。近隣に住んでいる常連客を中心に買ってくれる人が予想よりも多かったという(21)。

このように危機的な状況をなんとか乗り切ることができたのは、GLMが音楽という枠を超え、人々の日常生活に埋め込まれた付き合いのうえに成り立っていたからといえる。筆者がこれまで調査してきたライブハウスではライブハウスに関わる人々がほとんどの場合ライブでしか顔を合わせないのに対し、GLMに関わる人々はライブ以外の日常的な付き合いもしている。GLMやNM氏が日常的な地域のネットワークに埋め込まれていたことによって、コロナ禍でもライブ文化資本の再生産が可能になったのである。

おわりに——オルタナティブであること

本章では、GLMの店長NM氏のライフヒストリーや日々の実践をもとに、二〇一〇年代以降に作られた小規模ライブハウスの営みについて考察してきた。

NM氏によるGLMという場所作りは、チケットノルマ制度をベースにした既存のライブハウスの閉鎖的なイメージやノルマシステムの問題点を乗り越えようとする取り組みの一つと捉えられるだろう。GLMはチケットノルマの否定、音楽に限定しない多彩なイベントの開催、バー営業の充実などによって、より多様な人々が集まる結節点になっていて、NM氏は人の交流を促す役割を果たしていた。ほとんどの仕事を一人でこなすNM氏は、いろいろな場面で他者へと自分を開くことで楽しさを生み出そうとし、それが国内外から注目されるGLMの特徴を作っていったと考えらえる。

地域社会とのつながりもGLMにとって重要な意味をもっていた。GLMは、多様な文化実践が息づく松本の土壌やGLM開業以前から続くインディー音楽イベントの開催、個人商店のつながりなどローカルな文脈を引き継いで誕生した。その文脈上に、NM氏自身が作り出したローカルとグローバルのネットワークが重なり合うことで、新たな文化実践の文脈が創造されているのである。

このように既存のシステムを乗り越えようとする新たな文化の創造は、何もないところから突如発生するものではない。たとえば、大都市のサブカルチャーが地域社会で選択的に受容され「もう一つの地域文化」[22]として実践されているように、オルタナティブな場所や文化も、すでにある地域文化と融合していくハイブリッドな過程から立ち現れてくるということができる。NM氏はGLMを始めた当初、「オルタナティブ・スペース」というキーワードを掲げていた。GLMはいろいろなサブカルチャーのクロスオーバーという枠組みを超えて、多様な他者を含み込み創造的に変化しつづけるという意味での「オルタナティブ」な場所を実現していった。

NM氏が自らの実践やハコに対して客観的に向き合おうとする様子から、オルタナティブな場所の創造というものがそれほど単純ではないことがわかる。安定したシステムに頼らないやり方は、柔軟ではあるがやはり常に不安定なものになってしまう。実際にGLMはこれまで何度も経営の危機に陥ってきた。「自分たちでやる」というインディペンデントな文化シーンは誰かが「割を食う」ことによって成立しているとNM氏は語る。それは「自助」を掲げるネオリベラリズムのディスコースにいとも簡単に回収されかねないものである。新たなライブハウスやオルタナティブな場所への期待は、誰かが果てしない闘争を続け、ときに疲弊していく未来とセットで考えなければならない。

本章では、「生きていること」を含み込んだミュージッキングという視点に立って、音楽だけを対象にすると見落としてしまう二〇一〇年代以降の小規模なライブハウスの実像を考察した。社会がますます不安定化し、音楽産業も変化するなかで小規模なライブミュージックの現場はどう継続されうるのか。人々の日常的な生活と地続きのものとして考えることが求められる。

注

（1）生井達也『ライブハウスの人類学——音楽を介して「生きられる場」を築くこと』晃洋書房、二〇二二年

（2）二〇一〇年と一九年のスタジアム、アリーナ、ホール、ライブハウス、野外を合計した動員数を比べると約二倍の増加になっている（コンサートプロモーターズ協会〔ACPC〕「基礎調査推移表 会場規模別動員数」〔https://www.acpc.or.jp/marketing/transition/stagepeople.php〕［二〇二四年三月二十日アクセス］）。

（3）宮入恭平『ライブハウス文化論』（青弓社ライブラリー）、青弓社、二〇〇八年、二〇ページ

（4）同書二一三ページ。また、永井純一『ロックフェスの社会学——個人化社会における祝祭をめぐって』（〔叢書現代社会のフロンティア〕、ミネルヴァ書房、二〇一六年）二一七ページ、津田大介／牧村憲一『未来型サバイバル音楽論——USTREAM、twitter は何を変えたのか』（〔中公新書ラクレ〕、中央公論新社、二〇一〇年）一三八ページを参照。それに対して筆者は、批判的言説によって周辺化されたライブハウスという場所で、スタッフ、演者、客がシステムを受け入れながらもそれを変容させ、新たな価値を創造していることを明らかにした。そのうえで、そうした実践がおこなわれていることが不可視化されていると指摘した（前掲『ライブハウスの人類学』）。

（5）中野哲「東京ライブハウス文化の転換と再構築——中規模店舗のブッキングイベントを事例に」、毛利善孝編著『アフターミュージッキング——実践する音楽』所収、東京藝術大学出版会、二〇一六年、一八一ページ

（6）前掲『ライブハウス文化論』二一六ページ、宮入恭平『ライブカルチャーの教科書——音楽から読み解く現代社会』青弓社、二〇一九年、一五九ページ

（7）種村剛／小林泰名「演奏する場としての喫茶店——札幌のムジカホールカフェを事例として」、関東学院大学経済

学部・経営学部教養学会編「自然・人間・社会」第五十五号、関東学院大学経済学部・経営学部教養学会、二〇一三年、一二四―一二八ページ
（８）尾崎浩「訳者あとがき」、イバン・イリイチ『オルターナティヴズ――制度変革の提唱』尾崎浩訳、新評論、一九八五年、二五一ページ
（９）エーリッヒ・フロム「序」、同書三ページ
（10）クリストファー・スモール『ミュージッキング――音楽は〈行為〉である』野澤豊一／西島千尋訳、水声社、二〇一一年
（11）同書三〇―三一ページ
（12）ティム・インゴルド『生きていること――動く、知る、記述する』柴田崇／野中哲士／佐古仁志／原島大輔／青山慶／柳澤田実訳、左右社、二〇二一年
（13）浮ヶ谷幸代「音楽することと家を建てること」、野澤豊一／川瀬慈編『音楽の未明からの思考――ミュージッキングを超えて』所収、アルテスパブリッシング、二〇二一年、七〇ページ
（14）同書六九―七〇ページ
（15）毛利嘉孝『はじめてのＤｉＹ――何でもお金で買えると思うなよ！』(P-vine books)、ブルース・インターアクションズ、二〇〇八年、上野俊哉／毛利嘉孝『カルチュラル・スタディーズ入門』（ちくま新書）、筑摩書房、二〇〇〇年
（16）最低限保証された月の給料が四万円で、それに加えてイベントの黒字分出来高制だったが十万円が限度とされ、平均月収は七万円だったという。
（17）イベント営業時はつまみの提供は休止してカレーだけを提供している。
（18）人前で初めてライブをやる人が出演するイベントを数カ月に一回開催している。
（19）Sam Whiting, "The Value of Small Live Music Venues: Alternative Forms of Capital and Niche Space of Cultural Production," *Cultural Sociology*, Vol.15 (4), 2021, p. 560.
（20）平石貴士「ライブゴアーはいかに文化の生態系を織りなすか――２０２０年における聴衆の行動の多様性とその再

生産の危機」、南田勝也／木島由晶／永井純一／平石貴士『コロナ禍のライブをめぐる調査レポート［聴衆・観客編］』所収、日本ポピュラー音楽学会、二〇二一年、七九ページ

（21）このほかのコロナ禍の経営対策として、二〇二〇年六月におこなったコンピレーション・アルバムのデジタル配信販売がある。このコンピレーション・アルバムはコロナ禍以前から企画されていたものだが、休業によって音源を制作する時間的余裕ができたため、このタイミングで発売することになった。音源を紹介するブログやSNSを通して、このアルバムを購入して支援してほしいと呼びかけた。予想よりも多くの人が購入し、売上金で休業分を補塡することができたという。二〇年十月からはキャパシティーを五〇％に制限したうえで徐々にイベントを開催することが可能になり、バー営業も時短営業として再開していった。

（22）伊奈正人『サブカルチャーの社会学』（Sekaishiso seminar）、世界思想社、一九九九年

第6章　K―POPライブとファン
――世代交代による進化と越境

吉光正絵

1　K―POPライブの現状

現在、新型コロナウイルス感染症のパンデミック（コロナ禍）後に結成されたK―POPの新世代ガールズグループによる東京ドーム公演の成功が日本と韓国で話題になっている。二〇二三年八月にaespaがデビュー後三年弱で二日間計九万四千人を動員したのち、[1]二〇二四年六月にはNewJeansがデビュー後二年未満で二日間計九万千二百人を動員した[2]（図1）。九月にはIVEが同様の公演をおこなった。

NewJeansは、全米三大野外ロックフェスのロラパルーザに出演し、その直後に日本のサマーソニックに出演した。このステージに集まった中高年男性が「NewJeansおじさん」と呼ばれ、これまでK―POPに興味がないと考えられていた客層へ人気が浸透していることが注目されている。[3] NewJeansと同じレーベル傘下で日本の

図1　K-POP 第4世代ガールズグループ NewJeans の単独コンサート会場（2024年、東京ドーム、調査協力者撮影・提供）

図2　K-POP 第5世代ボーイズグループ RIIZE の単独コンサート会場（2024年、ソウル蚕室室内体育館、調査協力者撮影・提供）

ＡＫＢ48グループ出身のメンバーもいるLE SSERAFIMは、欧米の有名な野外ロックフェスに出演し、歌唱力に関する議論を巻き起こしている[4]。

韓国では、前述のＫ―ＰＯＰガールズグループは、一九九〇年代Ｋ―ＰＯＰアイドルの系譜で「第四世代」に位置づけられる「新世代アイドル」と呼ばれている。二〇二三年に入ってから「第五世代」を自称するグループも続々誕生して単独コンサートを開催しはじめ（図2）、世代の根拠を議論する「アイドル世代論」が注目され

ている。(5)

「アイドル世代」は、韓国の芸能事務所が運営するガールズグループやボーイズグループをデビュー時期によって区分する考え方である。「アイドル世代論」が注目されていることには、「K—POPアイドル」の定義自体が曖昧になっている現状も影響している。かつてはアーティストがアイドルとしてグループで活動する時期は短く、世代交代後は個人名義の歌手や俳優、司会者など一般的な芸能人として活動するのが普通だった。しかし、近年では世代交代後もグループとして活動を続ける場合もみられる。ファン層のグローバル化に伴って、韓国以外で生まれ育ったメンバーが所属しているグループも増え、韓国以外で活動するグループも増えている。

近年の「アイドル世代論」の背景には、K—POPを取り巻く状況の急激な変化が影響しているのではないかと考えられる。本章では、こうした急激な変化にさらされているK—POPアイドルのライブについて、これまで重要な顧客層とみなされてきた日本の女性ファンの参加体験に関する調査結果に着目して考察する。

2　K—POPライブの特徴と変遷

まずK—POPアイドルのライブの特徴について、「アイドル世代」ごとにみていきたい。世代論には諸説あるが、グループのデビュー年とメディア環境やファンの特徴、関連する流行現象を基準として区分することが多い。世代ごとのライブの特徴をまとめて表1を作成した。

K—POPライブの誕生

冒頭でみたように東京ドーム公演がK—POPアイドルの成功の指標になっているのは、韓国では単独コンサートが開催される機会が少ないためである。韓国でK—POPアイドルのステージパフォーマンスが観られるの

表1　K-POP「アイドル世代」の特徴

世代	デビュー時期	上段：ボーイズグループ 下段：ガールズグループ	上段：ライブの特徴 下段：世代交代の契機
第1世代	1990年代末	H.O.T.、Sechs Kies、god、神話 S.E.S.、Fin.K.L.	アイドルライブの誕生 韓流ブーム、BoAの日本進出成功
第2世代	2000年代半ば	東方神起、BIGBANG、SUPER JUNIOR Wonder Girls、少女時代、KARA、2NE1	アジアツアー、ジャパンツアー開始 K-POPブーム
第3世代	2010年代半ば	EXO、BTS、SEVENTEEN、NCT TWICE、BLACKPINK、Red Velvet	ワールドツアーの一般化 オーディション番組流行、ビルボードHOT100で1位
第4世代	2020年前後	Stray Kids、ENHYPEN、TREASURE aespa、IVE、LE SSERAFIM、NewJeans	コロナ禍対応とオンライン化 ガールズグループの大衆化
第5世代	2023年以降	ZEROBASEONE、TWS、RIIZE、&TEAM KISS OF LIFE、BABYMONSTER	ファン・プラットフォームの普及 ボーイズグループの大衆化

は、音楽番組の観覧や合同コンサートである。合同コンサートは、政府や地方自治体、企業、団体、大学が主催するもので、無料かきわめて安価で観覧できる。広報やチャリティーの要素が強いため撮影が許可されている場合も多く、そこで撮影された写真や動画がファンによる自主的な広報活動に利用され、それを観た海外ファンが憧れるという独自のファン文化を生み出してきた。ステージパフォーマンスの間に入れる合いの手や、風船やペンライト、手作りのボードやスローガンなど応援グッズを用いて組織化された応援をすることで得られる一体感の演出もK―POPアイドルのライブの魅力である。

このようなライブの特徴は、第一世代アイドルグループとそのファンによって確立された。韓国のファン研究は、企画型グループアイドル第一号といわれる、一九九六年にデビューしたH.O.T.とそのファンの実践に注目している。H.O.T.のファンは、曲の合間に掛け声（合いの手）を入れることや、白い風船やサイリウムを手に白いレインコートを着て集団で応援することを始めた(6)。第一世代では、ファンクラブごとに公式応援色が決められ、複数のアーティストやグループが出演する番組観覧や合同コンサートでは、三階席にファンクラブごとに固まって座り、どの色が最も多いか、どのグループの掛け声が最も大きくそろっているかを競うようになった。九九年から韓国の音楽専門チャンネルMnetはMnet映像音楽大賞を開始した。韓国の放送局は、音楽番組をアイドルのファンが日常的に応援合戦を繰り広げる場として提供し、番組を観覧型に改編する。K―POPの海外展開も第一世代から始まった。中国での韓流ブームのきっかけを作ったのは、二〇〇〇年前後に北京公演に出演したH.O.T.ら第一世代アイドルグループのファンだった。[7] BoAが日本で成功すると、韓国のアイドルは日本を目指すようになった。

アジアツアーとジャパンツアーの開催

第二世代は、二〇〇四年に韓国でデビューし、〇五年には日本でオリジナル曲でデビューした東方神起から始まる。第二世代を代表する東方神起とBIGBANGの元メンバーが対談で語ったことによると、どちらのグループも、韓国・アジアで大スターになったあとでも、日本デビュー時には二百人くらいしか観客がいない地方のショッピングモールのステージから始めて数年かけて、ライブハウス、ホール、アリーナ、ドームと、ツアーで巡る会場規模を大きくしていったという。[8] 東方神起は、日本デビュー時に日本独自の公式ファンクラブを作ってその会員だけのファンクラブイベントを開催してきた。こうした日本ファンへの特別な対応が、現在まで続く日本ファン特有のプライドと忠誠心を作り上げたと考えられる。

Mnet映像音楽大賞は、二〇〇六年にMKMF（Mnet KMミュージックフェスティバル）への改編を経て〇九年にMAMAに改称し、アジアの大衆音楽を発信する場になった。これに伴ってマカオや香港、東京などアジアの主要都市で開催するようになった。[9] この背景には、「YouTube」で広まったコピーダンスブームがある。日本でも一〇年に日本デビューした少女時代とKARAを筆頭としてK―POPブームが起こり、一二年にPSYの「江南スタイル」が再生回数の世界記録を更新する。一一年に韓国の歌手として初めて「iTunes」総合チャート十位以内に入ったBIGBANGが、一二年には日本三都市六公演で計三十万五千人を動員する。BIGBANGはその後、欧米や中南米も含む初のワールドツアーを成功させる(10)。そして、日本のドームツアーとワールドツアーの成功が次世代のK―POPアイドルの目標になっていく。

アメリカを拠点にしたワールドツアーの常態化

第三世代は、二〇一二年にソウルと北京で同時デビューしたEXOから始まる。EXOは一五年に、韓国初のドーム型野球場である高尺《コチョク》スカイドームで単独コンサートをした最初の歌手になった。北米も含むワールドツアーが計画されるが、中国系メンバーが相次いで脱退したために海外活動が縮小する。当時の韓国では、視聴者投票によって勝者を決めるオーディション番組が流行し、スターやアイドルの卵を発掘して有名にすることがファンの楽しみになっていた。歌手やアイドルは無数にデビューするが短命だった。このためファンクラブごとの応援色の指定がなくなる一方で、誰のファンなのかを形で識別できる個性的なペンライトが作られるようになる。海外ファンが増えたこともあり、合同コンサートでファン集団ごとに固まって座る慣習が徐々に薄れていった。

Mnetの親会社は、二〇一三年から自社のオーディション番組で有名になったアーティストのマネジメント業務に乗り出し、国際見本市を兼ねた大規模コンサートのKCONをアメリカを主会場として開始する。KCON始動期にアメリカのファンの心をつかんだのがBTS(防弾少年団)である。BTSは独立起業したプロデューサーが運営する中小芸能事務所から一三年にデビューした。ロサンゼルスに住み込んで本場の過酷なヒップホップ修業をするMnetのリアリティ番組が好評だったため、一四年にロサンゼルスで開催されたKCONに出演した。こののち、北米や中近東、中南米など、アジア地域以外の公演に出演しつづけてコアなファン層を築いていく。BTSは一七年にビルボード・ミュージック・アワードでTop Social Artistを受賞し、二〇年にはビルボードHOT100で初登場一位を獲得する。

アイドルグループのメンバーを決めるオーディション番組に、視聴者投票による出演者の順位づけが導入されたのは、二〇一五年に放送された『SIXTEEN』からである。この番組で日本人を含むグローバルガールズグループのTWICEが選出された。TWICEは、一般によく知られているがファン層が薄いというそれまでのガールズグループの弱点と、日本人がいるグループは大衆的な人気を獲得しづらいというK―POPグループが抱えていた問題を克服した。Mnetでは、期間限定で活動するアイドルグループのデビューメンバーを「百パーセント視聴者投票で決定する」オーディション番組シリーズの制作と放送を開始する。地上波放送局でも類似の番組が多数放送され、グループの結成過程が放送されたのが、BoAの元マネジャーが起業した芸能事務所所属のボーイズグループSEVENTEENである。BTSと同様に中小芸能事務所に所属していたSEVENTEENは、自作自演の楽曲群とオリジナルコンテンツ配信によって世界各地のファンと親密な関係性を構築する、セルフプロデュース色の強いアイドルが人気になる潮流を作った。

大手芸能事務所でもファンによるアイドル育成が取り入れられた。デビュー前の練習生が多数出演するライブが開催され、そこで選抜されたボーイズグループのNCTが二〇一六年にデビューする。メンバーの国籍は多様でユニットごとに分かれて活動する。デビュー前から地上波放送局の討論番組に日本を代表する立場で出演して話題になっていた練習生が選出されたため、日本での人気は特別高い。

ファンによって育成・発掘されたり、デビュー前から知名度を獲得していたりする第三世代アイドルの成功の傾向と正反対の経緯をたどったのが、二〇一六年にデビューした多国籍ガールズグループBLACKPINKである。BIGBANGやPSYらが築いてきた欧米での成功基盤をもとに海外の有名フェスに出演した。二〇年には世界最大の「YouTube」登録者数をもつ世界最高のガールズグループとして、欧米のメディアで紹介されている。

グローバル化と多様化の進行

第四世代は、二〇一八年にデビューしたボーイズグループのStray Kidsやガールズグループの（G）I-DLEから始まった。第四世代はデビュー前から何度もオーディション番組に出演し、K―POPアイドルとしての多様な能力をグローバル視聴者投票によって評価されてきた。英語圏出身のメンバーも多く含まれていることもあって、韓国や日本よりもアメリカなどでの人気が先行した。

大手芸能事務所から二〇二〇年にデビューした aespa 以降、ガールズグループの一般的な人気が高まっていく。aespa には日本人のメンバーもいる。一人ひとりがＶＲ（バーチャルリアリティ）アバターをもちバーチャルとリアルを行き来する近未来的コンセプトが特徴的だ。二一年にデビューした IVE、二二年にデビューした LE SSERAFIM にも日本人メンバーがいる。LE SSERAFIM にはＡＫＢ48グループも参加した Mnet の視聴者投票型オーディション番組の勝者らがいるため、日本でもデビュー時から注目されてきた。二二年にデビューした NewJeans に日本人はいないが、オリジナルキャラクターを村上隆が制作するなど日本的なサブカルチャーに寄せたイメージ作りが功を奏している。NewJeans のプロデューサーは、少女時代や EXO の耽美的な世界観の構築で有名なクリエーターである。この人物がＢＴＳが所属するレーベルの傘下で芸能事務所を立ち上げ、NewJeans をプロデュースした。NewJeans がＫ―ＰＯＰのトレンドを一気に変えるほどの大きな影響力をもっていることは本章冒頭で示したとおりである。

第五世代の台頭

第四世代のデビューから間もないが、二〇二三年に放送された Mnet の視聴者投票番組の冒頭で「第五世代ボーイズグループの結成を目指す」ことが宣言された。それを受けて結成された ZEROBASEONE のデビュー後から、「第五世代」を名乗るグループが相次いで誕生している。NewJeans の世界規模の成功を受けて、ボーイズグループも二〇〇〇年代後半生まれの十代メンバーの自然なさわやかさを重要視するようになる。RIIZE はＳＭエンターテインメントが韓国の大手通信企業に吸収合併されたのちにデビューした。従来のアイドルのファンだけではなく、より広範な聴衆に聞かれる音楽を届けていくことが期待されている。

二〇二三年に入ってから、ＳＭエンターテインメント所属グループは、ＢＴＳの所属芸能事務所が立ち上げたファンプラットフォームのWEVERSEに参加することを決めた。WEVERSEでは、オンラインコンサート配信、対面コンサートのチケット販売、ファンクラブ運営、アイドルとファンとのコミュニケーション、CDアルバムや公式グッズの販売をしている。海外在住でもファン活動がしやすくなる一方で、芸能事務所がファンのあらゆる消費行動に関与し管理できるようになった。このことによって、能動的なファンの減少や、その結果としてK―POPが衰退することも懸念されている。しかし、登録者の九〇％が韓国外の居住者であるため韓国国内のファン文化への影響は小さいのかもしれない。[11] このファンプラットフォームを利用することで、大手芸能事務所から独立した旧世代のアイドルが芸能活動やプロデュース活動を続けやすくなった点も指摘されている。

以上のように、K―POPは世代交代を重ねることで進化してきた。次節からは、日本の女性ファンのライブ参加の現状について具体的にみていきたい。

3　日本の女性ファンが体験したK―POPライブの魅力

K―POPライブに参加した日本の女性ファンのプロフィル

冒頭でみたように、K―POPアイドルにとって日本での単独コンサートを成功させることは一つの目標になっている。韓国の研究によると、韓国のファンは、日本ファンが払うチケット代と公式グッズ購入費用はK―POPアイドルにとって重要な経済的貢献になっていると考え、日本ファンをほかの海外ファンよりも忠誠度が高いファンとみなしている。[12] こうした事情から、日本ファンのライブ参加状況はK―POPアイドルとファンの文化のなかで重要な検討事項であるといえる。

以下に参照するのは、K―POPアイドルのライブに関する調査結果の一部である。この調査は二〇二三年十一月から二四年六月にかけて、グーグルフォームを利用したオンライン調査と対面でのインタビュー調査を併用

表2　調査協力者のプロフィル（調査協力者が参加したK-POPアイドルグループ関連のライブを記載）

記号	年齢	職業	推し	日本ライブ	韓国ライブ	アメリカライブ
A	21	学生	TWICE（3）、NCT（3）、RIIZE（5）	TWICE（3）、aespa（4）、Red Velve（3）、NCT（3）、ZEROBASEONE（5）		
B	21	学生	TWICE（3）、SEVENTEEN（3）	TWICE（3）、SEVENTEEN（3）		
C	21	学生	Red Velvet（3）	Red Velvet（3）		
D	18	接客業	LE SSERAFIM（4）	LE SSERAFIM（4）		
E	19	学生	NewJeans（4）	NewJeans（4）		
F	22	会社員	SEVENTEEN（3）	SEVENTEEN（3）	合同、学園祭	
G	22	看護師	SEVENTEEN（3）、ENHYPEN（4）、TWICE（3）	SEVENTEEN（3）、ENHYPEN（4）		
H	21	学生	BTOB（2）、&TEAM（5）	&TEAM（5）		
I	21	学生	RIIZE（5）	NCT（3）、RIIZE（5）		
J	20	学生	SEVENTEEN（3）	SEVENTEEN（3）	学園祭	
K	21	学生	NCT（3）	NCT（3）	合同	
L	22	学生	NCT（3）、EXO（3）		NCT（3）、合同、番組	
M	43	団体職員	BTS（3）	BIGBANG（2）ソロ	BTS（3）ソロ	
N	20	学生	TREASURE（4）	TREASURE（4）	TREASURE（4）	
O	21	学生	TREASURE（4）	TREASURE（4）	TREASURE（4）	
P	24	会社員	NCT（3）	NCT（3）	NCT（3）	
Q	34	会社員	BTS（3）		BTS（3）ソロ	BTS（3）

しておこなった。調査協力者の選定は、K―POPアイドルの韓国ライブに参加した経験がある大学生の女性を起点にしたスノーボールサンプリング[13]でおこなった。そのため、韓国留学経験者が多いという特徴がみられた。

調査結果のうち、表2に調査協力者の「推し」（応援しているK―POPグループ）と参加したK―POPアイドルのライブを国別にまとめた。表2には、記述があったもののうちコロナ禍後の二〇二二年以降に開催されたライブだけを記している。単独コンサートの場合にはグループ名とアイドル世代を示す数字（第三世代ならば3）をあわせて示した。グループを離れてソロ名義で開催された単独コンサートの場合には、「ソロ」と付している。「韓国ライブ」の場合には、韓国でアイドルのステージを生で観られる機会になっている合同コンサート、学園祭、番組観覧の参加体験についても取り上げる。以上について、アイドルの世代に着目しながら、まずガールズグループ、次いでボーイズグループのライブについて、調査協力者らの回答を参照して考えていきたい。

日本の単独コンサート

①第三世代ガールズグループ

まず、近年日本でも話題になっているK―POPガールズグループの日本単独コンサートの魅力について考える。第三世代ガールズグループのライブからみていきたい。

中高生のころは、TWICEをきっかけに話が盛り上がったり友達ができたりしていた。大学生になって初めてファンクラブに入会し、ファンの友達とコンサートに行って忘れられない思い出ができた。公演中は撮影禁止のルールを守るファンが多く、すべてのメンバーに対して分け隔てなく歓声が上がった。メンバーが感動する姿、涙する姿にも反応が大きかった。（調査協力者A氏：TWICE、二〇二二年、東京ドーム）

調査協力者A氏にとってガールズグループは、大切な友人たちと出会い、ともに成長してきた十代の記憶の象徴になっていることがうかがえる。TWICEは、視聴者投票を導入したオーディション番組出身であり、日本人のメンバーが複数いるので、日本の女性にとって親近感を抱きやすい対象であることもA氏がこのような思いを抱く一因になっていると考えられる。このライブはTWICEにとって五周年記念のライブであり、かつコロナ禍後初の日本開催ライブだったので、会場全体でお互いの再会を祝う温かい気持ちが共有されていたようである。

ここで言及されている日本の単独コンサートでの「撮影禁止」については、ほかの調査協力者らもほぼ全員が肯定的に評価している。また、調査協力者B氏は、「日本人メンバー以外が日本語を頑張って話してくれる。通訳を介さずにメンバーの思いが直接伝わるのはいいなと思う」と、MCの巧みさを絶賛している。日本人メンバー以外も日本語を流暢に話すので、日本人メンバーとの国境を超えた仲のよさや日本のファンへの特別な心遣いをファンは汲み取る。このことが、ルールを遵守して全員を平等に応援する姿勢につながっているのだろう。

日本で開催されたRed Velvetの単独公演が「ライブ初体験」になった調査協力者C氏は、「結構早く着いたと思ったのにグッズがほぼ売り切れててびっくりしたしちょっと残念でした」と述べている。このコメントからは、日本ライブの特徴として海外ファンが指摘しているグッズ購入への熱心さが垣間見られる。

②第四世代ガールズグループ

続いて、冒頭でも言及した現在日本で話題になっている第四世代のガールズグループのライブについてみてみよう。調査協力者A氏は、aespaの単独コンサートでは「日本語が流暢なメンバーよりも、カタコトな日本語で話すメンバーの姿により歓声が上がっていた」と書いている。ミュージックビデオやテレビ番組ではクールで完成されたパフォーマンスを見せるメンバーがステージでのぞかせる幼さや拙さに初々しさを感じて感動しているようだ。

LE SSERAFIMの単独コンサートに参加した調査協力者D氏は、撮影禁止について「残念」とネガティブな感想を述べていて、韓国のファン文化への憧れが垣間見える。日本の有名アイドルグループのメンバーが今度はK

―POPグループのメンバーとして活躍することで、K―POPアイドルの単独コンサート参加へのハードルが下がっている状況があるようだ。

さらに、これまでK―POPに興味がないと考えられていた層のファンが注目されているNewJeansのライブについてみてみたい。

社会人のお兄ちゃんが当選したので行きました。K―POPはよくわからないけど、めちゃくちゃかわいかったです。メンバーと同じバンダナしてるお客さんが多かったです。ウサギの帽子でコスプレしてる男性も見ました。カップルや親子連れ、一人で来ているおじさんなど客層はいろいろです。お兄ちゃんの推しのソロステージのときに横を見たらガチ泣きしてて少し引きました。三次元の刺激が強すぎたのかなと思ったら、前髪が下りていることに感動したようです。グローバル・チケットのせいか、トロッコが来るスタンド前列ですごく見やすかったけど、外国の人ばかりで治安が悪かったです。メンバーが投げたぬいぐるみが飛んできたときは、席を離れて人が押し寄せてきてすごい奪い合いになりました。

（調査協力者E氏：NewJeans、二〇二四年、東京ドーム）

調査協力者E氏の事例からは、近年のガールズグループの単独コンサートはK―POPやそのファン文化になじみがない観客でも楽しめることが見て取れる。また、グローバル枠があることで、日本以外に住むファンが参加しやすくなっているようだ。冒頭でみたように、第四世代ガールズグループの東京ドーム公演が続々と成功しているのは、K―POPに興味をもたないと考えられていた男性や他ジャンルのファンが新たなファン層として流入していることや、グローバル・チケット枠を利用すれば日本以外の国や地域の居住者も日本のコンサートチケットを正規料金で購入できるようになったことが大きく影響していると考えられる。

③第三世代ボーイズグループ

調査協力者らの「推し」として多く挙がっていたのは、第三世代ボーイズグループである。まずNCTのライブ体験をみていこう。

ファンがスクリーンに映される時間には、メンバーへの応援メッセージを書いたボードを見せている様子が見られた。日本人メンバーに対しては、「おかえり」「日本の宝」といった感動的なメッセージが見られ、ファンからの歓声も大きかった。

（調査対象者A氏：NCT、二〇二三年、味の素スタジアム）

NCTの日本人メンバーは「Instagram」のフォロワー数が日本人男性一位で、その数は九百七十万人に上る。「日本人K―POPアイドル」の象徴的存在だが、公式活動で冷遇されていると日本ファンの間で議論になることが多い。(14) 日本での単独コンサートは、「日本人K―POPアイドル」として苦労を重ねているメンバーの凱旋を祝う場としてファンに受け止められているようだ。

次にSEVENTEENのライブ体験についてみていきたい。SEVENTEENはBoAを手がけたマネジャーが起業した芸能事務所に所属する十三人のグループで、中国とアメリカ出身のメンバーがいるが日本人はいない。

歌、ダンス、曲がすばらしいだけでなく、メンバーの仲のよさや面白さに引かれる。ファンミーティングに参加しました。（略）静かな曲は静かに聴き、終わったら歓声よりも拍手が起こるところがすてきでした。そして公演の最後には、日本語でコメントをしてくれるところも好きです。

（調査協力者F氏：SEVENTEEN、二〇二三年、東京ドーム）

日本では当たり前のことだが、アイドルの歌声やパフォーマンスをじっくり味わえるのが日本の単独コンサートのよさと受け取られている。調査協力者G氏は、SEVENTEEN のライブは「ほんっとに死ぬほど楽しくて一瞬で終わります。ペンサ〔ファンサービス〕もたくさんしてくれるしほんとに最高。でも、ファンクラブに入っていても当たらない」と嘆く。「推し」として名前が挙がることが多い第三世代のグループのライブには当選しづらい状況があるようだ。

④第四世代・第五世代ボーイズグループ

先に挙げた調査協力者G氏は、SEVENTEEN と同じレーベル傘下の第四世代ボーイズグループ ENHYPEN のライブについて、SEVENTEEN のライブと比較して「ファンクラブに入ってたらわりと当たるイメージ。セブチ〔SEVENTEEN の愛称〕に比べて人数は少ないけど毎回みんなかわいいなって思います」と書いている。推しのライブに行けない場合に同じレーベル傘下の次世代グループのコンサートに行くファンがいることがわかる。そこに世代交代が急がれる原因の一つがあると考えられる。

第五世代の &TEAM は ENHYPEN が結成されたオーディション番組でデビューできなかった日本人を中核にしたグループを結成するためのオーディション番組から誕生した。調査協力者H氏は「X」（旧「Twitter」）で知り合った &TEAM の韓国マスター（アイドルの写真や動画を撮影して募金活動をおこなって応援する、フォロワーが多いファン）とともに、福岡で開催された単独コンサートに参加した。開演前には韓国のファンをまねて「TikTok」に上げるダンスチャレンジ動画を撮影するなど、福岡にいながらにして韓国のファン文化を楽しんだという。近年は、日本人がメンバーの半数以上を占める日本向けのK—POPグループも数多く結成されていて、おもな活動の場は日本だが韓国で人気が盛り上がっている場合もある。日本のライブ会場にK—POPの本場である韓国からファンが来るおかげで、日本にいながらにして韓国のファン文化を体験できるようになっていることは興味深い現象である。

次に、NCTから急遽脱退することになった日本人メンバーが加入して結成された第五世代ボーイズグループ

RIIZEのライブについてみてみたい。

ファンクラブ限定ライブでは、ファンの掛け声が大きく、そろっていた。人気にかかわらずメンバー全員に歓声が上がっていた。ファンクラブ限定のサウンドチェックがあり、ファンクラブとライブチケット両方のQRコードを出さないといけないし、人が多く電波が届きにくかったため入るのに手こずった。RIIZEが参加していた撮影OKのフェスGMOでは席がアリーナ前方だったが、カメラをみんな上げるためステージが見えづらかった。撮るよりも目に焼き付けて叫ぶほうが楽しい。隣の人たちとライブ前に仲よくなっておいたので楽しかった。

（調査協力者I氏：RIIZE、二〇二四年、代々木第一体育館／GMO SONIC、二〇二四年、さいたまスーパーアリーナ）

調査協力者I氏は、二〇二四年に代々木体育館で開催されたファンクラブ限定の第五世代RIIZEのデビューショーケースとフェスに参加した。デビュー間もないにもかかわらず掛け声がそろっている点から、ファンの熱狂度と忠誠度の高さがうかがえる。サウンドチェック入場や写真撮影を許可するなど、大手芸能事務所の日本単独コンサートでも、韓国式のコンサート運営を取り入れるなど新たな取り組みが始められているようだ。日本ライブでの撮影の解禁は、第五世代ボーイズグループZEROBASEONEの二四年のKアリーナ単独公演でもおこなわれた。参加した調査協力者A氏も、「撮影OKな時間があったのが新鮮でよかったが、メンバーを間近で見られる席でないかぎり自分には撮影は必要ないかなとも感じた」と書いている。第五世代からは、日本のライブでも韓国のファン文化を体験できる状況になったようだが、必ずしも歓迎されているわけではないということがわかる。

韓国のライブ

①合同コンサート

まず、韓国特有の合同コンサートについてみていきたい。

かなり有名なアーティストも出るライブでしたが、チケットの価格がかなり安かったです（千円しなかった）。撮影OKです。席が隣になった人や周りの人にお菓子や出演アーティストのグッズなどの小さなプレゼントをあげる方もいます。韓国のライブはほぼ先着順のため、私たちもインターネットでチケットを取りました。留学していた大学の学園祭にはIVE、(G) I-DLE、PSY、10cm、元IZ*ONEのイェナなど、さまざまな有名アーティストが来ました。一般の人も無料で観られる場合が多いです。アイドルが登場した瞬間に後ろの人たちが前に押してきて、少し危険な状況になったときがありました。せっかくの公演なのに、「押さないで！」などの声が飛び交って少し残念でした。

（調査協力者F氏：二〇二二年、パワフル大邱K―POPコンサート／Re;Start、二〇二二年、慶北大学サッカー場特設会場〔学園祭〕）

右記は、調査協力者F氏が韓国に一年間留学していた期間中の体験だ。観客が人を押してまで見ようとしている「アイドル」は、『プロデュース101』で有名になった第四世代ガールズグループである。誰もが知っているため合同コンサートに頻繁に呼ばれ、ステージに出るだけで会場が盛り上がる状況にあるようだ。

調査協力者F氏の推しはSEVENTEENだが、韓国で開催された単独コンサートに関する記述はなかった。F氏同様に韓国に一年間留学していた調査協力者J氏によれば、「SEVENTEENやNCT、BTSの単コン（単独コンサート）は、韓国に住んでいても取りにくい。韓国のPCバン（ネットカフェ）からがいちばん取りやすいと聞いたから留学生みんなで何度か挑戦したけど、ＢＴＳの釜山コンサートの天井席が一枚取れただけ。日本ではファンクラブ優先枠があるから日本の単独コンサートに行くのがいちばんいい」とのことだった。

調査協力者K氏は、留学中に釜山で開催された合同コンサートに、日本のチケット販売サイトで購入したチケットで参加した。K氏によれば、「推しが出ていたのは短時間だったからコスパが悪いと思ったけど、初めて見たガールズグループのかわいさにびっくりした。Hig-Light〔第二世代ボーイズグループ〕は、ファンが三階席に固まって座っているから、ずっとそこに向かってファンサをしていたのが記憶に残った」とのことだ。第二世代のファンは、世代交代後も自分たち世代の慣習を守って応援していることがわかる。K氏は、韓国ではＮＣＴの単独コンサートには行っておらず、日本で開催される単独コンサートのために随時帰国していた。合同コンサートは、韓国で単独コンサートに参加することが難しい人気絶頂期にあるアイドルを見る機会であるとともに、多様なジャンルや幅広い世代の韓国のアーティストやアイドルを一度に見る貴重なチャンスになっているのである。

②ボーイズグループの単独コンサート

ここでは、ボーイズグループの韓国での単独コンサートについてみていきたい。

日本よりも規模が小さい会場で観られる。メンバーも本拠地というだけあってより自然なトークが聞けたり、本国ファンとのやりとりを楽しめる。ファンやマスターのグッズ販売や無料配布文化も活発で楽しい。撮影した動画をあとで見返せる。チケッティングは大変だけど、根性と運次第で良席を勝ち取りにいけるのはいい。（略）「出待ち」が、いちばん近くで推しを見ることができるし、それも無料でというのがいい。たまたまかもしれないが私が行ったときは本国より海外ファンが多く、おもに中国系と日本人がいるという印象だった。

（調査協力者L氏：NCT DREAM、二〇二二年、蚕室オリンピック総合主競技場／NCT DREAM、二〇二三年、高

尺スカイドーム／NCT 127、二〇二三年、ＫＳＰＯドーム／合同コンサートや番組観覧にも多数参加）

自称「ＳＭオタク」の調査協力者Ｌ氏は幼いころからＳＭエンターテインメント所属のアイドルのファンで、現在の推しはＮＣＴである。年季が入ったファンだけに、留学中にファンが参加できるライブに網羅的に参加している。Ｌ氏は、本場ならではのよさとして、韓国特有のチケッティングに打ち勝つ体験ができることや、自然なトークが聞けること、韓国特有のファン文化を体験できることを挙げている。

第二世代ボーイズグループの BIGBANG の時代から韓国や香港、アメリカなど世界各地のライブに通ってきたＭ氏は、二〇二三年にソウルで三日間にわたって開催されたＢＴＳメンバーのソロコンサートに何度も参加した。コロナ禍前からの変化として、東南アジア諸国のファンの増加と名義確認の厳格化を挙げる。ライブのチケットとファンクラブ会員証の名義が一致していないと入場できなくなっていて、名義確認に失敗して会場に入れなかった日本人ファンもいたという。ファンプラットフォーム WEVERSE の導入によって、チケット販売の管理が徹底されたことがわかる。

次に、BLACKPINK の事務所の後輩で日本人が三人いる第四世代ボーイズグループ TREASURE のライブをみてみよう。

日本とは異なり、ファンの近くに来る演出や機会が多く感じました。メンバー本人たちもより近くに行くことに抵抗を感じておらず、会場自体も日本よりも客席とステージの距離が近く感じました。日本よりも公演数が少ないため、一度に全力を出しきっている印象やファンを盛り上げようとしている印象を受けました。日本よりも感動的な雰囲気になる場面が多く、ＭＣ中も母国語であることが関係するのか、より素が見えて、キャラを感じない印象を受けました。特に韓国人メンバーは、日本公演とは違って日本語を話すプレッシャーがなく、素で楽しんでいる印象を受けて、韓国公演でしか見られない姿だなと少し寂しくも感じました。

私が想像していたよりも、マナーの悪い人はいなかったですが、メンバーが近くに来たときに遠慮なくメンバーのほうに詰め寄っていく様子は少し怖いと感じました。韓国人がほとんどおらず、外国語しか聞こえない環境で、本当に外国人が多いんだなと驚きました。

（調査協力者N氏：TREASURE、二〇二三年、ＫＳＰＯドーム）

調査協力者N氏が言う「韓国人がほとんどいない」状況になっているのは、TREASURE の単独コンサートにもグローバル枠があって海外からチケットを取りやすいため、そして日本人メンバーがいるためだろう。TREASURE の韓国単独コンサートに二〇二二年に参加したO氏は、「人生初の出待ちに行きましたが、本当に行かないほうがいいと思いました。韓国では撮影オッケーだけど撮りすぎてもダメ、ちゃんと目で見て記憶として残したほうがいい」と距離の近さや撮影に否定的だ。他者との距離感をわきまえないファンが多い場合には、楽しくない現場になるようである。

調査協力者P氏は、二〇二四年五月に NCT DREAM のソウルでの単独コンサートに行ったが、その前に宿泊先のホテルの近所で開催されていた第五世代ボーイズグループ RIIZE のファンミーティング会場をのぞいたという。珍しく韓国人が多い印象だったとそのときのことを語っている。現在のところ、韓国のコンサートには韓国以外の国や地域のファンがあふれているが、第四世代ガールズグループが韓国国内でも知名度を獲得したので、第五世代ボーイズグループからは韓国国内でのファンが獲得できるかもしれない。

アメリカのライブ

最後に、第三世代ボーイズグループＢＴＳのアメリカでの単独コンサートについてみていきたい。

カップルで来てる人がすごく多かったです！　アイドルとしてのＢＴＳ、キャーキャーかっこいいリアコです♡　というよりも、純粋にBTSの歌や、ダンスが好きな人が多い気がしました。彼氏とテレビ電話しながら観てる女の子もいて、不思議でした。アメリカのコンサートは、当日でも席が余ってたら安く買えたりするので、興味本位のお客さんも多い気がしました。掛け声とかもみなさんあまり知らないみたいで……。お酒を飲みながら観覧できたりするのでそんな空気感を楽しみたい人が多いのかもしれないです。

（調査協力者Q氏：BTS、二〇二二年、ラスベガス・アレジアント・スタジアム）

調査協力者Q氏が参加した前述のコンサートは四日間で二十万人を動員した大規模な公演で、熱狂的なファン以外も参加する状況になっていたようである。ただし、二〇一九年に開催されたBTSのロサンゼルス公演に友達と参加した調査協力者M氏によると、当時はまだ先着順で入れたので徹夜で並ぶファンが多く、並んでいる間に多様な人種の現地のファンとも仲よくなったという。R氏が席の周りで撮影していた少女たちから送ってもらった動画には、客席に向かって満面の笑みで何度も跳びはねながら投げキスをしているおおらかなアイドルの姿があった。普段暮らしている場所から遠く離れた国や地域のライブに参加することで、いつもと違うアイドルのパフォーマンスを体験したり、異国のファンと出会ったりして、そこから強烈な感動や衝撃を受ける。このことこそ、国境を超えて参加するライブの最大の魅力なのかもしれない。

4 K—POPライブの行く末

本章ではK—POPライブの現状について考えてきた。そのために着目したのが、アイドルの「世代」とライブの開催国である日本の女性ファンの参加体験に関する調査結果だった。「新世代」と呼ばれて注目されている第四世代ガールズグループの日本のライブには、これまでK—POPの顧客層と考えられていなかった層が参加していることが確認できた。日本の女性たちが通うのは、日本人メンバーがいるグループのライブや日本で有名になったアイドルがメンバーになっているグループのライブであることが多い。今回の調査協力者たちは、日本で開催されるガールズグループの単独コンサートには参加していたが、韓国やアメリカで開催される単独コンサートに参加していた者はいなかった。彼女たちが国境を超えて参加していたのは、おもにボーイズグループの高額な単独コンサートだった。

しかし、日本でも人気があるボーイズグループが韓国で開催する単独コンサートには、アジア各地からファンが詰めかけるためチケットを取ることが非常に困難である。その一方で、アメリカの大規模会場まで行けば入場可能な状況があるようだ。こうした状況を受けて韓国では、米韓企業合同でのK―POPコンサート会場施設を中心にした都市開発や大規模公演施設の建設が進んでいる。(15) 一方で、K―POPの芸能事務所が制作したファンポータルサイトを日本のアイドルグループやアーティストが利用しはじめている。このことで、日本のアイドルやアーティストのライブへの参加者が増えることも期待されている。ジャンルや国境を超えて激動するライブエンターテインメント産業の動向には今後も注目する必要がある。

注

(1)「K―POPガールズグループの「チケットパワー」…東京ドームデビュー時期が早まった」「中央日報日本語版」二〇二四年五月二十日(https://japanese.joins.com/JArticle/318814?servcode=700&sectcode=750)[二〇二四年七月十一日アクセス]

(2)音楽ナタリー編集部「NewJeans、5人で迎えた初東京ドーム公演で9万1200人のBunniesと対面」「音楽ナタリー」二〇二四年六月二十七日(https://natalie.mu/music/news/579699)[二〇二四年七月十一日アクセス]

(3)「いきなり東京ドーム2Dの衝撃 サマソニで物議を醸した〝NewJeansおじさん〟に待ち受ける悲劇」「デイリー

新潮」二〇二四年四月十九日（https://www.dailyshincho.jp/article/2024/04191051/?all=1）［二〇二四年十二月五日アクセス］

（4）Tomoko Takahashi「［独占取材］コーチェラ２０２４でLE SSERAFIM（ルセラフィム）にインタビュー！ ライターが現地で見たステージの評判や感想も」「ELLE girl」二〇二四年四月二十四日（https://www.ellegirl.jp/life-culture/social/g60557631/lesserafim-coachella-2024/）［二〇二四年七月十一日アクセス］

（5）김영대「4세대? 5세대? 아이돌 세대론은 어떻게 만들어지는가?」「격월간 한류동향 심층분석보고서〈한류NOW〉」（https://kofice.or.kr/hallyunow/vol56/sub/s41.html）［二〇二四年七月十一日アクセス］（キム・ヨンデ「Kポップ 第4世代？ 第5世代？ アイドル世代論はいかに作られるか」「隔月間韓流動向深層分析報告書〈韓流NOW〉」）

（6）정민우／이나영「스타를 관리하는 팬덤, 팬덤을 관리하는 산업――'2세대' 아이돌 팬덤의 문화실천의 특징 및 함의」「미디어, 젠더 & 문화」12、한국여성커뮤니케이션학회、二〇〇九年、一九一―二四〇ページ（ジョン・ミンウ／イ・ナヨン「スターを管理するファンダム、ファンダムを管理する産業――〈第二世代〉のアイドルの文化実践の特徴と含意」「メディア、ジェンダー&文化」第十二号、韓国女性コミュニケーション学会、二〇〇九年）

（7）シン・ヒョンジュン「韓流ポップの現状」水谷清佳訳、井上貴子編著『アジアのポピュラー音楽――グローバルとローカルの相克』（双書 音楽文化の現在）所収、勁草書房、二〇一〇年、五五―五七ページ

（8）「2세대 아이돌 정상회담 집대성 ep.09」二〇二四年六月七日公開（https://www.youtube.com/watch?v=wfPsPsSVQoU&t=4s）［二〇二四年七月十一日アクセス］（「第二世代アイドルサミット 集大成第九話」）

（9）「World Famous ～目指せ、世界の音楽賞～ 第1回 アジア（韓国）編」二〇二二年三月三十一日（https://kendrixmedia.jp/article/262/）［二〇二四年七月十一日アクセス］

（10）「［ライブレポート］「僕たち BIGBANG は、みなさんと一緒なら何も怖くないです。」BIGBANG が初の東京ドーム公演。D-LITE の日本ソロデビューも発表」「BARKS」二〇一一年十二月六日（https://www.barks.jp/news/?id=1000085233）［二〇二四年七月十一日アクセス］

（11）チョ・チョンヒ「ハイブウィーバースアプリダウンロード１億１３００万件、利用者90％が外国人」

「BUSINESSPOST」二〇二三年十二月二十一日（https://m.businesspost.co.kr/BP?command=mobile_view&idxno=336890）［二〇二四年七月十一日アクセス］

（12）베르비기에 마티유／조영한「케이팝（K-POP）의 한국 팬덤에 대한 연구——해외 팬들에 대한 인식을 중심으로」「한국언론정보학보」81호、한국언론정보학회、二〇一七年、二七二—二九八ページ（ベルヴィジエ・マティユ／チョ・ヨンハン「K—POPの韓国ファンダムに関する研究——海外ファンの認識を中心に」「韓国マスコミ情報学報」第八十一号、韓国メディア情報学会、二〇一七年）

（13）「スノーボールサンプリング」とは、調査協力者らに別の調査協力者を紹介してもらうことで、条件に合った協力者を見つけていく手法である。

（14）「NCT ユウタのビハインド映像に批判の声！「他のメンバーと内容が違いすぎる」差別的にも思える事務所の待遇に不信感を覚えるファン続出」「KPOP Monster」二〇二三年七月二十七日（https://www.kpopmonster.jp/?p=150624）［二〇二四年七月十一日アクセス］

（15）배정원「〝K팝 디즈니랜드 만든다〟세계 1위 엔터사、고양시 〝픽〟 했다 왜」（https://www.joongang.co.kr/article/25093870#home）［二〇二四年七月十一日アクセス］（ペ・ジョンウォン「〝K—POPディズニーランドを作る〟世界一位のエンターテイメント会社、高陽市を〝ピック〟した理由は？」「中央日報」）

第7章　3DCGライブの行方
——初音ミクから考える音楽公演

南田勝也／木島由晶／永井純一／平石貴士

1　そこにいるはずがない人物に熱狂する観衆について

架空の人物——または現役を終えたなどでそこにいないはずの人物——が、目の前のステージに現前している。歌を歌うだけでなくダンスまで披露している。多くの人が思い浮かべた夢なのだろう。二十一世紀、それは先進のテクノロジーによって現実化している。

歴史を少し振り返ってみる。物体が飛び出して動いて見えればいいという素朴なレベルなら、二十世紀中盤には、光の屈折を利用した写真であるホログラムの技術が実用の水準に達していた。平面であるはずの紙が視線をずらして角度を変えると立体に浮き出て見える。ちょっとした驚きを人々に与えるには十分だった。また、見る側の動作に関係なく、限りなく立体に近い表現を実現したものとしては、モニター越しという制限はあるが、ポリゴンを使う形状モデリングで構築したビデオゲームがある。一九八〇年代のアーケードゲーム機の時代から試行が繰り返され、現在では、戦争シミュレーションからアイドルステージまで洗練されてなめらかに動く映像表現が実現している。そして、自分自身がモニターの向こうの世界に飛び込んで立体空間を擬似的に体験できるVR（バーチャルリアリティ）の開発も進行していく。家庭用VRゴーグルの普及価格帯での発売は近年のことだが、左右それぞれの目で異なる映像を視認する立体視眼鏡を用いた立体映画は、二十世紀前半から興行が始まっている。

　これらはすべて、立体映像を見たい側がなんらかのアクションを起こす（視線をずらしたりモニターを見たり眼鏡をかけたりする）必要がある。ところが、それがモニターなどを介さないリアルな空間での実現となればどうだろう。それほど長い歴史はないはずだ。

図1　ライブ中の初音ミク
（出典：「初音ミク「マジカルミライ2013」Blu-ray ／ DVD 紹介映像」〔https://www.youtube.com/watch?v=6zWeJ0hmRSk〕［2025年2月3日アクセス］）

　日本中の音楽ファンを驚かせたのは、ボーカロイドの初音ミクのライブイベント「マジカルミライ」である。初公演は二〇一三年八月に横浜アリーナでおこなわれ、ライブの模様のダイジェストが動画サイトに配信された。動画を観ると、架空のキャラクター初音ミクが三次元の存在としてステージ上で歌唱し、それに熱狂的な声援を送る観衆が映し出されている（図1）。この「近未来感」に多くの人が度肝を抜かれたのである。以降、同イベントは毎年（おもに幕張メッセとインテックス大阪で）開催される恒例行事として定着している。

ボーカロイド（ボカロ）は音楽の作曲を目的にした音声合成アプリで、パソコン上の操作で歌詞付きのボーカルを採譜することができ、これによって伴奏付き歌曲の録音までを完結できる。クリプトン・フューチャー・メディアが二〇〇七年に発売した初音ミクは挿絵のキャラクター性と相まってまたたく間に評判を呼び、初音ミクは「歌姫」になり、ＤＴＭ（デスクトップミュージック）作曲者は「ボカロＰ」になり、「ニコニコ動画」は「配信メディア」になった。その先駆性や独自性のために「ボカロ」は一個の音楽ジャンルと認識されるようになり、(1)音楽ジャーナリストやポピュラー音楽研究者の議論の俎上に載せられるに至る。

社会学者のニック・プライアーは、初音ミクの超現実性について、「ミクは存在しないものの完全なコピーなのだ」と述べる。現実にはありえない目や髪や腰の造形、人間の声域を超えて完璧なピッチで奏でられる歌声。それは純粋な人工物でありシミュレーションでありデータであり、生きている身体と関わる必要がなく、したがって欠落もない。しかしそれならば、架空の、架空であるがために完全無比な存在に、人々はなぜ熱狂できるのか。プライアーは、ボーカロイドの音声素材が「録音された人間の声」によって構成され、歌唱を特徴づけるビブラート、アタック、ダイナミクス、クレッシェンドなどは「人間の特徴を再現」し、リアルな声の抑揚を生み出すよう設計されていることを指摘している。つまり、超現実の状況下であろうとも「人間の身体から変換された感情的な要素は、意味の連鎖のなかに残存している」のである。(2)

私たちは、依然として人間性の痕跡にすがっているのだ。そしてそのことを裏付けるように、スターに「会いにいける」３ＤＣＧライブは増加の傾向をみせている。ただし、３ＤＣＧライブと一口にいってもそこには多様なものが含まれる。日本では初音ミクのほかに『ヒプノシスマイク――Division Rap Battle』（EVIL LINE RECORDS）などゲーム（アニメ）の登場人物がステージに立つ興行が目立ち、欧米ではホイットニー・ヒューストンやＡＢＢＡなど故人または現役を引退したミュージシャンの再現バーチャルライブが試みられる例が多い。また、それを（音楽の実演を主目的にした）ライブとみなすのか、（テーマパークの）アトラクション的なものとみなすのか、社会環境の変化につれて考え方が揺れている。順を追って考察していこう。

2 初音ミクのライブの何が新しかったのか

「マジカルミライ」の企画展――創作を楽しむ視覚優位のイベント空間

「マジカルミライ」で採用されている3DCG技術は、観客側からは見えないスクリーンをフロアとステージの間に設置して、そこに人物像を映し出している。つまりモニターを介してはいる。また厳密にいえばホログラムとも違い、ペッパーズゴースト（空中に映像が浮かんでいるように見せる技術）の方法を使っている。したがって真に三次元の空間に立体が現出しているわけではない。ただし、観客にとっては舞台の裏側などどうでもいいことだ。VRゴーグルをかける必要もなく、身一つで会場に行き、開演のベルが鳴れば実際に「会える」存在なのだから。

とはいえ実際には、「マジカルミライ」の会場に集うボカロファンたちは、身一つで出かけるわけではない。一目でそれとわかるコスプレをする者もいれば、初音ミク（などのキャラ）が全面にプリントされた法被《はっぴ》をまとう者、缶バッジをびっしりとつけたカバンを持つ者、推しのドールを透明のバッグに入れて連れてきている者など、一人ひとりの参加者は個性を競うようにさまざまなグッズで身を飾っている。普段着とかけ離れた装いをもたらすそれらのグッズは、ではどこで購入しているかというと、「マジカルミライ」の「現場」で買うのである。

実は、「マジカルミライ」というプロジェクトは、音楽ライブの公演だけをおこなっているのではない。ポータルサイトには「初音ミクたちバーチャルシンガーの3DCGライブと、創作の楽しさを体感できる企画展を併催したイベントです」(3)と書いてある。つまり企画展は、「マジカルミライ」の二つの目的の一つである。

ライブを論じる本書の趣旨からみて少し遠回りになるが、まずこの企画展についてレポートしよう。私たち執筆者一同が参与観察した二〇二三年夏のインテックス大阪では、ライブステージとして用意された屋内施設のほかに二つの屋内施設が使われていて、「公式」のための会場と「同人」のための会場があった。

公式企画展の会場には、過去の「マジカルミライ」で使用したパネルなどが数点展示されているものの、基本的には公式グッズないしは初音ミクに関連する企業の商品を販売するブースが並んでいる。法被などの人気商品は売り切れ必至なので、少なくない販売ブースに行列ができていて、来場者は自分の番が回ってくるのを静かに待っている。特に新作フィギュアのブースには撮影目的の人たちが長蛇の列を作っている（図2）。これは写真を撮りたい人とＳＮＳでの宣伝効果を上げたい企業側の思惑がマッチした例である。さらに、コスプレ更衣室もこの会場内にあった。第8章「推し活への唯物論的アプローチ――場所・モノから考える推し活のいま」（阿部真大）でも解説しているが、現在の音楽消費や推し活の場でグッズカルチャーは巨大な規模で、「質感」を求めて金銭と時間を惜しまないファンの多さをうかがい知ることができる。

図2　フィギュア撮影の行列（「マジカルミライ2023」インテックス大阪、筆者撮影）

一方で同人企画展の会場は、先に述べた「マジカルミライ」のイベント趣旨「創作の楽しさを体感できる」をより実感できる集いの場になっている。クリエーターズマーケットでは参加サークルがブロックごとのテーブルに創意工夫を凝らしたグッズを並べて出品し、その雰囲気はコミケ（コミックマーケット）会場のようだ。一つコミケと違う点があるのは、ボカロ曲の作曲者の新譜ＣＤ販売とサイン会がおこなわれていることで、著名なボカロＰの場合はサイン待ちのためにこれも長蛇の列ができていた。

このように音楽（聴覚）にまつわる出し物もあるのだが、全体的には、音楽フェスがそうであるような、音が常にどこかから聞こえてくるという環境ではない。コスプレ用品、フィギュア、イラスト、Ｔシャツ、アクリルスタンド、ポスター、タペストリー、バッグなど売られているグッズの主流品をみても、自由にイラストを書き込める巨大なアートボード（図3）をみても、ここは圧倒的に視覚優位の空間なのである。

図3　アートボード（「マジカルミライ2023」インテックス大阪、筆者撮影）

3DCGライブ――一期一会を感じさせる生バンドの演奏と視覚的な演出

さて、ここまで企画展の様子を描写したのは、初音ミクのイベントを取り巻く文化を伝えるためだった。視覚的に彩られた企画展の空間は、併催する3DCGライブの空間と連続性を有している。一言でいうと、初音ミクのライブは目で楽しむライブなのだ。

企画展から移動して、3DCGライブ会場に向かう。定刻前に入場をすませたファンたちは、自分の席を確認して座席の上に荷物を置き、ペンライトを手に握って開演を待つ。このペンライト――これも公式グッズで早々に売り切れる――はキャラクターのテーマカラーに合わせて色を切り替えるスイッチが付いた高機能なものである。その使い方がボカロのライブの特徴の一つ[4]であり、色とりどりの光が放つ高揚感を観客自身にもたらすアイテムでもある。

・ライブが開始すると多くの人が立ち上がり、四カウントでペンライトをゆっくり上げる動きを繰り返すことでライブ開始の期待感が煽られる。場が暗転し、初音ミクのイメージカラーであるエメラルドグリーンのペンライトカラーが映える。SS席の人々は五本指の間に四本のライトを挟む持ち方で登場を待っていた。一曲目のイントロが聞こえると歓声が漏れ出る。ここから一回目のMCが入るまではずっとペンライトが揺れ続けた。

・二人以上のキャラクターがパフォーマンスする際、二本以上のペンライトを掲げているファンはそれぞれの色を変えて掛け合いのフレーズで交互に振るなど、「一人二役」を演じていた。
・初めての参加者はペンライトの動きや「ノリ」を見て真似し、経験者は近くの人々が自分たちの振り付けに追いつけるように大きく振るなど、声が出せないなりの工夫が見られた。(5)

この引用は、武蔵大学社会学部卒の岩間日菜多のフィールドノートから抜粋したものである。「声が出せない」とあるのは、この記述が新型コロナウイルス感染症拡大時（コロナ禍）の二〇二二年夏の幕張メッセライブのレポートだからだが、私たち執筆者が参与観察した二三年夏のインテックス大阪ライブでも同様の光景を見ることができた。引用文からは、SS席の「ガチ勢」ぶりがよくわかるが、一方で、初めての参加者（S席後方やA席に多い）にペンライトの作法を伝導する振る舞いもあり、会場全体で団結して盛り上げようという意識が伝わる。

そのおかげでフロアは色彩豊かな光の空間になる。もちろん、早いBPM（一分間の拍数）の曲ではペンライトを高速で上下に振り、バラードのときにはゆったりと動かすなど、音楽が軽視されているわけではない――というよりも光と音は連動している――が、視覚に訴えかける側面の強さが「マジカルミライ」の際立った特徴であることは総じていえる。

ではステージはどうか。まず、舞台上の初音ミクたちの歌唱の振り付けや曲間のダンスはなめらかであり、しかもリアルな人間の動きをシミュレートしているので、ほとんど違和感をもたせない。その分、単色に染め上げられた髪や、大きな瞳、細すぎる腰などのアニメキャラ的な造形は目立つが、第3章「ライブパフォーマンスの半世紀――聴く／視るの二軸をもとに」（南田勝也）で述べているようにステージ上でのアーティストの化身はポピュラー音楽の世界では常道なので、ライブが進行するとともに3DCGの映像とは思えない自然な人体のように見えてくる。

図4　初音ミクに向けて振られるペンライトの波
（出典：前掲「初音ミク「マジカルミライ2013」Blu-ray ／ DVD 紹介映像」）

また、「マジカルミライ」では歌唱はボーカロイドがおこなうがバックの演奏は生バンドが担当していて、楽器プレーヤーたちの見せ場も用意されている。ボカロ曲の場合、もとの楽曲はDTMで楽器を使わずに（各楽器の音データを用いて）制作されたものが多いのだが、ライブではそれが生楽器の生演奏で披露され、この実現には相当に熟達したプレーヤースキルが必要である。また、演奏とボーカロイド音声を合わせるコントロールシステムにも最先端の技術が使われている。そのかいもあって、ライブにつきものの「緊張感」と「シンクロ感」が高まっていく。さらに、曲にもよるが掛け声を促すフレーズがちりばめられている場合はフロアからの熱心なコールが発生するので、無心になってボーカリストに声援を送る通常のコンサートと同様の「ライブ感」が会場全体を包んでいく。こうして時間とともに違和感が消え失せていくこと自体が一つのマジックであり、イリュージョンだろう。

ところが、ここまでリアルさを追求している舞台で、対象の非存在を痛烈に感じさせる視覚的演出――いわば我に返る瞬間――が、「マジカルミライ」には仕込まれている。ステージ上のボーカロイドたちは、一曲が終わると瞬時にフェイドアウトして消えるのだ。リアルにこだわるのであれば、舞台袖に退場するアニメーションを作成し、実在の人間のように見せればいい。だがそれをしない。文字どおり「消滅」する。そして舞台に再登場する際も、瞬時に（衣装替えをして）「現出」する。人間の所作ではありえない演出であり、桜や蛍、花火などに通底する「はかなさ」さえ感じさせる。この演出は、しかし、ファンたちの熱狂を冷めさせるのかといえば、むしろ逆で、ますます熱を込めて応援する動機になる。

つまり、初音ミクが発するメッセージとは、「私はあなたたちが応援してくれるからここに存在している」、これに尽きるのである。その存在を確かな実感にするために、古参も新参も声をかけ合って団結力を示し、多色の光を放つペンライトを振って自分自身をアピールする（図4）。精いっぱいの応援が、このステージに初音ミクが「確かにいる」ことの証明になるのだ。

岩間は前述のフィールドノートで、会場で出会った人たちにインタビューをおこなっている。ボーカロイドへの印象を尋ねた質問への回答として、「自分を救ってくれた人」「姫……ですかね（笑）、自分にとっての。いつでも変わらない」「歌い手きっかけで、こんなに多くの歌があるんだって。世界一楽曲数が多い歌手だから（笑）……うらやましいなって」などが挙がった。インタビューの回答者たちは、ボーカロイドを人とみなし、そして永遠の存在とみなしている。

初音ミクとゴリラズは何が違うのか

以上、初音ミクのライブイベントの特徴を解説してきた。ここからはより視野を広げて、初音ミクとそれ以外の3DCGライブの違いについて考えていこう。そのための比較対象になるのがゴリラズ（Gorillaz）である。

ゴリラズとは、「世界で最も有名なバーチャルバンド」としてギネスブックに登録されているバンドで、「電子の歌姫」の二つ名をもつ初音ミクと共通点が多い。だが、デビューだけでいうなら、ゴリラズの結成は一九九八年であり、二〇〇七年に発売された初音ミク（のボーカロイド製品）よりも十年ほど早い。当時はVRが社会的に注目されはじめたころで、その技術は実用的な医療の現場にとどまらず、娯楽にも活用されるようになっていた。この動きを先導したのがビデオゲームで、世界初の3D対戦型格闘ゲーム『バーチャファイター』（セガ、一九九三年）が示唆するように、以後のゲームはますます臨場感を高め、リアルな動きを志向するようになっていく。すなわち、そうした時代の転換期に、音楽の分野でいち早くバーチャル技術に注目して結成されたバンドがゴリラズだった。

とはいえ、ゴリラズの見た目（デザイン）はリアル志向ではない。完全にアニメ調である。ゴリラズは音楽とヴィジュアルで担当が分かれていて、楽曲制作の部分をブラーのデーモン・アルバーンが担当し、バンドメンバーのデザインを漫画家のジェイミー・ヒューレットが担当している。ゴリラズのメンバーはボーカルでフロントマンの「2D」を含む四人で、各メンバーに「偏頭痛持ち」などの詳細なプロフィルがある。初音ミクの場合も、音楽を担当する「ボカロP」とイラストを描く「絵師」がいて、「誕生日は八月三十一日」などの細かい設定がある。ゴリラズと初音ミクが比較されやすいのはこうした共通点があるからだろう。

しかしその一方で、両者に違いがみられるのは、キャラクターにどこまでライブをさせ（られ）るのかという点である。ゴリラズの場合は架空のキャラクターがバンドを組んでいる設定のため、当初は大規模なライブをおこなうことは想定されていなかった。そのため二〇〇〇年代の初頭までは、ステージ前方のスクリーンにアニメの映像を投映し、デーモンを含むバンドメンバーはステージの奥に隠れて一切の顔出しをしないまま演奏するスタイルが貫かれていた。だがゴリラズの活動が継続するにつれて、次第にライブのスタイルに変化がみられるようになる。

一つの転機とみなせるのが、二〇〇六年におこなわれた第四十八回グラミー賞の授賞式である。このときゴリラズはオープニングアクトを担当した。別の表現をすると、初音ミクのライブと同じように、ペッパーズゴーストを用いた擬似ホログラムで、ゴリラズのメンバーがパフォーマンスしている姿が投映された。このとき会場をひときわ沸かせたのが、架空のキャラクターと実在する人間が入り交じるシーンである。つまり、客演のデ・ラ・ソウルがラップを披露する間にボーカルの2Dが携帯電話を退屈そうにいじっていたり、次のオープニングアクトであるマドンナが登場したときにベースのマードックが彼女と身体を交差させたりして、虚実が入り交じる光景を観衆は面白がったのだった。

そして以降のゴリラズのライブはリアルとバーチャルを融合させたステージが主流になる。特に二〇一〇年代からはコーチェラをはじめとした世界各地のフェスに積極的に出演するようになり、そこではアニメのキャラクターが演奏するという建前は後景に退き、デーモンをはじめとするバンドマンたちのパフォーマンスが前景化するようになる（図5）。

初音ミクのライブとの最大の違いはこの点にある。つまり初音ミクの場合はフィクションをフィクションのままで楽しむことが重んじられるため、バックバンドは脇役に徹して目立たないことが求められる。けれども、ゴリラズの場合はボーカル2Dの声を演じるデーモン自身がカリスマ的なミュージシャンなので、必ずしもアニメのキャラクターに頼らなくてもいい。その結果、ライブでのゴリラズのキャラクターたちは、現在では最新のテクノロジーでバンドの魅力を演出するための素材に近い位置づけになっている。これに対して、初音ミクをはじめとするピアプロキャラクターズは、あくまでも「電子の歌姫」とその仲間たちという虚像を保ったまま現在に至っている。

図5　ゴリラズのバークレイズ・センター公演（2018年10月13日）（出典：“Wikimedia Commons”〔https://commons.wikimedia.org/wikiFile:Gorillaz_@_Barclays_Center,_Brooklyn,_10-13-2018.jpg〕［2025年1月23日アクセス］）

しかし、どうして初音ミクのライブでは虚像が守られ続けるのか。おそらく背景にあるのは、ライブ文化とオタク文化の相違だろう。ゴリラズの場合は、伝統的なライブ文化の価値観からみて異端的なスタンスで登場した。すなわち、顔出しが前提とされるパフォーマンスの場で、あえて自身の姿をさらさず、存在感を薄めることで、逆説的にその存在感をアピールした。この場合「架空のキャラクターがバンド活動をしている」というフィクションは、ファンにとってもアーティストにとっても、活動歴が長くなるにつれて新鮮味を失っていく。

けれども、初音ミクの場合はこれとベクトルが正反対である。イラストで描かれた彼女のようなキャラクターは実在しないことが前提であり、オタク系文化のなかでは、そうしたキャラクターをむしろどうやってライブの場で実在しているように見せかけるかが問われてきた。通常それは、『アイドルマスター』や『ヒプノシスマイク』のように、声優のパフォーマンスをキャラクターに重ね合わせることで成立しているわけだが、結局のところそれは声優のライブに参加しているのと大差がない。この点で初音ミクのライブは、キャラクターがキャラクターのままで活躍できる――音声のサンプリング元に声優の藤田咲がいるとしても、藤田咲が発声しているわけではなく、初音ミクが歌っていると感じられる――稀有な空間なのである。したがってファンは「架空のキャラクターがバンド活動をしている」というフィクションをできるだけ長く継続させたいと願うだろう。さらにその虚構を自分以外のファンと一緒に応援することで生じる一種の共犯者的な感覚、つまり秘め事を共有しているような仲間感覚（we-feeling）もある。だからとりわけ、自分が孤独で世界から疎外されていると感じるほどに、初音ミクが構築する世界観は独特の魅力を感じさせるはずである。

そうだとすると、私たちはライブに対する考え方を改める必要があるかもしれない。つまり私たちはこれまで、実在するアーティストが演奏するからこそライブは楽しいという常識のもとで生きてきた。けれども初音ミクのライブが示唆しているのは、むしろ、実在しないキャラクターが演じるからこそライブは楽しいと感じられる可能性である。

3　3DCGライブは現実を代替するか

そこにいない人物を出演させる技術

ここで視野をさらに広げて考えてみよう。初音ミクやゴリラズのような（そもそも実在しないことが明らかな）

アニメ風のキャラクターではなく、実在する（あるいはかつて実在していた）人物を3DCGでライブやイベントに出演させる技術についてである。

たとえばPerfumeは、二〇一二年に東京・渋谷ヒカリエで開催されたライブイベントで自分たちのホログラムと共演している。開演直後にステージでパフォーマンスをしていたのは実はホログラムであり、二曲目の途中で本人が登場し、「六人」が息の合ったダンスを披露すると会場は割れんばかりの歓声に包まれた。

もとから映像を使った演出に定評があったPerfumeのライブは、このころから最新技術をさらに積極的に取り入れ、映像の自分たちとの共演は定番化した。制作を手がける真鍋大度らライゾマティクスとともにいっそう注目を集め、二〇一八年には映像による演出に特化したライブ「Perfume × TECHNOLOGY presents Reframe」、二四年にはTOKYO NODEで過去のステージを再現した展覧会「Perfume Disco-Graphy――25年の軌跡と奇跡」が開催されるなど、一連のライブやパフォーマンスはインタラクティブアートやテクノロジーの文脈でも評価が高い。これらは最新技術のデモンストレーションであり、それらを用いたエンターテインメントの方向性や彼女らがしばしばモチーフとして用いる「未来」を示すものだといえるだろう。

もちろんこうした技術は実在した人物、故人にも向けられる。

二〇一二年のコーチェラではドクター・ドレーとスヌープ・ドッグのステージにホログラムの2パックが出演して大きな話題になった。日本では、これより早い〇八年にX JAPANの再結成ライブのクライマックスにhideがホログラムで登場している。なおhideは、一五年には「世界初のホログラフィック劇場」としてオープンしたDMM VRシアター（二〇二〇年閉館）でのホログラフィック・ライブ「hide crystal project presents RADIOSITY」に登場し、一八年のコーチェラでのX JAPANのライブにはTAIJIとともに現れるなど、幾度となくホログラムとしてよみがえっている。

これらのライブに対して批判的な声がなかったとはいわないが、局所的な盛り上がりとともに、ファンにはおおむね好意的に受け入れられた。こうした技術のありようが日本国内でより大きく注目され、大きな論争に発展したのは、二〇一九年に公開されたＡＩ美空ひばりによってである。

　このプロジェクトは二〇一八年秋にスタートし、一九年九月に『ＮＨＫスペシャル　ＡＩでよみがえる美空ひばり』が放送された（図６）。その年末の紅白歌合戦にはＡＩ美空ひばりが出場し、新曲「あれから」を歌唱した。

　これが従来のテクノロジーやアートといった文脈を超えた論争に発展したのは、美空ひばりという歌手の知名度や経歴、ファンの年齢の高さなどの諸条件もさることながら、ＣＧの故人が新曲を歌うというプロジェクトの性質によるところが大きいだろう。ＡＩ美空ひばりは過去の映像をつなぎ合わせたものではなく、まったく新しい歌をまったく新しい仕草を伴って歌わせるものだった。

図6　『NHK スペシャル AI でよみがえる美空ひばり』の紹介ページ
（出典：『NHK スペシャル AI でよみがえる美空ひばり』〔https://www.nhk.jp/p/special/ts/2NY2QQLPM3/episode/te/3LVZZYMNP8/〕［2025年1月13日アクセス］）

間奏部分にファンをねぎらうセリフが挿入されていたことも含め、このプロジェクトには賛否両論が巻き起こった。もっとも、映像を含めて現在のライブに関する技術は、（ほかの技術がそうであるのと同様に）過渡期的なものである。たとえば、ＡＩ美空ひばりに関する批判には「似ていない」というものがあった。この批判には二つの論点がある。一つは慣れ親しんだ対象に関する違和感の表明である。もう一つはいわゆる「不気味の谷」の問題――中途半端に人間に似せたキャラクターを見ると私たちは気持ち悪いと感じてしまう現象――である。いずれの場合でも、さらに技術が進歩すればこうした批判は少なくなるかもしれない。

　議論は生命倫理や著作権にまで広がり、山下達郎はこれを「冒瀆」だと批判した。[6]本章ではこの問題に深入りする余地はないが、この（賛否両論が起こった）ＡＩ美空ひばりと（全面的に肯定されている）初音ミクには根本的に同じ技術が用いられていることは指摘しておかなければならない。[7]

社会学者の遠藤薫は初音ミクの原型をしゃべる自動人形にみる。[8] このことは「いるはずのない人物」のライブを考えるうえできわめて示唆に富んでいる。「死者をよみがえらせる」あるいは「永遠に命を残す」ことは音声にかかわらず科学技術の根本に関わる論点の一つである。つまり、死者の声を集めて新たな命を吹き込もうとすることは、人間の普遍的な欲望だといえるだろう。

このとき、死者の声にリアリティを与えるためにはなんらかの形象が必要である。機械人形、3DCG、ホログラム、AIモデルと、名称はさまざまだが、単なる声の再現ならば誰もリアリティを感じないところを、心に思い描く観念を具象化した姿があってはじめて生命感が与えられる。ましてその姿が音楽の歌い手だったり演奏者だったりする場合には、私たちは声を聴くだけでは満足できず、生者の姿までをも再現しようとしてしまうのかもしれない。

それはライブなのか、アトラクションなのか

以上の検討をふまえて、最後にあらためて3DCGライブの可能性と限界について考えてみよう。まず、死者をライブに「出演」させること自体は生命倫理としては問題があるのかもしれないが、音響メディアの観点からみればさして特異な現象ではないという点に注意を払っておきたい。

そもそもジョナサン・スターンが「音響再生産（sound reproduction）」を主題にするように、[9] 多くの場合、音響メディアは（録音された）過去を現在に再構築するものである。ライブアルバムのような過去の名演を録音した作品の聴取はもちろん、アンプやスピーカーを用いたライブでも同様である。つまり、ライブで演奏されるのは多くの場合、過去の演奏の「再現」であり、そこにはないものを構築するのである。

そう考えるとライブの中心にいるのは、必ずしも生身の人間である必要はない。むしろ、架空のキャラクターや故人が登場することで、これまでになかった秩序や世界観が構築される可能性がある。つまり、テクノロジー

がライブのありようを拡張する可能性が示唆されているのである。

もともとが音声合成ソフトである初音ミクの場合は特にそうだ。たとえばアドリアナ・サボが指摘するように、ステージ上に投映される初音ミクの姿は、小さな腰、非常に長い手足、そして巨大な目といった具合に「徹底して人工的で、解剖学的に「ありえない」。（略）言い換えれば、彼女が「リアルな」女性ではなく、空想の世界から来たキャラクターであることは明白である[10]」。

また、ライブの定番曲の一つである「初音ミクの消失」（作詞・作曲：cosMo@暴走P）が象徴するように、初音ミクの歌唱はBPM二四〇のハイスピードで発声されることによって、人間には決して歌うことができない表現の面白さが否応なしに聴衆に伝わる。つまりこの場合の初音ミクは、人間のボーカルというよりは、楽器の一種として機能している。

このように考えられるため、ボーカロイドに注目する記事や研究の多くは、「音楽の未来[11]」であれ、「ポストヒューマンの楽器[12]」であれ、「クラウドソースの有名人[13]」であれ、そこに娯楽としての肯定的な可能性をみる傾向がある。ボーカロイドが肯定的に捉えられやすいのは、あらかじめ虚構の存在であることが誰の目にも自明だからだろう。

しかし生身の人間を扱う場合は一筋縄ではいかない。いまはまだ過渡期なので、ＡＩの美空ひばりに「似ていない」「自然でない」という非難が寄せられるなどしたけれども、今後はＡＩの技術を活用することで、死者はもとより、現役を退いた老年のアーティストについても、全盛期のパフォーマンスを再現するような取り組みが活発化してくるだろう。これに対して、著作権の侵害や死者への冒瀆などの観点から批判が出るのはわかる。けれども、ライブ体験としてはどう理解できるだろうか。二つのパターンが考えられる。

一つ目のパターンはパフォーマンスの中心に生者が含まれる場合であり、先の例でいえばPerfumeの偽物（ホログラム）と本物がライブで共演したり、X JAPANのライブでhideとほかのメンバーが共演したりする場合が相当する。これは結局のところ、偽物や故人を演出の小道具として用いて、生者のライブパフォーマンスを高める役割を果たすものなので、不快に感じるファンがいたとしても、聴衆のライブ体験の質自体には影響しないように思われる。

問題は二つ目のパターンである。これはパフォーマンスの中心に生者が含まれない場合であり、先の例でいえば、故人に新曲を歌わせたＡＩ美空ひばりが相当する。あるいはスウェーデンを代表するアーティストのＡＢＢＡ（現在七十歳代）を「絶頂期」（二十歳代）の姿で再現するアバターライブ *ABBA Voyage* がこれに相当する（図７）。音楽評論家の増田勇一はその体験を次のように語っている。

図7　*ABBA Voyage* の様子
（出典：“Wikimedia Commons”〔https://commons.wikimedia.org/wiki/File:ABBA_Voyage_(2022).jpg〕［2025年1月23日アクセス］）

　そんな大所帯で演奏されるのは、ＡＢＢＡの熱心なファンでなくともかならず触れたことがあるようなヒット曲ばかり。しかもさすがに専用会場で開催されているだけあり、このスペシャルなショウのために考え抜かれた照明や映像、特殊効果、音響といった要素すべてが完璧に噛み合っているのだ。（略）そこで味わったのは、いわゆるロック・コンサートともミュージカルともライヴ映画とも異なった感触だった。なにしろ場内全体を用いながら演出が繰り広げられ、音響もすこぶる良好であるため（観覧後に当サイトの過去の記事を調べてみたところ、場内の至る所に二百九十一台ものスピーカー、五百台を超えるムービング・ライトが設置されているのだとか）、没入感が半端ではないのだ。本稿の冒頭で「体験した」と記述したのもそのためで、まさにこれまでの人生において経験したことのなかった九十分間を過ごさせてもらったと言っていい[14]。

先端テクノロジーを駆使した催しなので、物珍しくもあり、とても贅沢な気分を味わったことが記されている。人によって印象は変わるとしても、多くの人にとってこれを「体験」するのが楽しいことは想像にかたくない。ただし、これを「ライブ」と呼んでいいのかどうかは判断に迷うところだ。むしろこれは、東京ディズニーリゾートやユニバーサル・スタジオ・ジャパンのようなテーマパークが提供する「アトラクション」に近いのではないか。つまりそこにあるのは、来場者を楽しませるために計算し尽くされた仕掛けである。

仮にアバターライブが今後アトラクション的な方向性で洗練されていくのだとしたら、それなりに集客は見込めるだろう。結局のところアバターライブとは生身のアーティストをミッキーマウスやマリオのようなキャラクターにして延命させていく商売の方法といえなくもない。だとするなら、かつて「産業ロック」と揶揄されたキッスがデジタル・アバターとして今後も活動を続けていくという方向性は理にかなっている[15]。

けれども、アトラクションとライブはそもそも性質が異なる。本書でさまざまに論じているように、ライブの醍醐味はアウラ（オリジナルなものが「いま・ここ」という一回性のなかでもつ重みや権威）であり、ある種のハプニング性だからだ。初音ミクのライブでは「消滅」と「現出」の演出がそれにあたる。マルティン・ハイデガー風にいうなら、究極的には死への不安があるからこそ私たちの生は輝くのであり、それとは逆に、特定のアーティストに永遠の生を与えるアバターライブは、テーマパーク的な安全な楽しみしか提供してくれない。

ライブに健全な娯楽を求めるならそれもいいかもしれない。とはいえ、音楽のような文化が、健全な日常生活からつかの間解放される「離脱」を特徴としてきたことを思い返すなら、アトラクション的な楽しみに物足りなさを覚えることもまた事実である。つまり3DCGライブの可能性と限界は、どちらもそのアトラクション性にあると考えられるだろう。

注

（1）「ボカロ」は、新規の音楽ジャンルとして最大級のインパクトを放っているといえる。そもそもほとんどの音楽ジャンルは二十世紀中に成立しているのであり、サブジャンルや傍流を除けば二十一世紀になってから生じたものは数えるほどしかない。ボカロは、生声では不可能な高音域や早口の羅列、早いＢＰＭ、バーチャルアイドルであることを自覚した歌詞、音楽の流通経路としては異例の動画サイト（「ニコニコ動画」）での拡大販売、など類例がない諸特徴をもち、その特徴に沿った作品が数多く作られた。近年では、動画サイトをはじめとしたネットコミュニティにとどまらず、広くＪ―ＰＯＰの世界へと架橋したアーティストも現れている。米津玄師やYOASOBIなどはその代表格である。

（2）Nick Prior, *Popular Music, Digital Technology and Society*, SAGE, 2018, pp. 140-141.

（3）初音ミク「マジカルミライ」ポータルサイト（https://magicalmirai.com/）［二〇二五年一月二十七日アクセス］

（4）初音ミクが〝役者〟として出演する超歌舞伎（二代目中村獅童を中心にした歌舞伎役者とボーカロイドが共演する最新技術を駆使した歌舞伎）でも、観客がペンライトを振って応援するスタイルが定着している。

（5）岩間日菜多「神の音を信仰する」武蔵大学社会学部二〇二三年度学士論文、二〇二四年

（6）「「ＡＩ美空ひばり」に賛否　故人の「再現」議論の契機に」「東京新聞デジタル」二〇二〇年二月四日付（https://www.tokyo-np.co.jp/article/7226）［二〇二五年一月十三日アクセス］

（7）ヤマハ「美空ひばり VOCALOID:AI　ＡＩに関する取り組み」（https://www.yamaha.com/ja/stories/new-values/vocaloid-ai/）［二〇二五年一月十三日アクセス］

（8）遠藤薫『廃墟で歌う天使――ベンヤミン『複製技術時代の芸術作品』を読み直す』（いま読む！名著）、現代書館、二〇一三年

（9）Jonathan Stern, *The Audible Past: Cultural Origins of Sound Reproduction*, Duke University Press, 2003.（ジョナサン・スターン『聞こえくる過去――音響再生産の文化的起源』中川克志／金子智太郎／谷口文和訳、インスクリプト、二〇一五年）

（10）Adriana Sabo, "Hatsune Miku: Whose Voice, Whose Body?," *INSAM Journal of Contemporary Music, Art and Technology*, 2019 (2), pp. 65-80.
（11）Kate Hutchinson, "Hatsune Miku: Japan's holographic pop star might be the future of music," *The Guardian*, 2014 (1).
（12）Sarah A. Bell, "The dB in the .db: Vocaloid Software as Posthuman Instrument," *Popular Music and Society*, 39 (2), 2016, pp. 222-240.
（13）Ian Condry, "Hatsune Miku: Virtual Idol, Media Platform, and Crowd-Sourced Celebrity," in Alisa Freedman ed., *Introducing Japanese Popular Culture*, 2nd ed., Routledge, 2023, pp. 139-150.
（14）「ロンドンで開催中、ＡＢＢＡのアバター・コンサート〝ABBA Voyage〟体験記」「uDiscovermusic 日本版」二〇二四年四月二十六日（https://www.udiscovermusic.jp/columns/abba-voyage-experience-in-2024）［二〇二五年一月二十七日アクセス］
（15）「KISS、デジタル・アバターのコンサート・デビュー時期を告知」「Billboard JAPAN」二〇二三年十二月二十五日（https://www.billboard-japan.com/d_news/detail/133131/2）［二〇二五年一月二十七日アクセス］

第8章　推し活への唯物論的アプローチ

——場所・モノから考える推し活のいま

阿部真大

はじめに

筆者は大学で「推し活」について教えているのだが、本章では推し活をファン集団の形成するネットワークやコミュニティなどの側面から考えるのではなく、そのネットワークやコミュニティの前提になる、場所とモノの二つの側面から迫っていきたい。ライブやコンサートなどのイベントをする「場所」がなくては推し活は成立しない。推し活を盛り上げるための「モノ」がなくては推し活は成立しない。つまり本章は、推し活を支える物質的な基盤についての唯物論（意識ではなく物質を根源的なものとして重視する立場）的な考察である。

本章の内容について簡単にまとめておく。

第１節「推し活と場所——集合沸騰としての推し活」では、新型コロナウイルス感染症拡大（コロナ禍）によって明らかになった、推し活での場所の重要性について考える。鍵になるのは「同時・同在」という考え方だが、それはファンと推しの「同時・同在」だけでなく、ファンとファンの「同時・同在」でもある。第2節「推し活とモノ――ファンが作る（使う）モノ／モノが作るファン」では、推し活でのモノの役割について、「ファンが作る（使う）モノ」という側面と「モノが作るファン」という側面から考える。痛バ（痛いバッグ）やアクスタ（アクリルスタンド）などのモノを通して、ファンたちは自らの推しに対する愛情を、ストリートで、インターネット上で示す。と同時に、推し活のファッショングッズは、それを身につけることでファンをよりファンらしくすることに役立ってもいる。本章の最終節「おわりに――まとめと課題」では、それまでの主張をまとめたあと、推し活と階層の問題について手短にふれる。推し活のためにイベントなどに参加するにも推し活のグッズを買うにも金銭的な負担が生じる。その意味で、人々が有する資産は推し活を支える物質的な基盤の一つといえるだろう。推し活文化と階層文化の関係性の探求について、今後の課題として提示する。

1 推し活と場所――集合沸騰としての推し活

最先端のオタク用語を収録した『オタク用語辞典 大限界』によると、「推し」とは「応援する対象。その対象の夢や目標を達成するために、こちらも努力を惜しまず協力したいと思わせる人物〔「存在してくれるだけで今日も幸せ」と思わせるような、もはや崇拝対象に近い場合もある〕」である。(1)久保（川合）南海子によると、「推し」とは、もともとは女性アイドルグループのなかで自分が最も熱心に応援しているメンバーを指すファン用語だった。しかし近年ではさまざまなジャンルのファンに知られて一般的に使用される言葉になっていて、アイドルだけでなく、アーティストや役者やタレント、スポーツや物や事項に至るまで、世界のあらゆるものすべてが「推し」の対象になりえるような状況になっている。(2)そのような「推し」を応援し、楽しむために行う活動(3)」を「推し活」

と呼ぶ。本節の目的は、推し活と場所の関係性について考えることで、推し活の集合沸騰としての側面を明らかにすることである。

コロナ禍で浮かび上がったリアルイベントの意義

推し活について学生たちと話していると、「推し活をするには東京に住むのがいちばんだ」という声をよく聞く（推し活を楽しむために東京に就職したいという学生もいる）。その理由は端的に、東京（あるいは東京からアクセスがいい関東地方の都市部）で開催されるイベントの数が多いためである。たとえば、『2020ライブ・エンタテインメント白書 データ編』[4]によると、二〇一九年の音楽公演（一般に開催を告知し、かつチケット販売がおこなわれたもの）六万千六十八公演中、関東地方（茨城県・栃木県・群馬県・埼玉県・千葉県・東京都・神奈川県）での公演は二万八千四百二十六公演、東京都に絞ると二万二千八百十一公演だった。全国の公演の約四七％が関東地方で、約三七％が東京都で開催されていることになる。これは、音楽イベントにとっての関東、とりわけ東京の優位性を示すデータである。また、そのイベントをおこなうための「ハコ」（会場になる建造物）も東京近辺には多い[5]。地方都市に住む読者のなかにも、「推しが自分の住んでいる街の近くでイベントをすることがないわけではないが、東京ですることのほうが圧倒的に多い。もし東京に住んでいたならどんなに幸せなことか」と思ったことがある人もいるかもしれない。しかし、インターネットが普及し、どこでも気軽にオンラインでコンテンツを楽しめる時代だというのに、なぜ、推し活をする人は「リアルなイベント」にこだわり続けるのだろうか。

私たちはその理由を、実際にリアルなイベントをすることが困難になったコロナ禍での経験から学ぶことができる。

二〇二〇年から始まったコロナ禍では、コンサートやライブなどの各種イベントはことごとく中止、あるいは規模を縮小せざるをえなくなった。コロナ禍が日本を襲った二〇年のライブエンターテインメントの状況を振り返り詳細にレポートした『2021ライブ・エンタテインメント白書 レポート編』をみると、国内ライブエン

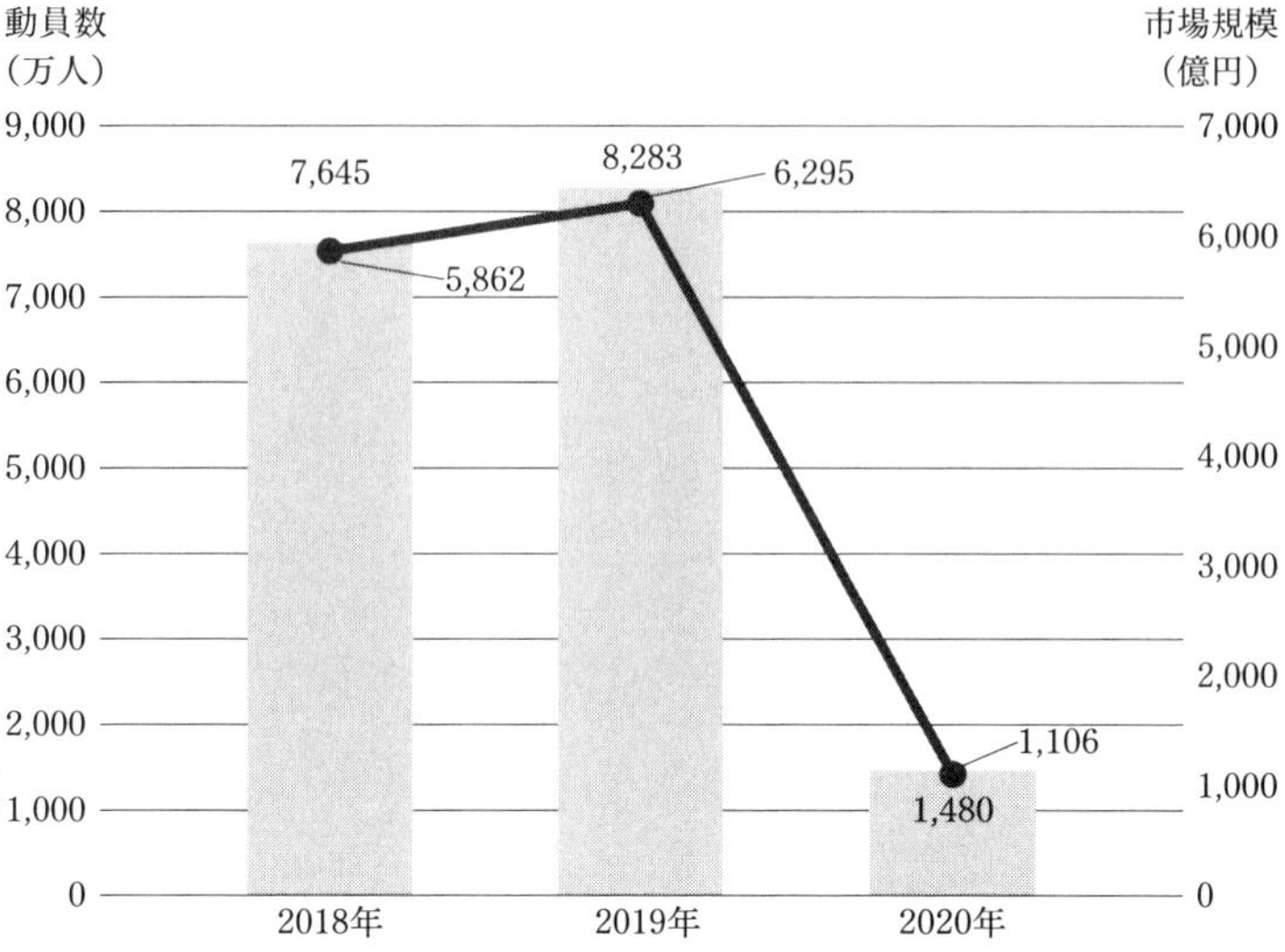

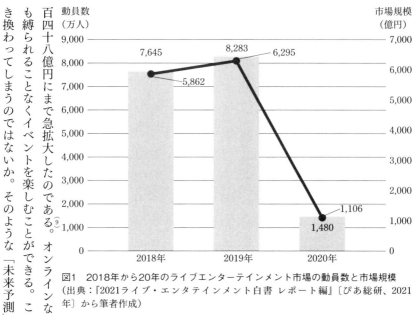

図1　2018年から20年のライブエンターテインメント市場の動員数と市場規模
（出典：『2021ライブ・エンタテインメント白書 レポート編』〔ぴあ総研、2021年〕から筆者作成）

ターテインメントの動員数（オンラインライブは含まない。以下、同じ）は、一九年の八千二百八十三万人から二〇年の千四百八十万人、市場規模は、六千二百九十五億円から千百六億円へと激減した[6]（図1）。それまでライブエンターテインメント市場が順調に拡大していたことを考えると[7]、ライブエンターテインメント産業にとってそのダメージはとても大きなものだった。

ただし、当時はコンサートやライブなどのオンライン化がＩＴ技術の進歩もあって急速に進み、配信などでそれを楽しむことも、以前に比べるとかなり容易になっていた。笹井裕子によると、コロナ禍はエンターテインメント領域のパラダイムシフトをもたらし、ＤＸ（デジタルトランスフォーメーション）の動きを加速させた。アーティストは対面で開催できなくなったライブをオンラインで開催するようになり、ZAIKO[8]をはじめとしたさまざまな配信プラットフォームが活性化した。その結果、有料チケット型オンラインライブ市場は、二〇二〇年内にはほぼゼロの状態から推計四百四十八億円にまで急拡大したのである。[9]　オンラインなら、住む場所や（アーカイブ映像が見られるなら）時間にも縛られることなくイベントを楽しむことができる。このままリアルイベントの多くはオンラインイベントに置き換わってしまうのではないか。そのような「未来予測」がまことしやかに語られるような雰囲気が、コロナ禍の初期にはあった。

しかし、そうしたなかにあって、文化人類学者の船曳建夫は、先にも紹介した『２０２１ライブ・エンタテインメント白書　レポート編』に収録されたインタビューのなかで、集客エンタメの本質は「同時・同在」にあり、決してオンライン化されることはないと主張した。

> 集客エンタメは身体が近接していないと、つまりただ時間的に同時であるだけではなく、空間的に同在していないとダメだということです。同在がより重要だということに、今回のこと〔コロナ禍：引用者注〕で気づかされたということではないでしょうか。
> （略）「身体がそこにある」には、まず、そこにある存在が「見える」「聞こえる」ということと、「シンクロナイズする」という二つの意味があります。身体が同時に同在することが、いまここにしかない稀な経験を生み、観客そして実演する人にも緊張感や充実感をもたらす。（略）
> 　コンサートなりなんなりを実際にこの目でみて、内側の興奮を周囲の人たちとシンクロナイズするのと同じ効果を、何らかのツールでもって得るというのは、たぶんものすごく難しいことです。（略）それはある種の代替物というか別のジャンルなのです。いってみれば、本物に対してどんな偽物で近づけるかという話でしかないので、本物ができる環境が整えば、この身体でほかの個体と交流をもつという方法を全とっかえするようなシステムは構想できない。[10]

船曳が予想したとおり、コロナ禍が収束して「本物ができる環境」が整うと、ライブエンターテインメントはもとどおり、つまりリアルなイベントに戻った。「同時・同在」を現実世界と同じレベルで体験させることができるような「システム」は、コロナ禍の間のＩＴ技術の飛躍的な革新をもってしても、人々の間に普及することがなかったのである。

集合沸騰／アウラとしての推し活

船曳の議論を推し活にあてはめると、推し活の「同時・同在」とは推しとファンとの間のシンクロナイズ効果であり、ファンとファンとの間のシンクロナイズ効果であるといえるだろう。たとえば、ファンがステージに近い場所を確保してなるべく近くで推しを見たいと思うのも、推し活の仲間たちと近い席に座って一緒に盛り上がりたいと思うのも、ファンがこのシンクロナイズの体験を求めているからであり、それこそが、わざわざ時間とお金をかけてファンが推しに会いにいく、ファンがファンに会いにいく理由なのである。それはオンラインイベントでは代替できない体験である。

オンラインでは得がたい「同時・同在」によるシンクロナイズの体験を、社会学では「集合沸騰」と呼ぶ。集合沸騰とは社会学者エミール・デュルケームの用語で、「祝祭や喪など儀礼を行う聖の時空間において人々が集中することで発生するとした非日常的な興奮状態[11]」のことを指す[12]。また、中川和亮は『ライブ・エンタテインメントの社会学』で、「ライブ・エンタテインメントの現場における「リアル」とは、その場でしか経験できない一回性に立脚したものなのである[13]」と指摘し、ヴァルター・ベンヤミンが提起した「その場・その瞬間に現れる現象」を意味する「アウラ」こそ、人々がライブエンターテインメントに足を運ぶ理由であると主張した[14]。これも「同時・同在」のシンクロナイズの体験といえるだろう。推し活をする人々が集合沸騰やアウラを求める以上、そうしたリアルにふれる「場所」が豊富にある東京が推し活にとって特別な都市であることは必然である。やはり「推し活をするには東京に住むのがいちばん」なのである[15]。

場所からモノへ

ここまで、推し活には人が集まるリアルな場所が必要である理由を、ファンと推しの「同時・同在」とファンとファンの「同時・同在」によってもたらされるシンクロナイズ効果＝集合沸騰、アウラの体験に求め、議論を進めてきた。これが推し活を支える一つ目の物質的な基盤である。コロナ禍の経験をふまえると、オンライン上のテクノロジーがどれだけ発達したとしても、推し活から場所性が失われることは当分なさそうである。

推し活での「場所」の重要性が、コロナ禍でのその不在によってあらためて認識されたのに対し、コロナ禍でストレートに存在感を増したのが、推し活における「モノ」である。感染症対策でイベントが次々と中止になるなかで、遠征費分の支出を推しのグッズ購入に充てて推し活を続ける。声を出してはいけないイベントを盛り上げるために、声を出さないままグッズを掲げ、推しを応援する。[16]コロナ禍にはさまざまなモノを媒介にした新しい推し活のスタイルが生み出された。続いて考えたいのは、コロナ禍で存在感を増し、その意義を確認された、推し活を支える二つ目の物質的な基盤＝モノについてである。

2　推し活とモノ――ファンが作る（使う）モノ／モノが作るファン

野球観戦に行くとき、好きなチームの、好きな選手のユニフォームを着ていく。好きなバンドのライブに行くとき、そのバンドのＴシャツを着ていく。推しているアイドルのアクスタを持ち歩いて、外出先のカフェやレストランでスイーツやドリンク、料理と一緒に写真を撮り、ＳＮＳに投稿する。推しの写真やグッズに囲まれながら、本人不在の誕生日会をする。痛バを持って推しへの愛情を街なかで、ＳＮＳ上で示しつづける。推し活はさまざまなモノに囲まれながらおこなわれるものである。本節では、ファンとモノの関係性を探ることで、推し活の際にモノが果たす役割について考える。

知識から愛情へ――オタクの変化とモノ

推し活でモノが果たす役割は大きい。そのことを筆者が思い知らされたのは、「痛いバッグ」略して「痛バ」

図2　痛バッグのイラスト
「ゲームやアニメのキャラクターのバッジが傷つかないように透明のカバーに入れられた痛バッグのイラストです」と説明がある
(出典：「かわいいフリー素材集 いらすとや」〔https://www.irasutoya.com/2017/06/blog-post_87.html〕［2025年1月11日アクセス］)

なるモノの存在を知ったときである。『オタク用語辞典大限界』によると、痛バとは、「オタクであることを隠すことなく〔＝痛い〕、推しの缶バッジなどを大量につけたバッグ(17)」のことである。缶バッジの数が多ければ多いほど、バッグが大きければ大きいほど、推しに対する愛情が深いとされる。彼らは推しへの愛情の大きさを示すためにモノを利用しているのである。

　痛バを利用して彼らが自らの愛情の深さを示す場所は、実際の街なかだけではなく、SNS上でもある。Xで「痛バ」と検索すると、自らの痛バを紹介するファンたちの画像が大量にヒットする。オフラインで、オンラインで、彼らは痛バを誇示し、その大きさや「組み方」(缶バッジなどを利用して痛バを作成することを「痛バを組む」と表現する)の巧みさを競い合っているのだ。

　痛バは、筆者の「オタク」観を大きく変えた。小学館の『デジタル大辞泉』によると、オタクとは「ある事に過度に熱中し、詳しい知識をもっていること。また、そのような人」とあり、筆者もそのように考えていた。つまり、「知識」こそがオタクの卓越の度合いを示す指標であり、それを賭けたゲームこそ、オタク文化圏でおこなわれる営為であると考えていた(筆者自身「洋楽オタク」で、学生時代はそのような「知識」を競う文化圏のなかで生きてきた)。しかし、痛バによって賭けられているものは「愛情」である。痛バにつけられているのは自らの知識をひけらかすような多種多様な缶バッジではなく、(多くの場合)推しがプリントされた同じような缶バッジなのである(18)(図2)。

　この変化は近年指摘されている「オタクのライト化」「オタクのカジュアル化」とパラレルである。原田曜平によると、現在、若者の間では「オタク」を自称することは当たり前で、「エセオタク」や「ライトオタク」や

「リア充オタク」とでも呼ぶべきオタクの新しいあり方が広まっている。彼らが秀でているのは知識の多さではなく（SNSなども活用した）コミュニケーション能力の高さであり、自分がオタクであることを重要なコミュニケーションツールとして使っていることである。[19] そのように考えると、知識の多さではなく愛情の深さで自らのオタク性をアピールすることは、ライト化、カジュアル化した現代の若いオタクたちならではの行動といえるだろう。そして、そうしたアピールのために利用されるのが、痛バをはじめとした推しグッズなのである（原田も、若いライトなオタクたちが「SNS映えするオタクグッズ」を求めていると分析している[20]）。

本人不在の誕生日会とアクスタ

ファンたちの間で開かれる推しの「誕生日会」も、痛バと同様に、推しへの愛情を示し、自らのオタク性をアピールするものである。こうした誕生日会は、『オタク用語辞典 大限界』には「生誕祭」として収録され、「推しの誕生日を祝う祭り。「誕生祭」とも[21]」とある。大量の推しの写真やグッズに囲まれながらおこなわれる会は、さながら宗教的儀式のようでもある（図3）。一つの空間の意味を複数のモノの飾りつけによって表現することは、痛バのような一つのアイテムを作るのに比べて総合的な演出力を要する。筆者自身、最初に見たときは、あまりのモノの量とそれらの緻密な意味づけに驚かされた。

図3 「本人不在の誕生日会」の様子
「「本人不在の誕生日会」って何？やってみたら、本人いなくても楽しくお祝いできた件」は、タイトルどおり、アイドルデュオのLovelys（宮崎梨緒・八木沙季）が「本人不在の誕生日会」を実際に体験するという記事。お祝いされているのは、フリーアナウンサーの羽川英樹と活動写真弁士の大森くみこである
（出典：「「本人不在の誕生日会」って何？やってみたら、本人いなくても楽しくお祝いできた件」「ラジオ関西トピックス」2021年5月26日〔https://jocr.jp/raditopi/2021/05/26/318634/?detail-page=1〕［2025年1月11日アクセス］）

図4　球場でのアクリルキーホルダー（筆者撮影）

こうした「本人不在の誕生日会」は通常、クローズドな場所（カラオケボックスやホテルの一室）でおこなわれるため、[22] SNSが果たす役割が痛バ以上に重要である。Xで「生誕祭」「誕生祭」「誕生日会」と検索すると、推しの誕生日会について報告するファンたちの画像が大量にヒットする。ファンたちは自らが開催した推しの誕生日会の規模の大きさや壮麗さをSNSを通して示すことで、推しへの愛情の大きさをアピールしているのである。

本人不在の誕生日会や痛バまでいかないようなよりライトな推し活では、アクスタが果たす役割は大きい。『オタク用語辞典 大限界』でアクスタは、「アクリルスタンドの略。立てられる設計になっていて、アニメキャラやアイドルのグッズとしてよく作られる。家に飾るだけでなく、イベント会場や聖地、映えスポットなどに持ち出され、外で撮影されることも多い[23]」と説明してある。この説明のとおり、ハンディーなアクスタは外に持ち出しやすく立てることもできるので、SNSに投稿する食べ物や風景と一緒に撮ることが容易である。まさしくSNS時代の「推しグッズ」ということができるだろう。[24] さらにライトな推し活は、よりコンパクトなアクリルキーホルダー、通称アクキーを使っても可能である（図4）。いずれにせよ、アクスタやアクキーなどの小型のグッズは、SNS利用の爆発的な拡大とともに、モノを使って推しへの愛情を示すことのハードルを下げ、より多くの人がライトに推し活を楽しめるようにしたのである。

モノが作るファン

以上、みてきたように、ファンたちはモノによって推しへの愛情を示す。それは、ファンがモノを使って自己表現をしているともいえるだろう。これは、「ファンが作る（使う）モノ」という、ファンとモノの関係の一側面である。しかし同時に、ファンがモノによって形作られるという側面もある。それは「モノが作るファン」という、ファンとモノの関係のもう一つの側面である。

物質文化に関する重要な文献である『スタッフ（*Stuff*）』の衣服を扱った第一章について、ダニエル・ミラーは次のように述べている。

衣服に関する第一章は、学問上も社会通念上も最も一般的なモノの見方、つまり、モノが私たちを意味したり表現したりするものであるとか、モノはおもにその人のことを説明するための記号やシンボルであるという考え方を解体するものである。そのかわり、多くの側面において、そもそもモノが私たちを作っているのだと主張する。[25]

『スタッフ』では「モノが人を作る」ということに関してほかの事例も示されているが[26]、衣服が最もわかりやすい例とされている（だから第一章で扱われている）。それは推し活についても同じだろう。法被、Ｔシャツなどのファッショングッズは、「モノがファンを作る」ことを示す最もわかりやすい事例といえる。

推しのライブなどのイベントに参加する際、推しに関連する衣服を着用して行く。それは、推しが好きである自分を表現する行為であるとともに、普段の自分とは違う自分へと気持ちを高めていく行為と考えられる。野球観戦に推しの選手のユニフォームを着ていって声援を送る。推しのアイドルのライブにそのアイドルの法被を着ていって盛り上がる。フェスに推しのバンドのＴシャツを着て参戦する。そんなとき、そのファッションは「自分は○○を推している」という外向きのメッセージであると同時に、ファンとしての自分の気持ちにも影響を与える内向きの力ももっているのだ。

その最もわかりやすい例が、コスプレイヤーのように推しと同じ格好をするファンたちである。筆者がアメリカのバンド、キッスの来日コンサートに行ったときに遭遇したキッスアーミー（キッスのファンのこと）は、ジーン・シモンズの格好をして、ライブに夢中になっていた。彼の場合も、ジーンの格好をすることでジーンを推していることを周りにアピールするという意図があっただろう。しかしそれ以上に、彼自身がジーンに憑依されたように振る舞う様子は、推し活の際に「モノが人を作る」とはどういうことであるかを雄弁に物語っていた。

また、衣服というモノは、多くの人が同じ格好をすることで会場の一体感を高め、集合沸騰をより盛り上げる「仕掛け」でもある。筆者自身の経験を挙げると、野球場に「推しチーム」のユニフォームを着ていくと、仕事帰りなどで着ていかないときと比べ、ハイタッチを求められたり話しかけられたりする回数が増え、周りとの一体感が増すのを感じる。それは近くで応援しているユニフォームを着たファンたちも同じだろう。モノは推し活をする「人」を作るだけでなく、推し活をする「人々」を作ることもあるのだ。

ライブグッズの市場規模の拡大が指摘されているなかで、[27]今後も推し活とモノはより緊密な関係を保ち続けるにちがいない。「ファンが作る（使う）モノ」と「モノが作るファン」の両側面に焦点を当てた調査や研究は、引き続き「推し活とモノ」という分野にさらなる洞察をもたらすと思われる。

おわりに――まとめと課題

本章では、推し活を場所とモノの側面から考察してきた。

コロナ禍の経験は、バーチャルリアリティがリアリティには太刀打ちできないことを私たちに教えた。もちろん、「Zoom」をはじめとしたウェブミーティングサービスの浸透にみられるように、バーチャルリアリティがリアリティを補完することは可能である。しかし、本章でみたとおり、推し活のように濃度が高いコミュニケーションを求めるとき、バーチャルリアリティがリアリティを完全には代替できないことは明らかである。

第１節では、推し活を集合沸騰の場と捉え、「同時・同在」をキーワードに、ファンと推しの、ファンとファンの集うリアルな場所こそ、推し活の重要な要素であることを示した。第２節では、推し活でのモノの役割に注目して、「ファンが作る（使う）モノ」と「モノが作るファン」の両側面から、痛バやアクスタ、ユニフォームなどのモノによって推し活が形作られていることを示した。リアルな場所とリアルなモノがあってはじめて、推し活は成立する。これが推し活への唯物論的アプローチである。

しかし、これらのことは、濃密でリアルな体験には「お金がかかる」ことも意味している。本物の推し活の体験を求めてイベントがおこなわれる場所に行くのも、推し活に関連するグッズを買うのも、タダではない。それは、推し活ができるか否かに関して、階層が関係せざるをえないということである。階層が高く、余暇活動に使える可処分所得が多い層は、（時間が許す限り）思う存分、リアルな推し活を楽しむことができるだろう。しかし、階層が低く、余暇活動に使える可処分所得があまりない層は、リアルな推し活を十分に楽しむことは難しいかもしれない。

「東洋経済」の記者である富田頌子は、親の階層格差が子どもの「体験格差」を生むと主張している。その「体験」とは海水浴やキャンプなど、学校外での子どもたちの体験である。その格差が子どもの成長に影響を与えると富田は指摘する。(28) そうした「体験」のなかに「推し活」を入れることも可能だろう（たとえば、夏フェスの代表格であるフジロックフェスティバルに子どもを連れてくることは、いまやかなりお金がかかる「体験」になっている）。また、議論をもう一歩進めて、親の「体験格差」が文化資本の格差を生み、子世代の階層の再生産につながることも十分に考えられる（たとえば、親がリアルな推し活を体験しているか否かが、子どもにリアルな推し活を体験させようと思うか否かに大きく関係してくるかもしれない）。推し活がユニバーサルに開かれた趣味でない以上、推し活がもたらす階層間の「体験格差」が社会の分断を深めることも十分にありえるだろう。推し活は階層文化なのだろうか。こうした問いを立て、推し活と階層の関係について考えることは今後の課題にしたい。

注

(1) 小出祥子編、名古屋短期大学小出ゼミ(二〇二二・二〇二三年度生)『オタク用語辞典 大限界』三省堂、二〇二三年、九ページ。同書は、名古屋短期大学現代教養学科の小出祥子ゼミの学生十二人が、「各々の沼っている界隈に纏わる用語を集めた血と汗と涙の結晶」(三ページ)である。もともとは大学祭で販売する手作りの辞書だったが、二〇二三年に三省堂から刊行された。本章では、推し活に関する用語の意味について、おもにこの辞典を参照する。

(2) 久保(川合)南海子『「推し」の科学――プロジェクション・サイエンスとは何か』(集英社新書)、集英社、二〇二二年、一六―一七ページ

(3) 前掲『オタク用語辞典 大限界』一〇ページ

(4)『2020ライブ・エンタテインメント白書 データ編』ぴあ総研、二〇二〇年

(5) 日本を代表するコンサートホールの一つであるZeppは、国内の六都市九カ所と、海外の二つの国・地域(台湾、マレーシア)に展開し、ソニーミュージックエンタテインメントのグループ会社であるZeppホールネットワークが運営している。国内では九つのうち四つが関東圏に、三つが東京にある。国内のホールを地域別にみると、札幌、東京(台場、羽田、新宿)、横浜、名古屋、大阪(なんば、桜島)、福岡にあり、半数近くが関東地方の都市部に集中している(ソニーミュージックの公式ウェブサイト〔https://www.sme.co.jp/company/groupcompanies/zep/〕〔二〇二五年一月十一日アクセス〕)。

(6)『2021ライブ・エンタテインメント白書 レポート編』ぴあ総研、二〇二一年、一八―一九ページ

(7) コロナ禍の直前の二〇一九年、ぴあ総研所長の笹井裕子は、インターネットの普及によって音楽ソフト市場規模が縮小傾向にあるのに対し、ライブエンターテインメント市場規模は拡大を続けていることを指摘している。彼女はその背景として消費者ニーズの変化も挙げている。「急速に進むデジタル化に対する揺り戻しとして、アナログなもの、リアルな場でのコミュニケーションや生の体験・感動が価値を持ったことが、人々をライブ・エンタテインメントへ向かわせる一因となっているのではないだろうか」(笹井裕子「平成のライブ・エンタテインメント市場をふりかえる――ライブ・エンタテインメント躍進の背景」『2019ライブ・エンタテインメント白書 レポート編』ぴあ総研、

二〇一九年、八ページ)。こうした動きが、コロナ禍でいったん断ち切られたのである。

(8)ZAIKOは電子チケット販売のプラットフォームとして二〇一九年に設立されたが、コロナ禍が始まった二〇年に有料チケット制によるライブ配信に取り組みはじめた。最初の配信は三月十三日のceroによるライブだった。ZAIKOのデジタルメディア・マーケティング主任の大野晃裕は当時を振り返って、「元々、電子チケットを販売していたところに、ライブ配信を埋め込むような形になったので、一から作り上げたというよりは、元々あるシステムに乗せていったようなイメージですね」と語っている(Toshiya Ohno「ZAIKOが考えるライブ配信の未来」「Rolling Stone Japan」二〇二〇年七月二十九日〔https://rollingstonejapan.com/articles/detail/34328/1/1/1〕〔二〇二五年一月十一日アクセス〕)。

(9)笹井裕子「新型コロナウイルス感染症が促すライブエンターテインメントのDX」、デジタルコンテンツ協会編『デジタルコンテンツ白書2021』所収、デジタルコンテンツ協会、二〇二一年、二二ページ

(10)船曳建夫「有識者インタビュー 同時・同在が集客エンタメの本質的価値(取材・文/笹井裕子)」、前掲『2021ライブ・エンタテインメント白書 レポート編』所収、四―五ページ

(11)奥村隆「集合沸騰」、大澤真幸/吉見俊哉/鷲田清一編『現代社会学事典』所収、弘文堂、二〇一二年

(12)シーズンになると熱狂的な「集合沸騰」を毎晩のように現出させる野球場はいまや、さまざまな推しグッズを手に推しの選手を間近で見て(推しとファンとの間のシンクロナイズ)、仲間とともに声援を送る(ファンとファンとの間のシンクロナイズ)、「推し活」の場としても注目されている。

(13)中川和亮『ライブ・エンタテインメントの社会学――イベントにおける「受け手participants」のリアリティ』五絃舎、二〇一七年、一二ページ

(14)同書一一―一四ページ

(15)しかしそれは、オンラインのイベントが必要なくなるというわけではない。オンラインのライブ体験がリアルなライブ体験との相乗効果を生み出し、ライブをより深く楽しめるようになることもある。筆者自身の経験を挙げると、二〇二〇年の十二月二十六日、コロナ禍のために実現できなかったライブに久々に行った際のことである。「推しバンド」であるTRICERATOPSのツアー「THREE HORNS IS BACK 2020 "MORE"」の大阪公演(なんばHatch)だ

ったのだが、オープニング曲「Raspberry」のイントロのギターが鳴った瞬間の「アウラ」はすごいものだった。その後、コロナ禍で一般化したオンラインライブの配信サービスを利用して、十二月三十日、同じツアーの東京公演のライブを配信で購入した。そのライブを観たときには、二十六日のライブの感覚がフラッシュバックするような感覚に襲われたのと同時に、バンドの演奏の細部を冷静に楽しむこともできた。そしてまたリアルなライブに行きたくなった。ライブの際、オンラインとオフライン、バーチャルとリアルの関係は対立するものではなく、この例のように互いを補完しあう関係として捉えるのが適切なのかもしれない。

(16) コロナ禍では声を出さない応援が推奨され、さまざまなグッズが発売された。たとえば、コロナ禍の初期（二〇二〇年）に発売された北海道日本ハムファイターズの応援用タオル（タオルに応援メッセージがプリントされている）の説明には、「待ちに待った球場観戦は、楽しく安全な新しい観戦スタイルで選手に応援メッセージを届けましょう！」と記してあった（北海道日本ハムファイターズ公式ウェブサイト［https://www.fighters.co.jp/news/detail/00002635.html］［二〇二五年一月十一日アクセス］）。

(17) 前掲『オタク用語辞典 大限界』八ページ

(18) 痛バと対照的なのが、バンド好きの人がもつ、バンドのステッカーをたくさん貼ったノートパソコンである。洋楽オタクだった筆者もかつてそんなパソコンをもっていたのだが、それには比較的マニアックな複数のバンドのステッカーが貼られていた。そこで賭けられていたのは、どれだけそのバンドを愛しているかということより、自らの音楽的センスや知識だった。

(19) 原田曜平「若者の間に「エセオタク」が激増しているワケ――知識も消費金額も少ないのに、オタクを自称」「東洋経済オンライン」二〇一五年十二月二日（https://toyokeizai.net/articles/-/92036）［二〇二五年一月十一日アクセス］、原田曜平「増殖する「リア充なのにオタク」たちの実態――スクールカーストの上位にランク？」「東洋経済オンライン」二〇一五年十二月九日（https://toyokeizai.net/articles/-/92038）［二〇二五年一月十一日アクセス］

(20) 前掲「若者の間に「エセオタク」が激増しているワケ」。本章では「ファン」と「オタク」についてあまり区別せずに使用してきたが、その背景にはこうしたオタクの変化がある。『デジタル大辞泉』を見ると、ファンとは「スポーツや芸能、また選手・チーム・芸能人などの、熱心な支持者や愛好者。ひいき」とある。オタクに関する説明と比較すると、オタクとの違いは知識量ということになるのだが、オタクの重視するものが知識から愛情へとシフトすると、その差は徐々になくなっていく。つまり現在、「オタクのファン化」と呼ぶべき事態が進行しているのである。

(21) 前掲『オタク用語辞典 大限界』一九ページ

(22) たとえば、カラオケパセラは、本人不在の誕生日会のコースを複数提示している。カラオケパセラのウェブサイトでは、本人不在の誕生日会の手順などが詳しく説明され、また同じグループ店のホテル（ホテルバリアンリゾート）でも同様のプランが用意されている（カラオケパセラ公式ウェブサイト〔https://www.pasela.co.jp/oiwai/〕［二〇二五年一月十一日アクセス］）。

(23) 前掲『オタク用語辞典 大限界』八ページ

(24) 二〇二一年の「WEB ザテレビジョン」の記事（「ハロプロから始まったアクリルスタンドブーム、「#アクスタのある生活」コロナ下での「推し活」必需品に」「WEB ザテレビジョン」二〇二一年十二月二日〔https://thetv.jp/news/detail/1058188/〕［二〇二五年一月十一日アクセス］）では、アクスタ自体は一〇年代半ばから推し活のグッズとして浸透していたが、コロナ禍によってより多くの人が使用するようになったとされている。その理由としては、リアルのイベントが中止になり、現地でグッズを購入できない需要が通信販売に流れたこと、アクスタ自体の需要が急速に増加したことが挙げられている。

(25) Daniel Miller, *Stuff*, Polity, 2010, p. 10. 翻訳は筆者による。

(26)『スタッフ』では、「モノが人を作る」例として、ほかに、子どもと彼らに与えられるおもちゃとの関係などが取り上げられている（*Ibid*., pp. 136-145）。

(27) 前掲『２０１９ライブ・エンタテインメント白書 レポート編』は、首都圏のライブエンターテインメント参加者の三七・三％がグッズを購入し、その年間購入費は平均二万二千三百八十六円だったことを報告している。白書では、グッズを買う人ほどより多くライブ会場に足を運ぶ傾向があること、グッズ購入者が多いジャンルが「邦楽ロック・ポップス」「アイドル」「アニソン・声優関連」であることなどを紹介し、「いまやグッズは、ライブ参加の記念品としてだけでなく、アーティストを身近に感じたい応援したいというファン心理をくすぐる仕掛けとして、またライブをより楽しんでもらうためのツールとして重要な役割を果たしている」と結論づけている（一五ページ）。

(28) 富田頌子「海水浴を知らずに育つ子も「体験格差」悲痛な実態――「学校外の体験＝遊び」と思われ、支援進まず」「東洋経済オンライン」二〇二三年八月二十五日（https://toyokeizai.net/articles/-/696735）［二〇二五年一月十一日アクセス］

第９章　配信ライブの快楽と不満
——メディアを介したライブ体験の行方

木島由晶

1　配信ライブとパンデミック

あなたはインターネットで配信された音楽のライブ（以下、配信ライブ）を視聴した経験があるだろうか。本書を手に取った読者であれば、ないと答える人のほうが少ないだろう。そしておそらく、多くの人が初めて配信ライブを視聴したのは二〇二〇年以降だったのではないだろうか。

新型コロナウイルスの感染爆発（コロナ禍）で、私たちの日常生活にさまざまな制限が加えられたことは記憶に新しい。特にライブハウスやコンサートホールは、密閉・密集・密接の「三密を避ける」という目的で、長期間の運営停止を余儀なくされた。私たちはライブを観にいくことができなくなり、外出そのものを控えるように言い渡された。そうした状況のなかで、苦肉の策として台頭したのが無観客でおこなう配信ライブだった。

なかでも示唆的だったのが、国民的アイドルの嵐が二〇一九年暮れにおこなった配信ライブである。活動休止の直前という話題性もあり、文化の日に公開された「アラフェス2020」[1]と、大晦日に配信された「This is 嵐 LIVE」は、いずれも数百万人の視聴者数を獲得したと報じられた。これらの出来事が人々に印象づけたのは、配信ライブは一度でリアルでのライブ何十回分に匹敵する経済効果を生む（可能性がある）ということである。

経済学では「ニューノーマル」といって、景気が大きく後退したあとの世界では従来の常識が通用しなくなり、新しい常識への適応が求められるとする議論がある。それによると、二十一世紀に入ってニューノーマルへの転機は三回訪れている。ＩＴバブルの崩壊（二〇〇〇年代初頭）、リーマンショックからの世界金融危機（二〇〇〇年代末）、そして新型コロナウイルスのパンデミック（二〇二〇年代初頭）である。

なるほど、たしかにコロナ禍には、オンライン会議のようなテレワーク（在宅勤務）が浸透して、対面のコミュニケーションを前提にする従来の働き方は変更を迫られた。同様に音楽も、会場に行ってライブを楽しむ従来のスタイルのほかに、自宅からオンラインでライブを視聴する楽しみ方が広まった。しかし疑問も残る。こうした配信ライブを視聴する習慣は、はたしてニューノーマルといえるほど今後の日本社会に定着するだろうか。このことを考えるために、まずはライブという言葉の意味を確認することから始めよう。

2 配信ライブの本格化

テレビ中継の衝撃

たいていの辞書には、「ライブ」という言葉には音楽の生演奏という意味のほかに、生放送という意味もあることが記されている。中高年にはライブはテレビ中継のことだと理解してきた人も多いだろう。たとえば音楽学者の岡田暁生は、一九六〇年代ごろまでの社会で生々しく感じられていたテレビのライブ性を次のように説明している。

いまでは想像もつくまいが、あのころのテレビは強烈なライブ性＝同時性をもっていた。「いま、あれが、ほんとうに起きてる！」というリアル感。そして何が起きるかわからない固唾をのむような緊迫感。再放送はまず期待できず、映像がテープ保存されることも少なかったテレビは、映画や録楽〔録音された音楽作品：引用者注〕のような再現メディアではなく、パフォーマティブなメディアだったのだ。なにせアメリカ大統領が中継中にライブで暗殺されるということまであったのだから。(2)

かつてテレビは緊迫感をもって眺められていた。それは遠く（tele）を視ること（vision）を可能にする、人類の夢をかなえたメディアだった。その魅力はライブ性＝同時性にあるが、しかしそこには想定外のハプニングも付きまとう。たとえば一九六三年十一月二十二日は日米間で初の衛星生中継がおこなわれた日で、当時のアメリカ大統領ジョン・F・ケネディから日本にメッセージが寄せられる予定だった。だが直前にケネディが暗殺され、その衝撃的なニュースが日本初の衛星中継になってしまう。「この電波に、このような悲しいニュースをお送りしなければならないのは、誠に残念に思います」というアナウンスとともに、狙撃の瞬間の映像とニュース速報が日本全国に流れ、生放送の即時性と臨場感が人々の心に強く刻まれたのだった。(3)

この意味でライブを捉えた場合、『ミュージックステーション』（テレビ朝日系列、一九八六年―）のような生放送の音楽番組はもちろん、スポーツやコンサートの生中継も、れっきとしたライブである。だがライブにはもう一つ音楽の生演奏という意味もある。この意味でのライブは、その場にいあわせることがなにより重要だ。たとえば私たちがスタジアムでのコンサートに参加したとする。客席はステージから遠く離れた場所にあり、肉眼ではアーティストの動きを確認できない。だから巨大なモニターを眺めるしかないのだが、それでも実際に会場まで足を運んでいたなら、ライブに参加した実感を得られるだろう。

このように、音楽のライブを成立させる重要な条件は時空の共有である。こう考えると、配信ライブは演者と観客が同じ時間を共有するとはいえ、空間を共有しないため、ライブの成立条件を半分しか満たさない。またこのように考えると配信ライブはテレビ中継と大差がないようだが、両者は必ずしも同じではない。次にテレビ中継と配信ライブの相違点を検討してみよう。

配信ライブとライブ配信

今日では音楽のライブはテレビだけでなく、インターネットでも中継されている。現在の配信ライブを特徴づけているのは何だろうか。現代芸術家の宇川直弘が主宰している「DOMMUNE」の試みを参照したい。「DOMMUNE」とはライブ配信をおこなうスタジオであり、チャンネルの名前でもある。二〇一〇年から運営され、配信プラットフォームの「USTREAM」(現在は「YouTube」)と「X」(旧「Twitter」)を連動させることで、自宅にいながらにしてクラブDJのプレイを楽しみ、テキストチャットで談笑することができる空間を構築した。

クラブカルチャーを研究している太田健二によると、「DOMMUNE」の革新性は「リアルな「現場」としてのスタジオと、「第三の現場」、言い換えればオルタナティブな「現場」としてのライブストリーミング・チャンネルという重層的な「現場」[4]を作り上げた点にある。第一の現場が撮影スタジオで、第二の現場が視聴者の自宅だとすれば、第三の現場は人々が交流するタイムラインである。三つの現場が交ざり合うことで独特の魅力を感じさせるという。つまり実演者と観客の、そして観客同士のコミュニケーションがとりやすい点に、今日的な配信ライブの特徴があるといえる。

ここで、配信ライブに近いものとして、ライブ配信についても考えておく必要がある。ライブ配信(live streaming)とは、インターネット回線を通じて個人が手軽に実況中継できるサービスのことだ。黎明期のサービスにはインターネットラジオの「ねとらじ」がある。「ねとらじ」が運営を開始した二〇〇一年はブロードバンド(広帯域)回線がようやく普及しはじめたころで、一般の家庭ではネットで送受信できるデータの容量に限界があった。つまり、動画のような大容量のデータをやりとりするのが難しかったので、音声だけのライブ配信がおこなわれたのである。

しかし二〇〇七年ごろから、動画を生配信できるサービスが増えていく。「USTREAM」や「ニコニコ生放送」が草分けだが、「YouTube」にも一一年からライブ配信の機能が実装された。当時はフィーチャーフォン（ガラケー）を利用する人が多く、動画の送受信はパソコンでおこなわれるのが一般的だった。だが一〇年代も半ばになると、スマートフォン（スマホ）だけで送受信できる環境が整う。個人のスマホ所持率は一一年の一四・六％から一六年の五六・八％まで四倍に上昇し、一五年には二十代の個人所持率が九〇％を超えた。(5) インターネット通信量も激増し、一二年まで二千 Gbps（Gigabit per second）に満たなかった国内の総ダウンロード通信量は、一八年には一万 Gbps を超える。(6) このころからライブ配信は一気に身近なサービスになっていった。

ではライブ配信の文化はどのようなものか。配信される内容は、旅行・出先の風景（三七・〇％）、自身のトーク（三三・三％）、ゲームの実況中継（三二・三％）、食事の内容・様子（二九・三％）、パーティーやイベントの様子（二八・二）が多い。(7) また、視聴の多い配信者は、YouTuber・動画投稿者（四二・九％）、アーティスト・ミュージシャン（二三・三％）、アイドル（一五・〇％）、俳優・女優（一二・八％）、事務所に所属していない一般の人（一〇・七％）、友達（一〇・二％）、お笑い芸人（一〇・〇％）であり、(8) 芸能人と一般人が混在している。

これがライブ配信の特徴である。生放送でさえあれば、誰が配信してもいいしどんな内容でもかまわない。またライブ配信は基本的に視聴が無料で、配信者への報酬は視聴者の「投げ銭」（有料アイテム）によることが多い。これに対して、音楽のライブは興行（show）の意味合いが強く、演者は打ち合わせやリハーサルを繰り返して質が高いパフォーマンスを見せようと努める。だからチャリティーなどの例外はあるものの、一回の公演ごとに料金を取る催しとして開催されやすい。こうした違いがあるため、ライブ配信で音楽が発信されていても、本章ではライブ配信と配信ライブを区別して考えたい。具体的には配信ライブを次のように定義する。

①生演奏であり、アーティストと観客が同じ時間を共有していること
②メディアを介していて、アーティストと観客が同じ空間を共有していないこと
③興行であり、一回の公演を視聴するために有料チケットを購入する必要があること

3　配信ライブの利用と満足

コロナ禍とその後を比較する

ここであらためて配信ライブがどういうものか押さえておこう。まずそれはもっぱら自宅で鑑賞される。インターネットはいつでもどこからでも利用できるが、実際は家からスマホで利用する時間が最も多い(9)。ただしライブの雰囲気を味わうならスマホよりも大きな画面で鑑賞したいところだ。自宅なら、開演までに冷蔵庫から好きな飲み物を持ってくるなどして、リラックスできる視聴環境を整えやすい。だが同じ空間に家族がいれば、じゃましないようにイヤホンなどをして音漏れに配慮する必要もある。

ライブ開催中は、自宅で視聴しているとライブ会場ほどには集中できない。それは映画を映画館ではなくサブスク（定額配信サービス）で観るときの落ち着かなさに似ている。外部からの刺激を受けやすいから気もそぞろだし、タイムラインからはほかの視聴者のコメントが絶えず流れてくる（オフにすることもできる）。MCの間にそれを眺め、演奏が始まればライブの様子に目をやる。同時にSNSで友人と連絡を取り合うなどしていると想像以上に忙しい。つまり、ライブ以外のどうでもいいことに時間を取られがちなのである。

これはオンライン授業の経験に近い。対面の講義ならば、教師やほかの学生に見られるのでうかつなことはできない。だが、配信授業には他者からの視線がない。「内職」はやり放題だし、うっかり「寝落ち」することもある。配信ライブも同様だ。しかも大学の講義は九十分だが、ライブは二時間以上の長丁場である。いくら好き

なアーティストの公演でも、配信ライブで最後まで集中力を持続させるのは難しい。

とはいえ、配信ライブに関する調査はほとんどないので実態がつかみにくい。そこで以下では、筆者らがおこなった調査の結果を用いて分析を試みる。調査は二回おこなった（表1）。コロナ禍の二〇二〇年十一月[10]と、パンデミック後の二四年二―三月である。調査は二回とも同じ条件で実施している。調査対象者はいずれも同じ調査会社の登録モニターであり、サンプルは全国に居住する十六歳から六十四歳までの男女のなかから、割当法で性別と年齢が国勢調査と均等になるように抽出した。[11]

表1　調査の概要

調査の対象	全国に在住する16歳―64歳の男女
調査期間	2020年調査：2020年11月13日―20日 2024年調査：2024年2月26日―3月4日
調査方法	インターネット調査（割当法による有意抽出）
有効ケース数	2020年調査：413（男性：199、女性：214） 2024年調査：473（男性：222、女性：251）

そのため、本章で扱う調査対象者はかたよっていて、平均的な日本人の特徴を示していない。本章で分析するのは、音楽を趣味にし、かつライブに行った経験がある人に限られている。以下の分析では特に断りがないかぎりは二〇二四年調査のデータを使用し、必要に応じて二〇年調査のデータも参照する。パンデミック期とアフターコロナ期の調査結果を比較したい。

分析は三つのパートに分かれている。配信ライブの視聴者層（どういう人が視聴しているのか）、配信ライブのイメージ（どういう印象で捉えられているのか）、配信ライブの必要性（どういう人に必要とされているのか）である。順に確認しよう。

配信ライブの視聴者層

そもそも配信ライブはどのくらいの割合で視聴されているのか。図1には、ほかの音楽消費行動と合わせて、配信ライブを視聴した経験がある人の割合を示している。これをみると、テレビの音楽番組の視聴が三分の二程度と最も多く（六四・七％）、次にサブスクの利用が半数弱で続いている（四五・〇％）。これらがメジャーな消費行動だとするなら、CDなどのパッケージ品やグッズを購入する割合は全体の三分の一程度であり、人を選ぶ消費行動といえる。同様に、有料音楽ライブの視聴も四人に一人程度の割合で

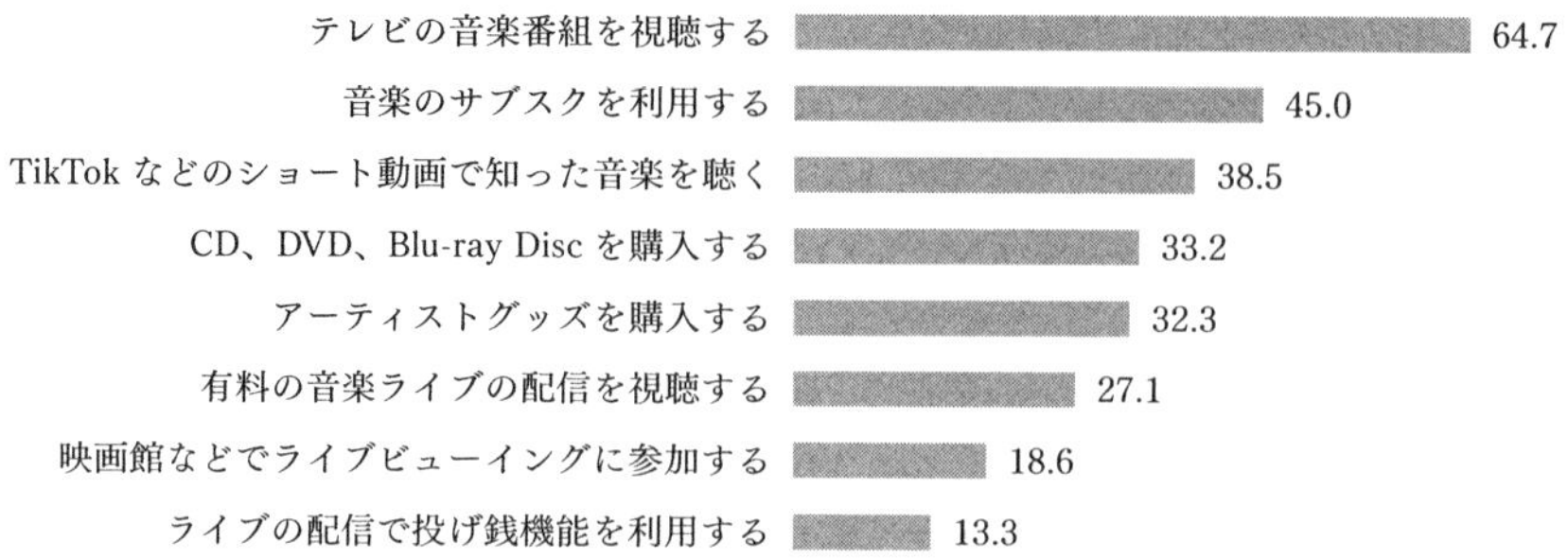

図1　音楽消費行動の単純集計結果（%）

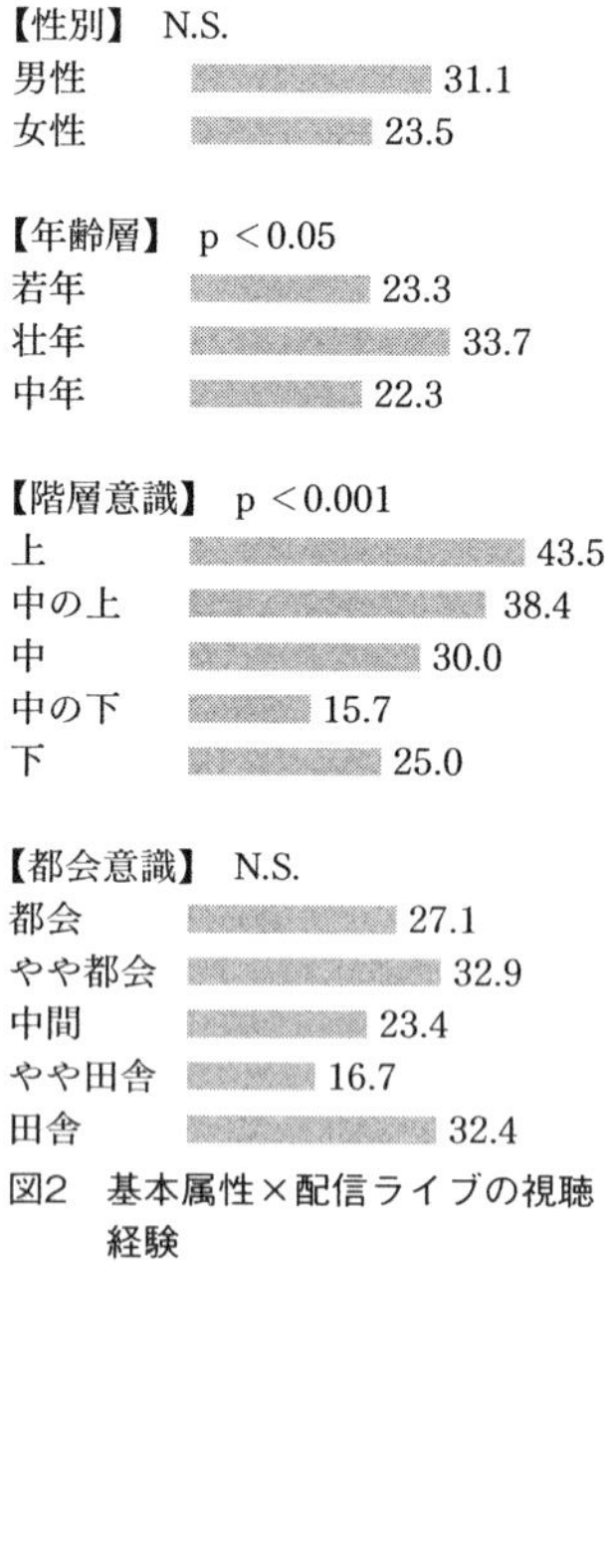

図2　基本属性×配信ライブの視聴経験

あり（二七・一%）、誰もがおこなう消費行動ではない。そしてライブビューイングや投げ銭機能を利用するのは、さらにマイナーな消費行動といえる。

では、どういう人が有料配信ライブを視聴しているのか。図2には基本属性との関連を示している。これをみると、年齢層別[12]では壮年（二十代後半から三十代後半）の割合が、階層意識（日本社会を五つの層に分けるならあなた自身はどれに入ると思うかという質問）では「上」「中の上」の割合が高い。その一方で性別と都会意識（あなたの住んでいる街はどの程度都会だと思うかという質問）に有意差はみられなかった。

まとめると、配信ライブを視聴するボリュームゾーンは、経済的にゆとりがある働き盛りの人たちといえるだろう。階層意識との正の関連の強さは、それがカジュアルな消費財ではないことを示唆している。一般的には配信ライブは代価を払うものではない（無料で観るもの）と感じられているのかもしれない。

また、二〇二三年にライブに行った回数との関連をみると、十回以上が五

表2　配信ライブの印象とその変化

	選択肢	2020年 2024年	ソマーズのD
肯定的な印象	ほかの客にじゃまされずに落ち着いて視聴できる	38.5＜39.3	
	音楽ライブ会場まで移動する必要がないので楽だ	31.7＜33.8	
	いつでも最前列で鑑賞している気分が味わえる	23.2＜26.8	
	仕事や家事の合間に「ながら視聴」もできていい	17.7＞15.9	
	コメント機能があると一緒に見ている気分になる	10.7＜13.1	
	怪我やチカンの心配がないので安心して視聴できる	8.5＜11.0	
否定的な印象	アーティストと同じ空間を共有している実感がない	40.7＞29.0	*** -0.123
	周りに人がいないので盛り上がりに欠ける	38.3＞28.1	*** -0.107
	音楽ライブ配信のチケットの値段設定は高いと感じる	25.7＞22.6	
	配信だと音楽ライブに参加している実感に欠ける	33.2＞21.4	*** -0.132
	踊ったり声を張り上げたりと満足に体が動かせない	15.5＞14.8	
	見逃し配信があると音楽ライブの緊張感が薄れる	10.4＞ 7.8	

二・九％、五回から九回が三七・七％、三回から四回が三七・三％、二回が二七％、一回が九・六％になっていて、日常的にライブ会場に通う人ほど配信ライブも視聴する傾向にある。言い換えれば、普段は対面ライブに行かない人は配信ライブのために出費することもない。ライブ参加の様態は二極化する傾向にある。

さらに配信ライブを視聴するメディアを尋ねた（図3）。これをみるとパソコンの割合が減り、スマホとテレビの割合が増えている。[13] 特にテレビの増加の度合いは大きく、リラックスした環境で配信ライブを視聴するようになったことがわかる。

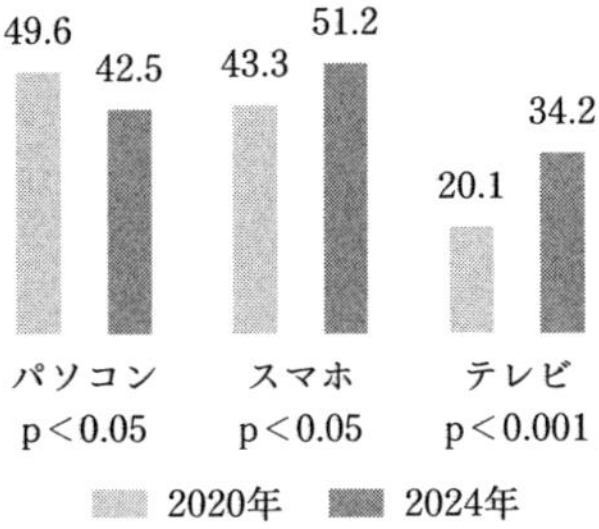

図3　調査年×配信ライブを視聴するメディア

配信ライブのイメージ

次に配信ライブのイメージを検討しよう。表2では肯定的な印象と否定的な印象に分け、多いものから順に示した。肯定的な印象で多いのは、「ほかの客にじゃまされずに落ち着いて視聴できる」や「音楽ライブ会場まで移動する必要がないので楽だ」である。交通機関を乗り継ぎ満員の車内で人混みにもまれるとストレスが溜まる。それがないのが配信ライブの魅力と感じられている。他方で、

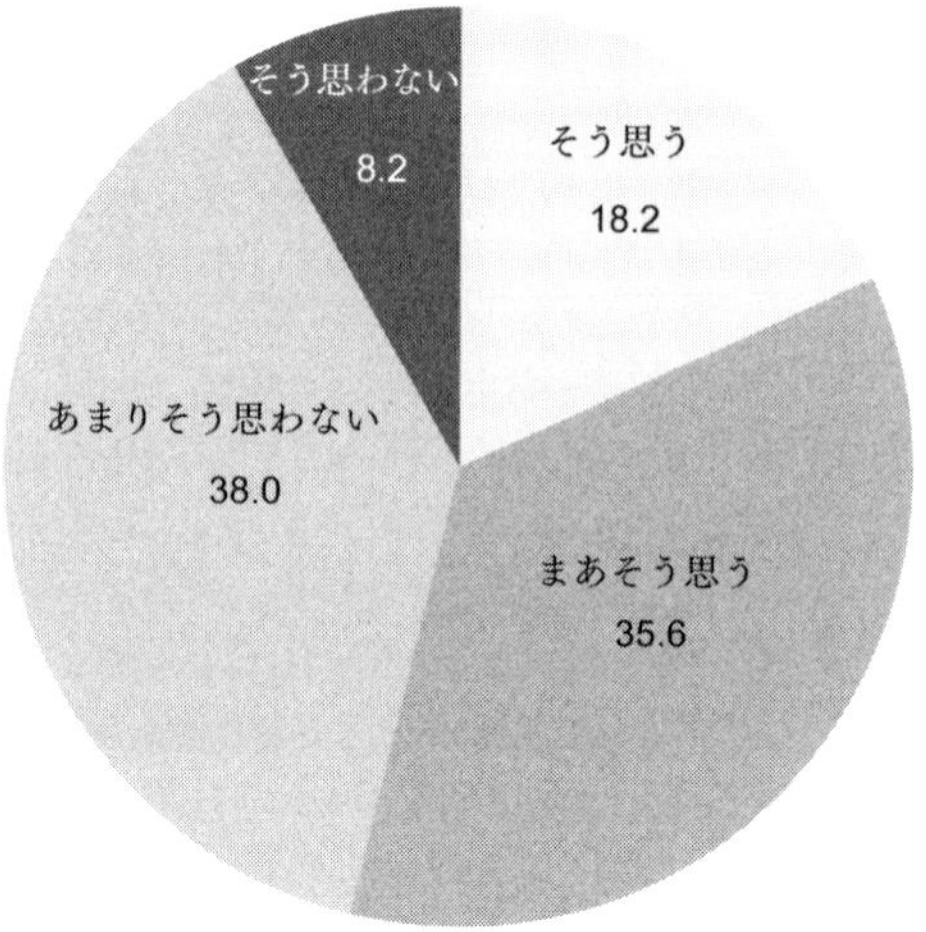

図4　「対面ライブの現場に足を運べるのなら、配信ライブはもう必要ない」の回答分布（％）

回答が少ないものには「コメント機能があると一緒に観ている気分になる」がある。配信ライブで重要なのはアーティストを鑑賞することで、ファン同士の交流はさほど求められていないようだ。

否定的な印象で多いのは、「アーティストと同じ空間を共有している実感がない」や「周りに人がいないので盛り上がりに欠ける」である。つまり、アーティストやほかの観客との一体感がないことを不満に感じている。コロナ禍に登場した「オンライン飲み会」がすぐに廃れたように、私たちはその場に一緒にいないと一体感を感じにくい。他方で、回答が少ないものには「踊ったり声を張り上げたりと満足に体が動かせない」などがある。配信ライブでは自分の身体をどう動かすかよりも、他者の存在を感じられることが重要なのだろう。空間を共有することはライブの主要な魅力なのだ。

こうしてみると、配信ライブの長所と短所は、同じ空間を共有しないという配信ライブの特徴をどう捉えるか次第といえる。それではこのイメージは二〇二〇年から二四年の間にどう移り変わっただろうか。表2の不等号の向きに注目しよう。全般的にみて、肯定的な印象の割合が増え、否定的な印象の割合が減っている。このうちソマーズのD係数（二つの離散変数間の関連の向きと大きさを示す係数）で統計的に有意な差を示しているのは、「配信だと音楽ライブに参加している実感に欠ける」（-0.132）、「アーティストと同じ空間を共有している実感がない」（-0.123）、「周りに人がいないので盛り上がりに欠ける」（-0.107）の三つである。いずれも否定的な印象だが、二四年のほうが割合は減っている。つまり同じ空間を共有しないという配信ライブの特徴が不満に感じられ

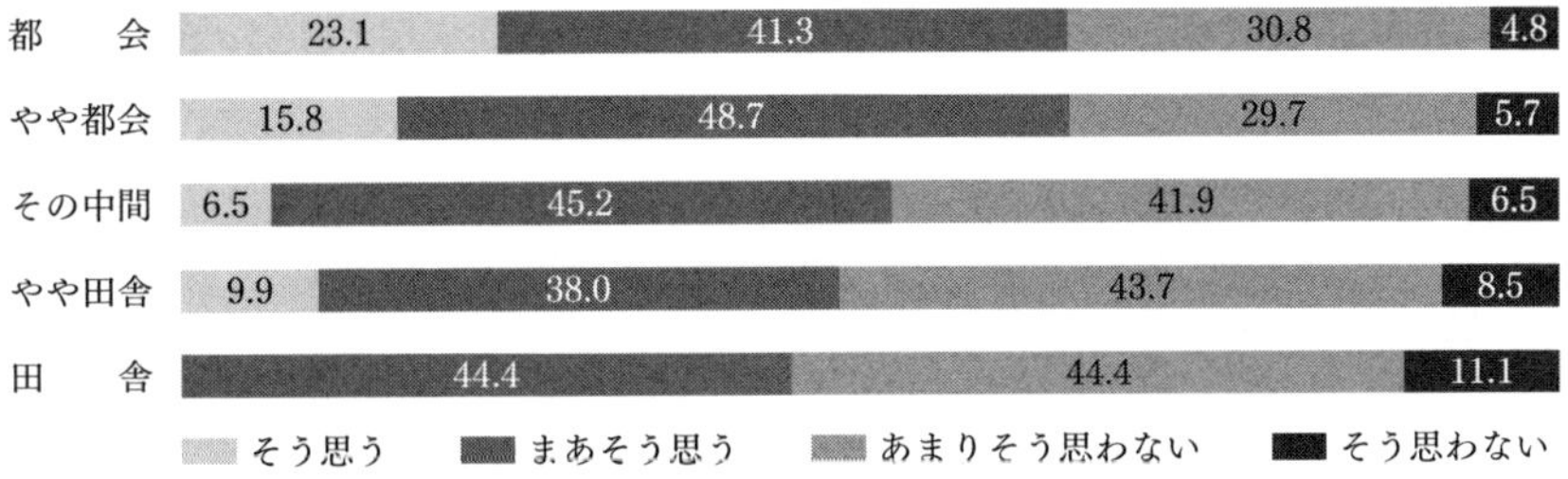

図5　都会意識×配信ライブの必要性（%）

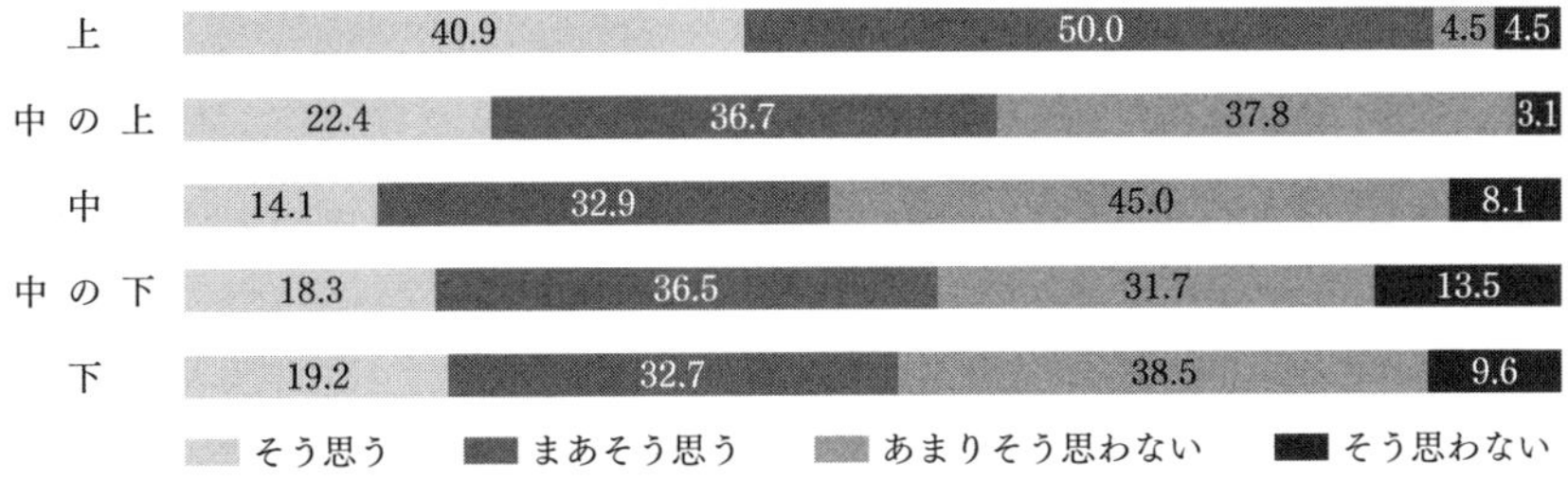

図6　階層意識×配信ライブの必要性（%）

なくなっている。

　この数年で配信ライブのイメージは好転しているといえる。それならば配信ライブの未来は明るく、今後も発展していくのだろうか。事態はそれほど単純ではない。今度は配信ライブが誰に必要とされているのかを分析しよう。

配信ライブは必要か

　図4は「対面ライブの現場に足を運べるのなら、配信ライブはもう必要ない」という設問の回答分布である。「そう思う」「まあそう思う」を合わせて、半数以上が配信ライブは必要ないと回答している。「そう思わない」（つまり積極的に必要だという意見）を選んだ割合は全体の八・二%にすぎず、全体的にみて配信ライブはさほど必要と感じられていないことがわかる。

　では、どういう人が配信ライブを必要がないと感じているのか。図5は、自分が住んでいる街をどのくらい都会と思うかの程度ごとに、配信ライブの必要性を分析したものである。都会だと思うほど、配信ライブを不要と思う割合が高くなる傾向にあることが見て取れる。反対に、自分の住む街が田舎と感じている層では「そう思う」（必要ない）と回答した割合は〇％だった。演奏会場が都市部に多く点在するなど、ライブはもともと都会中心の文化である。そのため、対面ライブが通常どおりに開催される状況下では、都会に住む人ほど配信ライブを必要がないと感じるのだろう。

さらに極端な違いを示しているのが図6である。ここでは階層意識の程度ごとに配信ライブの必要性を分析している。階層意識が「上」の回答者の実に九〇％以上が配信ライブを必要ないと感じている（「そう思う」と「まあそう思う」の合計）。皮肉なのは、図2でみたとおり、この層の人たちが配信ライブのおもな視聴者層であることだ。配信ライブを必要としているのは階層意識が「中の下」「下」の人たちだが、この層の人たちはあまり配信ライブを視聴していない。配信ライブの視聴に代金が発生するかぎりは、彼らの多くは無料の「YouTube」や安価なサブスクで代替すると推測できる。

4　配信ライブの行方

ホームシアターとライブビューイング

配信ライブはいまのところ、対面ライブに代わる独自の価値観を提示できていない。そのためニューノーマルとして定着するとは考えにくい。配信ライブは、対面ライブが開催できないコロナ禍の間に登場した、あくまでピンチヒッター的な存在だったと考えられる。

この結論は、社会学者の松田美佐が二〇二〇年におこなったインタビュー調査とも符合する。それによると、配信ライブを視聴したほとんどの調査対象者が「会場での生のイベントに「勝てる要素」がない」と答えたという。なぜなら配信ライブは「会場ならではの演奏や音楽の迫力・臨場感だけでなく、周囲の会場の盛り上がりを含めた会場の一体感に欠けるため[14]」である。では、このまま配信ライブの文化は廃れていくのだろうか。以下では二種類の可能性について検討する。

第3章「ライブパフォーマンスの半世紀――聴く／視るの二軸をもとに」（南田勝也）で論じているように、現在のライブの楽しみ方が大きく「聴く」派と「視る」派に分けられるとすれば、配信ライブにも同じことがいえるだろう。聴く派に相当するのがホームシアターで、視る派に相当するのがライブビューイングである。前者は家で一人で鑑賞するのに向いていて、後者は映画館で集団で楽しむのに向いている。

ホームシアターとは、家庭（home）に大画面テレビや高級なスピーカーなどを設置した、小型の映画館（theater）のような設備である。その発展を考えるうえで興味深いのが、ヤマハが二〇二四年に発表したGPAP（General Purpose Audio Protocol）というシステムだ。GPAPのコンセプトは「ライブの真空パック」で、観たくても観られないライブを鮮度の高いまま届けられるという。[15]つまりGPAPなど各種の設備をそろえれば、自宅でも臨場感があるライブを体験することが可能だ。だがそのためには相当な予算が必要になるから、ホームシアターでの配信ライブ視聴はほとんどの人にとっては現実味が薄い娯楽といわざるをえない。

一方のライブビューイングは、会場から発信されるライブ映像を全国各地の映画館などで中継するサービスのことである（観客はチケットを購入して入場し、ライブを視聴する）。これはコロナ前から一定の盛り上がりをみせていたサービスで、配信ライブの未来を牽引していく可能性がある。そこで、まずは視聴者層を確認しよう（図7）。

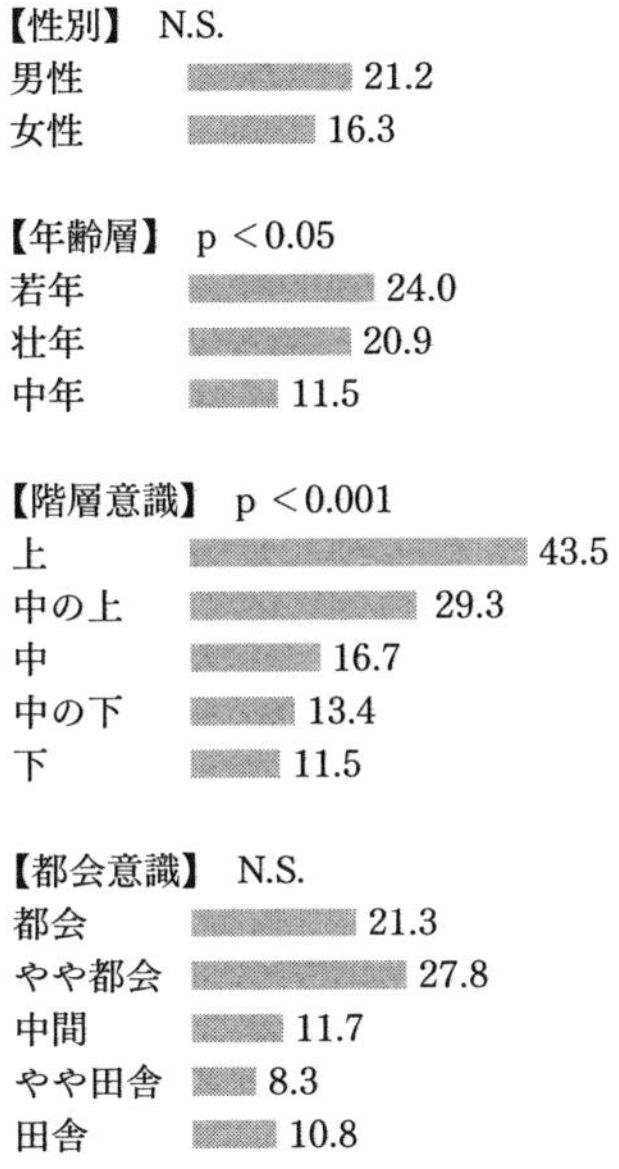

図7　基本属性×ライブビューイングの参加経験

図2と比較すると、ライブビューイングが配信ライブと似ているのは階層意識が「上」の人ほど視聴していることで、配信ライブと異なるのは、若年層（十代後半から二十代前半）の割合が高く、都会意識の高い人ほど視聴していることである。ライブビュ

ーイングは、都会で暮らす、経済的に豊かな若者たちの、ややマイナーな娯楽といえそうだ。

配信ライブでのアウラ性の構築

では、いつかライブビューイングが映画のような大衆娯楽になる日はくるのか。この問いに答えるためのヒントは、日本で初めてライブビューイング的なものが成功した事例に見いだすことができる。テレビ創生期の伝説になっている「街頭テレビ」での力道山プロレスの受容である。一九五三年に日本最初の民放テレビ局として日本テレビが放送を開始した。当時はテレビが高額で一般の人々には買えなかったので、日本テレビは東京の新橋駅などの主要な駅の駅前や日比谷公園などの公的空間五十五カ所に二百二十台の大型テレビを設置した（のちに二百七十八カ所に拡大）[16]。この街頭テレビ中継は大きな人気を呼んで、毎日のようにテレビの周囲に人だかりができるようになった。

街頭テレビは一九六〇年代まではよく視聴されていた。なかでも人気を呼んだのが力道山のプロレス中継である。その最初の試合、五四年二月十九日から二十一日まで蔵前国技館でおこなわれたプロレスリング・ワールド・チャンピオン・シリーズの力道山、木村政彦対ベン・シャープ、マイク・シャープのタッグマッチ六十一分三本勝負は、日本テレビで十九時半から二十一時まで三夜連続で中継された。

このシリーズ初日の国技館の観客は六〇％程度の入りだった。だが街頭テレビの中継放送は爆発的な人気を呼び、二日目の中継の時間になると、東京都内の通りからタクシーが消え、テレビがある喫茶店や電気屋の前は歩道まで人があふれ、新橋駅前広場には二万人もの群衆が集まったといわれている。この中継の信じられないほどの盛り上がりはのちに伝説として語られる。

なぜこの中継はこれほどの大熱狂を生んだのか。しばしば指摘されるのは、第二次世界大戦で敗戦国になった日本人のなかに眠っていた潜在的な反米感情が癒されたであろうことだ（力道山のプロレスは、反則技を繰り返す卑怯な「白人」をやっつける正義の「日本人」という筋書きのフィクションを何度も演じていた）。しかし社会学者の長谷正人は、それだけでは説明がつかないとして、当時のテレビそれ自体が集団の熱狂を巻き起こす力を有していたと主張する。

視聴者たちは国技館という試合の現場で観覧しているのではなく、電波に乗って届けられた試合の代替物を遠く離れた場所から見ているにすぎなかった。そういう意味では、彼らはそれをアウラなき二次的な複製体験にすぎない（これは偽物にすぎない）とどこかで感じていたかもしれない。しかし同時に彼らは、自分たちは、いま同時進行で起きている出来事を目撃しているのだ（あるいは、参加しているのだ）という事実に興奮していたはずである。さらには、日本中のあちこちの街頭テレビ観覧者たちとその参加を共有しているとも感じていただろう。こうした事実は、街頭テレビの周囲に一つの集合的儀礼の状態を生み出し、その興奮状態のなかで力道山は実際以上に輝かしい存在として（アウラをもった存在として）人びとには見えたに違いあるまい。[17]

当時の街頭テレビには独特のアウラ性（強烈なパワーのようなもの）があった。プロレス中継が街なかで放映されること自体が前代未聞の歴史的事件だったし、テレビは非日常的な儀礼空間のなかで目撃され、ともに見守る視聴者たちの間に集合的な儀礼の場を生んだ。だからこそ力道山のプロレスは異様なエネルギーを帯びて視聴者に迫ってきた。それはさまざまな意味で非日常性に満ちあふれ、集合的沸騰、[18]つまり視聴者たちが一体になって熱狂状態に巻き込まれる状況をもたらしたのである。

むろん現代の私たちはいちいちテレビに熱狂しない。それはすっかり日常のものになってしまった。[19]だが街頭テレビの経験を参考にすることはできる。街頭テレビにアウラ性が宿ったのは、周囲の人たちと感情を共有しながら、現在進行中の特別な儀式に参加している緊張感があったからだろう。だとすれば私たちは、そうした非日常的な要素を積み重ねることで、ライブビューイングを対面ライブ以上の体験に高めていけるはずである。

実は熱心なファンは、すでに自分たちで集合的沸騰状態を作り上げている。たとえば「応援上映」である。応援上映とは、集団で声を出して応援しながら映画を観る鑑賞スタイルをいう。これはライブではない。スクリーン内の俳優やキャラクターに全力で声援を送っても、絶対にリアクションは返ってこない。だから家で一人で応援上映をしてもむなしいだけだが、しかし映画館で集団で応援すると異様に盛り上がる。このように、本来ライブではないものをライブとして扱って楽しむのが応援上映の醍醐味であり、そのとき会場にいあわせた観客のノリ次第で盛り上がり方は毎回異なる。だからこそ「神回」を求めて同じ映画を何十回も観にいくリピーター的な行動も生まれるのである。

そうだとすると配信ライブの未来は、観客側のそうした欲望を受け止めたうえで、運営側が非日常的な儀礼の空間をどう演出していくかにかかっている。人為的に集合的沸騰を高める工夫を凝らさないなら、有料の配信ライブは無料のライブ配信を前に廃れていくばかりだろう。

注

(1) 正確には「アラフェス2020」は生中継ではない。十月二十四日に極秘で事前収録したものを十一月三日に公開したことが、各種の報道から明らかになっている。
(2) 三輪眞弘監修、岡田暁生編『配信芸術論』アルテスパブリッシング、二〇二三年、一五〇ページ
(3) 村谷拓郎/岩崎欣二「時代を創った技術――日米初のテレビ衛星中継」「映像情報メディア学会誌」第五十九巻第二号、映像情報メディア学会、二〇〇五年、二三四ページ
(4) 太田健二「同期する時代における音楽文化の「現場」性――クラブカルチャーのVJを事例に」、四天王寺大学紀要編集委員会編「四天王寺大学紀要」第五十七号、四天王寺大学、二〇一三年、一九一ページ
(5) 総務省が毎年おこなっている「通信利用動向調査」には、個人や世帯でスマートフォンがどの程度利用されている

のかが示されている（総務省「通信利用動向調査」〔https://www.soumu.go.jp/johotsusintokei/statistics/statistics05a.html〕［二〇二五年一月二十四日アクセス］）。

（6）総務省は毎年、五月と十一月にインターネットのデータ通信量を集計・試算している（総務省「我が国のインターネットにおけるトラヒックの集計・試算」〔https://www.soumu.go.jp/joho_tsusin/eidsystem/market01_05_03.html〕［二〇二五年一月二十四日アクセス］）。

（7）マクロミル「ライブ配信は誰がどう使っているのか」「MarkeZine」二〇一七年十月二十日（https://markezine.jp/article/detail/27122）［二〇二五年一月二十四日アクセス］

（8）「ライブ配信に関する調査（２０２２年）」「クロス・マーケティング」二〇二二年二月九日（https://www.cross-m.co.jp/report/life/20220209live/?Download#）［二〇二五年一月二十四日アクセス］

（9）電通メディアイノベーションラボ編『情報メディア白書２０２０』ダイヤモンド社、二〇二〇年、一四―三三ページ

（10）二〇二四年の調査は筆者が単独でおこなったが、二〇年の調査は南田勝也・永井純一・平石貴士と共同でおこなった（『コロナ禍のライブをめぐる調査レポート［聴衆・観客編］』日本ポピュラー音楽学会、二〇二一年）。

（11）二つの調査では事前に調査対象者を絞り込んでいる。すなわち、全国に居住する十六歳から六十四歳の男女約二万人に事前にアンケートを送り、そのうち約二千人が回答し、さらに「音楽が趣味」と回答した約千人のなかで、「過去二年間に一回以上ライブに行った経験がある」と回答した約五百人を選んだ。この約五百人を対象に本調査をおこなった結果、二〇二〇年調査の有効回答者数が四百十三人、二四年調査が四百七十三人だった。

（12）ここでは、青年（十六―二十四歳）、壮年（二十五―三十九歳）、中年（四十―六十四歳）に分類している。

（13）二〇二〇年から二四年までの間にどの程度の変化があったのかをソマーズのD係数を用いて測定したところ、パソコン（-0.065）、スマートフォン（0.062）、テレビ（0.120）だった。

（14）松田美佐「若者のオンラインライブ視聴」、中央大学社会科学研究所編「中央大学社会科学研究所年報」第二十五号、中央大学出版部、二〇二〇年、一七二ページ

（15）藤本健「ライブ丸ごとＷＡＶ保存!? ヤマハの世界初〝ライブ真空パック〟システムが凄い」「AV Watch」二〇二

四年三月十一日（https://av.watch.impress.co.jp/docs/series/dal/1575111.html）［二〇二五年一月二十四日アクセス］

（16）吉見俊哉「テレビが家にやって来た――テレビの空間 テレビの時間」「思想」二〇〇三年十二月号、岩波書店、三〇ページ

（17）長谷正人「アウラとしてのテレビジョン――一九五〇年代のテレビ受容をめぐって」「早稲田大学大学院文学研究科紀要」第六十巻、早稲田大学大学院文学研究科、二〇一四年、二四ページ

（18）集合的沸騰とは、興奮した人々が集まっているうちに、お互いが放つ感情が反射して雪崩のように大きくなっていく現象をいう。Émile Durkheim, *Les Formes élémentaires de la vie religieuse: le système totémique en Australie*, PUF, 1912.（デュルケム『宗教生活の原初形態』上、古野清人訳〔岩波文庫〕、岩波書店、一九七五年、三八九ページ）

（19）長谷によると、それは単にテレビが日常化されたことを意味するのではない。むしろ日常生活それ自体がテレビの力によってアウラを含んだ別の意味をもつものに変容させられた結果だという。前掲「アウラとしてのテレビジョン」二五ページ

終章　ライブが存在感を増した社会背景
――メディア、社会意識、共同体

南田勝也

本書ではライブ文化のさまざまな様相を多様な視点から論じてきた。この終章では、そもそもなぜ現代社会のポピュラー音楽シーンでライブの存在感が増しているのか、この論点について社会背景の考察を通して検討したい。その際、音楽聴取メディアの変容がリスナーのリスニング習慣に与えた影響、音楽公演をコンサートではなくライブと呼ぶようになった社会意識、そしてモッシュやダイブなどをおこなう瞬間的共同体がつなぐ文化継承、以上三点にフォーカスして考えていく。

1　レコーディング音源からライブ音像へ

パッケージ品が売れなくなりライブやツアーなどの体験が尊重されるようになった時代の変化を、二〇一〇年代のマーケッターは「モノ消費からコト消費へ」[1]と表現した。音楽シーンはその適例であり、CD市場の低落とライブ市場の上昇は格好のモデルと捉えられてきた。

だが、ここで少し慎重になりたい。もともと音楽は質量性がない表現芸術なので、アナログレコードやCDなどの容器を必要としてはいたが、モノに定着していたわけではなかった。レコードの質感やジャケットのアート性などモノとしての魅力は有しているとしても、こと音楽を聴く行為に関しては、モノは本質的な要素ではなかったのである。[2]

では、歴史的にみて、音楽リスナーは何を消費してきたのか。それはレコーディング音源である。ミュージシャンは完成形を目指して一つの楽曲のさまざまなバージョンを録音するが、シングルやアルバムに収録して一般の流通に乗せるオフィシャルな録音が、ここでいうレコーディング音源にあたる。

かつて、音楽を聴く行為、音楽にふれる経験、特定のミュージシャンのファンになる心理、音楽の学術的研究の対象は、その多くをレコーディング音源の聴取に頼っていた。細川周平は一九九〇年の著書『レコードの美学』で「複製技術こそが全ての音楽を無差別に「ポピュラー化」した」[3]と述べているが、これは二十世紀を通じて録音品としての楽曲があらゆる聴取のベースになったことを意味している。

この認識は楽曲がMP3ファイルになり脱物質化を果たしたあとも変わることがなく、マスメディア（ラジオやタイアップCM）からネット配信メディア（動画配信やサブスクリプションサービス）まで、基本的には「ミュージシャンが正式にリリースした録音品」を利用している。唯一テレビの歌番組だけは生演奏を好む――つまり録音品と異なる音像を大衆に届ける機能を果たす――が、とりわけランキング形式のテレビ番組の場合は、レコーディング音源のパッケージ売り上げに貢献すると思われていたからそうしていたのであり、実際にテレビの露出の多さが売り上げにつながっていた。

ライブのツアー、巡業の類いも、かつてはこれと同じ論理でなされていた。ミュージシャンの全般的な活動のなかで、なによりもまず新譜のリリースに大きなニュースバリューがあった。「新曲をひっさげての東名阪ツアー」などの言い回しを目にしたことがある人は多いはずだ。ライブはレコーディング音源の売り上げ向上を図るための付随的な活動にすぎなかったのである。もちろん「ライブ巧者」「ライブでこそ本領発揮」と音楽通に認められるミュージシャンはいたし、「夢は武道館、そのためにいまはライブハウスで研鑽を積んでいる」と目標を演奏活動そのものに定めるミュージシャンもいて、それは一種の夢想として成立していた。しかし、録音品としての楽曲が聴取のベースであるかぎり、新譜を出さずに音楽活動を続けていくことはなかなかに苦難の道だったとはいえるだろう。

すなわち、二十世紀の音楽シーンは、レコーディング音源の売り上げを競うチャートを基軸に形成されていたのである。ミュージシャンが腐心していたのは名盤とされる作品をどう録音するかであり、音楽産業は自社のミュージシャンをチャートの上位にどう食い込ませるかを考え、音楽ファンはレコーディング音源を聴取することでファンとしての思いを強くしていた。

しかし、時が移り二十一世紀に入ると、音楽シーンに構造変容が訪れる。ディスクの売り上げが壊滅的になり、音楽ファンは一つひとつのアルバムに対価を支払わなくなった。一時期はインターネットを中心に無料の違法コンテンツが猛威を振るったが、「YouTube」収益化の方向とサブスクリプションサービス（サブスク）の登場とで事態は収束し、「再生すると権利者に対価が支払われる仕組み」と「定額聴き放題」が定着するに至った。著作権者の収益確保はひとまず守られることになったが、とはいえ根本的に変わってしまったものもある。

まずチャートが信頼できなくなった。ビルボード社はフィジカルの売り上げだけでなくインターネットの再生回数なども集計に組み込んで統合的なチャートを目指してはいるが、実のところポータルサイトごとに異なる傾向のチャートが林立し、どこの誰に人気があるのか判然としなくなった。また、時間軸もあやふやになる。旧譜も新譜も並列的にモニターに示されて、リスナーにははたしてそれが何年前の作品なのかもよくわからない。ミュージシャンがニューアルバムをリリースする時期について、熱心なファン以外は気にとめなくなり、「おすすめ」として表示されてはじめて気がつくという次第だ。レコーディング音源は、手触りが感じられないデータになってしまった。

とはいえ、人々の音楽への熱意が下がってしまったわけではない。ミュージシャンがツアースケジュールを発表すれば大いに盛り上がり、チケットの争奪戦が始まる。近年では夏フェスも大手なら早々にソールドアウトする。往年のバンドが再結成や再始動を宣言すれば、「新譜を出す」ことよりも「ライブをおこなう」ことに歓喜の声が上がる。感触が薄くなったデータよりも生の音楽の体験が求められているのであり、その意味では「モノ消費からコト消費へ」のフレームがあてはまっているようにみえる。

しかし、ことはそう単純ではない。サブスクや「YouTube」に音楽シーンの軸足が移行したことの真のインパクトは、「処理できないほどの膨大な情報を諸個人が受け取る時代になった」ことにあるからだ。

試みに、手元のサブスクのアプリで、なんらかの楽曲のタイトルを入力して検索してみてほしい。スタンダードな楽曲ならなおさらだが、同タイトルの楽曲がずらっと並んで表示されるだろう。そのなかには単にタイトルが一致しているだけの別の曲もあれば、同じ曲の別バージョンや再録、ライブ版、カバー曲などが数多く含まれている。公式のレコーディング音源が最も上に表示されているともかぎらない。情報量が膨大であるがために、「一つだけの正典」の規範が崩壊しつつあるのだ。極端にいえば、友人との会話でAという曲はいいよねという合意がされたとして、同じ音源のAを聴いて感想を述べ合っているのか、それさえも定かではなくなっている。

さらに、ユーザーが自由に動画をアップロードできる「YouTube」には、もっと膨大な情報があふれ、もっと拡散的である。現在、音楽にアクセスする際に最もよく用いられるツール(4)、「YouTube」の影響力は計り知れない。サブスクで試したのと同様に楽曲のタイトルを入力して検索してみると、ライブ映像が何種類も大量に表示されるのが特徴である。ライブの日付と会場の情報が丁寧に付記され、それぞれを比較して観ることも容易だ。MV(ミュージックビデオ)が制作される代表曲であればその楽曲のレコーディング音源を聴くことができるが、そうでない場合は(映像を伴わないので)音源がアップロードされていないこともある。おのずと、ライブバージョンを視聴することになる。

しかもそれは、古今東西を問わない。ありとあらゆる映像が無尽蔵に供給される時代に突入し、かなり昔のライブ映像やマイナーなミュージシャンのライブ映像が視聴可能になっている。ミュージシャンのパフォーマンスだけでなく、観客の様子や盛り上がる会場の雰囲気まで確認することができる。新人バンドはどうかといえば、現在の若手はセルフプロデュースせざるをえない環境に置かれ、自らの認知を広げるためにライブハウスの演奏を録画した映像をスピーディーに投稿している。これが可能になったのは高画質で低価格のビデオカメラが普及したためでもあるが、おかげで私たち音楽リスナーは、ライブ演奏に容易に接近することができている。当然のことながら、そのライブバージョンを気に入って何度もリピート再生する人もいる。

このことはつまり、ライブに行かない（コト消費をしない）人でも、ライブでの音像をもとに音楽を聴く（繰り返し再生が可能な点でモノ消費的である）ことが可能になったことを意味する。「YouTube」がない時代、ライブとは一回きりの体験であり、クローズドな聴衆しか目撃できない性質のものだった。音楽の消費は、唯一の正典であるレコーディング音源をベースにしていた。それがいまは（ミュージシャンがライブをこなした回数だけ存在する）ライブ音像をベースにすることができる。

こと音楽分野に関しては、「モノ消費からコト消費へ」よりも「レコーディング音源からライブ音像へ」と表現したほうが正鵠を射ていると思える。

2 コンサートからライブへ

本書ではタイトルにもあるようにポピュラー音楽の公演を――そう呼びようがなかった第1章「コンサート・パフォーマンスの歴史――クラシック音楽とポピュラー音楽の身体」（宮本直美）と第2章「PA実践の文化史――循環器としてのサウンドシステムが生む「ライブ」な交歓」（忠聡太）を別として――ライブと呼んでいる

が、その理由を説明しておきたい。音楽家による音楽の催しを表す言葉として、コンサート、ライブ、リサイタル、ショー、ＧＩＧ、ステージなど、さまざまな用語がある。しかし現代では、前の二つ以外はあまり使わなくなっている（フェスティバルやジャンボリー、カーニバル、イベントなど複数出演者が演奏またはＤＪプレイをする催しの名称はここでは省略する）。

ライブは生を意味し、音楽の公演についてはライブコンサート、ライブショー、ライブエンターテインメントのように、その出来事の一回性を表すために冠していたが、日本では省略してライブだけを表記するようになって久しい。なお、私たちが慣れ親しんでいるライブハウスは和製英語であり、アメリカなどでは同種の施設をライブミュージッククラブと呼ぶ(5)。いずれにせよ、「ミュージシャンが研鑽を積んで本番の舞台に立って実演をおこない、訪れた観客とともにその場かぎりの空気を作り上げて生命感を放出する」という出来事のニュアンスを的確につかんだ言葉としてライブはある。

ただし、この言葉が広範に使われるようになったのは比較的近年のことである。この言葉の浸透状況を知るために、新聞記事（「朝日新聞」「読売新聞」「毎日新聞」「日本経済新聞」の四紙）に出現した頻度をみてみよう(6)。一九八五年以降の「ライブ」の一年ごとの出現数合計を表したグラフが図1である。

ここからは、一九九〇年代前半まではほとんど人口に膾炙していなかったが、九〇年代後半から伸び始め、二〇〇〇年代に入ると安定して高頻度で用いられていることが見て取れる。なお、これは新聞（一般紙）の出現頻度なので、音楽雑誌などの媒体とは傾向が異なる(7)。あくまでも社会への浸透という意味で、「ライブ」は一九九〇年代後半以降に定着した呼び名なのである。

続いて、「コンサート」の語の同様の年次推移もグラフにする（図2）。「コンサート」は直接的に音楽の演奏会を指し、また告知文や案内文にも使われるので、以前から件数自体は多く、ピーク（二〇〇五年）の比較で「ライブ」の三・一倍ほど出現している。グラフを見ると、一九九七年に急激に伸び、このあたりで音楽文化で興行の重要性が増したことがわかる。

興行の重要性が増したこの時期（一九九七年から二〇〇〇年）は、ＣＤ・オーディオ産業が未曾有の好景気になり、ミリオンセラーが頻発していたころにあたる。[8] 音楽産業のパッケージ販売の不調は二〇〇〇年代後半にあらわになり、それに反比例してライブエンターテインメント事業の売り上げが伸びるのだが、好調なＣＤセールスとの相乗効果でコンサートやライブの話題性が高まったのが二十世紀末の一時期の出来事だったといえるだろう。

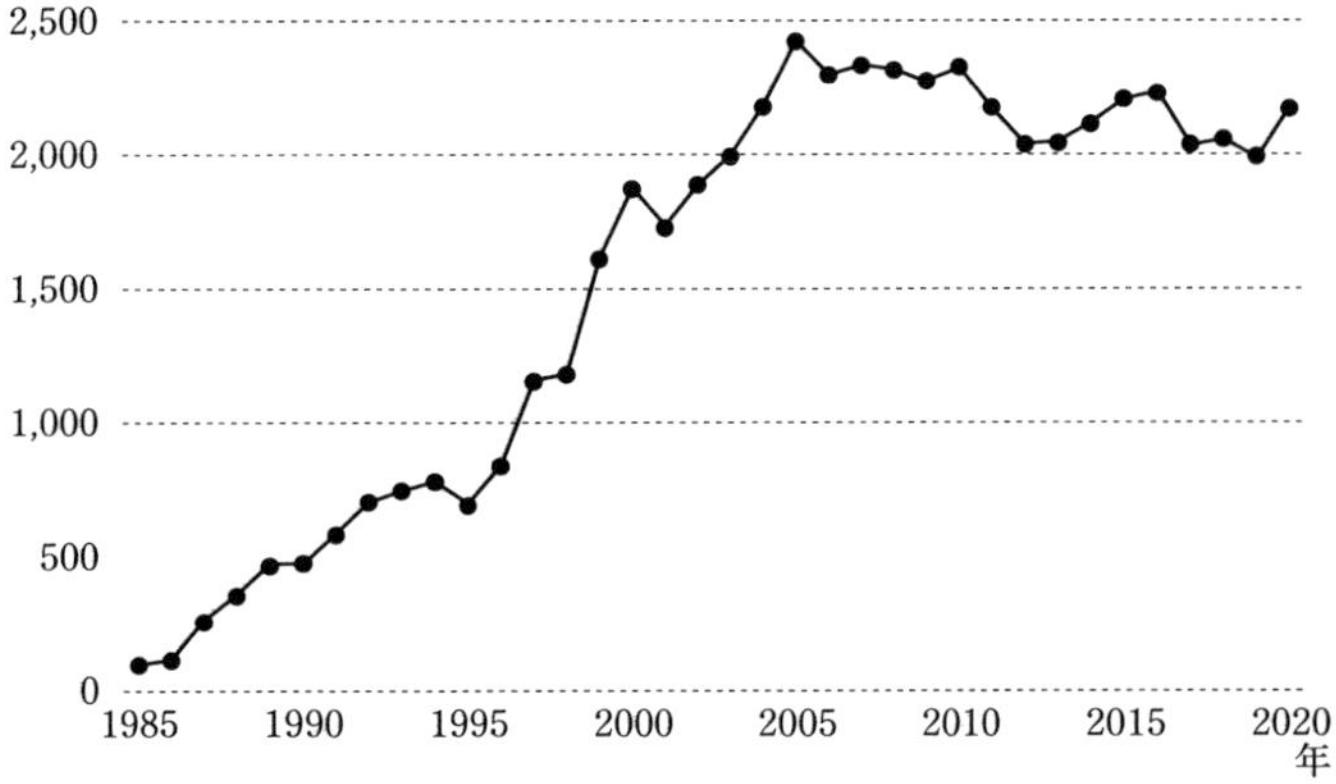

図1　「ライブ」の語句が新聞記事に出現した件数の年次推移（4紙合計）

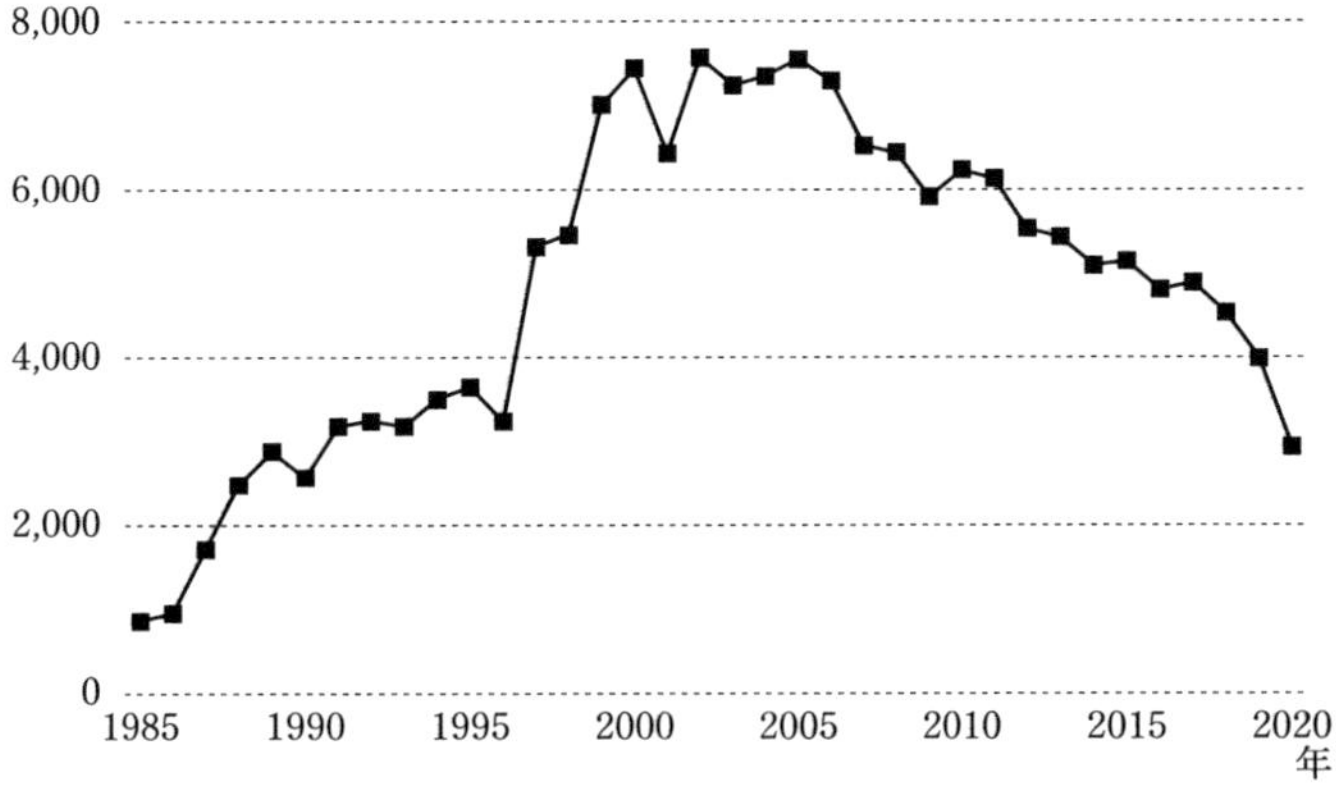

図2　「コンサート」の語句が新聞記事に出現した件数の年次推移（4紙合計）

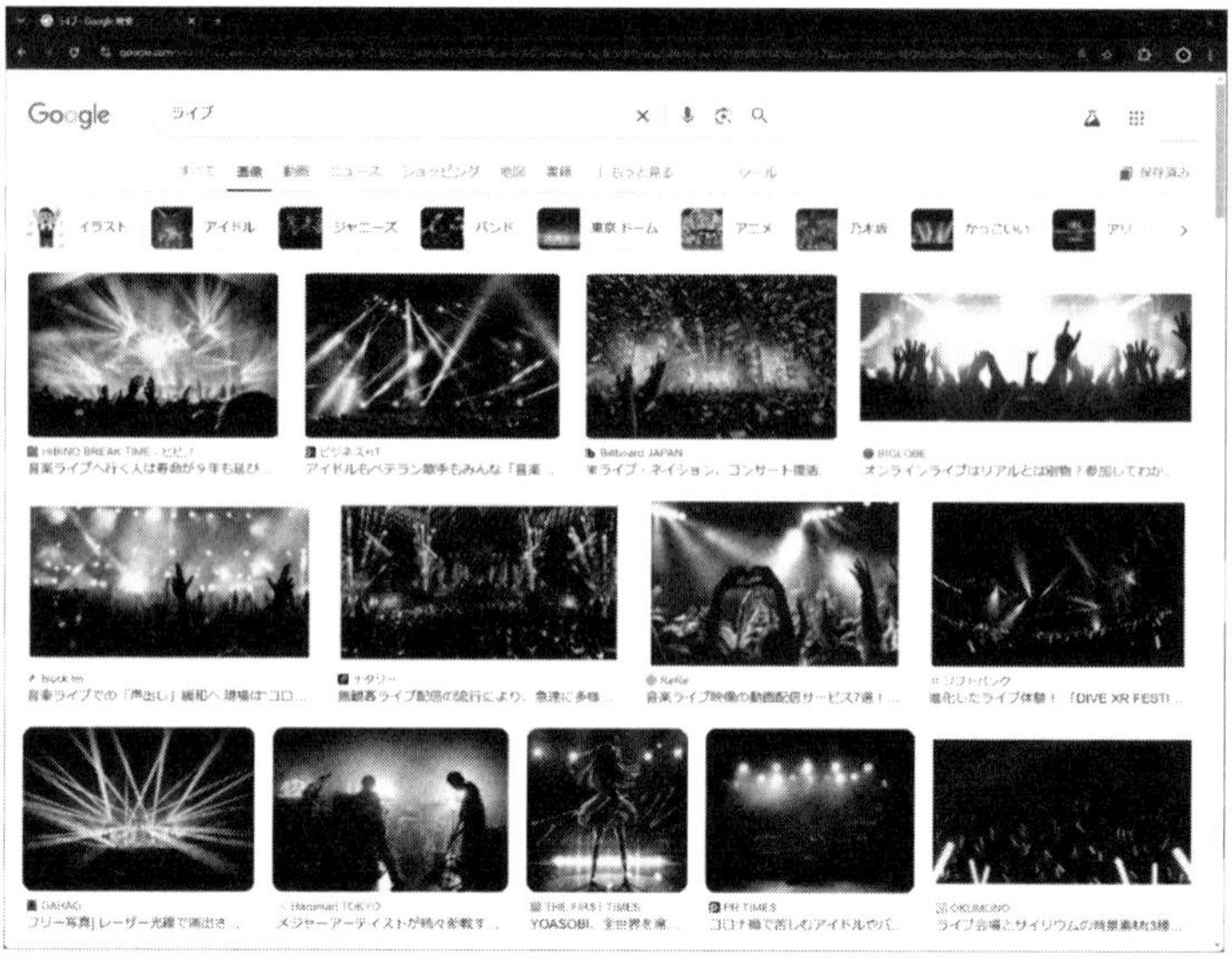

図3　Google 画像検索で「ライブ」の語を検索した結果（2024年7月24日時点）

話を「コンサート」と「ライブ」の比較に戻す。図1と図2を眺めると、二〇〇五年ごろから「コンサート」の出現数が低下し、「ライブ」の出現数は一定を保っている。その結果、二〇年には両者の差は一・三倍程度にまで縮まっている。これは、音楽の催し物をコンサートと呼ぶ率が相対的に下がり、そのかわりにライブと呼ぶ機会が増えていると捉えることができる。

このことは一つの推論を導く。端的にいうと、現代社会では音楽の演奏会・公演会のイメージがライブの語のもつニュアンスに引っ張られているのではないか。

ポピュラー音楽の公演は必ずしも激しい身体の動きを要請するジャンルばかりではないはずなのに――だから過去にはコンサートと呼ばれてきた――いまやライブの語が優勢になろうとしている。これは、それだけパンクやメタル、ヴィジュアル系、アイドル、K―POP、ボカロなど、ファナティックなジャンルの公演の数が増えたということだろうか[9]。それとも「音楽のイベントといえばライブ！」のイメージ操作がなされているのだろうか。おそらく答えは微妙に異なり、実際に、多様な音楽ジャンルの公演が、コンサートと呼ぶのでは少し物足りない、ライブと呼ぶにふさわしい体感を一義とする空間に変貌しているのだ。

たとえば人に「ライブに行ってくる」と言われるのと「コンサートに出かける」と聞かされるのとでは、それだけで印象が変わる。前者は客席を取り払った総立ち状態のスペースで、全身を使ってミュージシャンにリアクションしつづけるイメージ。後者は客席があるスペースを想像し、穏やかな演奏をじっくり楽しむイメージ。実際にGoogle画像検索で両者を比較してみると、「ライブ」は密集したオールスタンディングの観客が思いのま

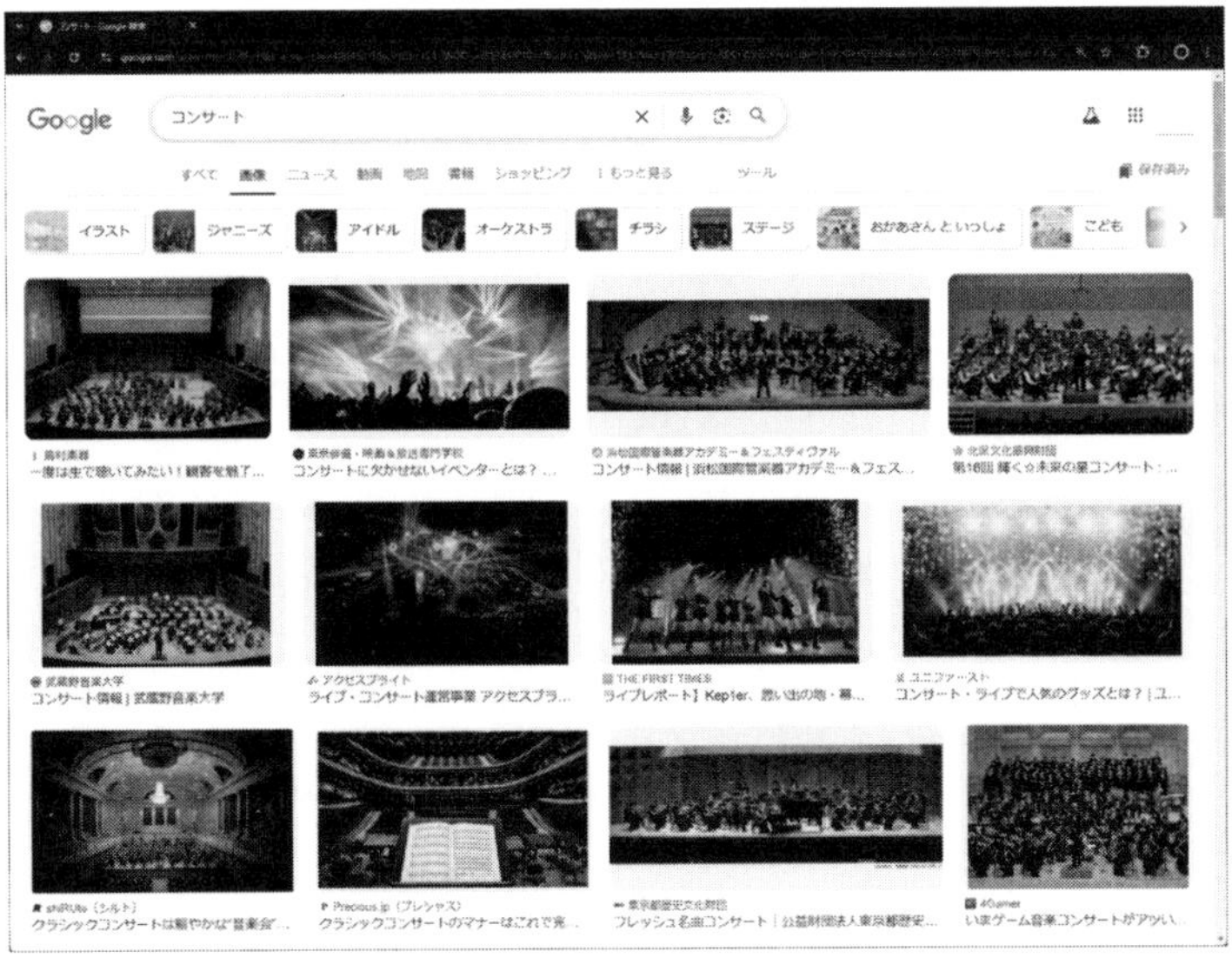

図4　Google画像検索で「コンサート」の語を検索した結果（2024年7月24日時点）

まに拳を突き上げ、演奏し躍動するミュージシャンに声援を送る画像が並ぶ（図3）。それに対して「コンサート」は、前者と同様のイメージ図もあるが、クラシックの演奏会を想起させるホールの画像が多く並んでいる（図4）。

「ライブ」を象徴する「オールスタンディングの観客が熱狂を表現する」という作法それ自体はそこまで目新しいものではない。スタンディング文化の成り立ちを検討した忠聡太によると、一九七〇年代初頭の洋楽ロックのライブで、客席があるにもかかわらず立ち上がる様式はすでに具現している。[10] また、八〇年代後半には椅子席がないキャパシティー千人規模の中規模ホールが東京湾岸エリアにいくつも建設されて、オルタナティブロックの日本公演に寄与した。観客のスタンディングは、当初は激しい演奏が売りの公演に限っておこなわれていたが、徐々に広まりをみせて、二〇〇〇年代以降は野外フェスの定着化とも相まって、ジャンルを問わず一般化していく。忠によると、「こうし

た公演では、立ち上がることは演奏に対する反応というよりも、実演に挑むためのデフォルト設定と化している[11]」。

現在、数万人規模のスタジアム級のライブにアリーナスタンディングの席種を設置する例が増えていることも、「デフォルト設定」を示す例になるだろう。スタジアムを単独公演で使えるミュージシャンになるとその人気は絶大であり、J―POPやロックやアイドルやダンスミュージックなどジャンルも多様である。ファンにはさまざまな年代のさまざまな傾向をもつ人がいる。しかしそのお披露目の場では、客席は取り払われて、体感を一義とする能動的な観客に優先的に合わせているのである。

体感を重視するミュージシャンの試行をいくつか挙げると、たとえば音楽大学卒のエリートピアノ奏者がかしこまった演奏会（クラシックやジャズのコンサート）を嫌い、ロックフェスに登場して全身を使った激しいピアノプレイで聴衆を沸かせる場面を見かける。また、レコーディングとライブで意図的に音像を変えて、じっくりと歌を聴きたい向きにはレコーディング音源を促し、ライブに訪れた聴衆には一緒になって踊り明かすダンスチューンを提供するミュージシャンもいる。

聴衆に目を転じると、特に若者層でライブに行く人たちは「参戦する」という言葉を好む。戦闘に参加するとは大げさな言い回しに聞こえるが、意図しているのは「（スポーツを）観戦する」に近く、サッカーの応援などを想起するといい。試合中ずっと声援を送り続け、メガホンを叩いたり応援団の鳴り物に合わせたり、手足の運動を止めない。ただし音楽の場合は、スポーツの試合のように勝ち負けを見守る動機がないため、より直接的な身体運動になる。プレーヤーが奏でる音色や刻まれるリズムに応じて、手拍子やダンスや、ときにはサイリウムなどの道具を使って身体を躍動させる。ステージを凝視していなくてもかまわない。音楽が鳴り響く空間に自らの身体も「参戦」しているのだから。

筆者は以前、スコット・ラッシュの情報批判論[12]の議論を援用して、音楽文化の受容のあり方の変化を「鑑賞からプレイへ」という言葉で表現した。これは複製文化の受容とライブ文化の受容の双方ともに関連する。共通していえるのは、かつての社会と比較して近年は、文化作品を享受する行為について、文化作品を味わい理解するように「鑑賞する」よりも、ただそこにいてともに「プレイ（遊び）をする」側面が強くなっているということである。

クラシック音楽を鑑賞するときにはスピーカーと自分の位置をはかって適切なポジションに座る。演劇やコンサートを観劇するときには見物人としてやはり舞台上の演者からは距離をとる。対象を観たり聴いたりすること自体が目的だからだ。しかし、遊ぶときには、それらの配慮をすることはない。野球をするときのバットやボールは別に芸術作品ではないし、目的でもない。主体も客体もすべて含めて同一のフィールド内でともに遊ぶこと自体が目的なのである。(13)

もともと、ポピュラー音楽の実演の催しには、かしこまって鑑賞する目的だけでなく、ともに体感するプレイの目的はあった。たとえアコースティックな弾き語りコンサートや、カラオケを用意した歌謡ショーなど、年配の観客がシートに着席して観る演奏会だとしても、そのさなかに一回は観客が「総立ち」になり手拍子をとって声援する瞬間は用意されているものであり、そのことが金銭と時間を費やした聴衆の満足感を高めていた。

いわば目的の両翼（鑑賞／プレイ）があったのだが、現代では社会環境の変容によって、その片翼（プレイ）だけがクローズアップされるようになっている。ミュージシャンも聴衆もそれを求めていて、結果、どう考えてもコンサートとしか呼びようがない公演が企画されても、広報サイドがライブと銘打てば、それを積極的に受け入れる、あるいは暗黙のうちに是認することを、関係者全員でしている。そのことが、二〇〇〇年代以降の「コンサート」の語の出現頻度の低下と「ライブ」への置き換えにつながっているのである。

3 「音楽になる」体験

ここまで巨視的な見地から、なぜライブはここまで存在感を増すに至ったかを考えてきたが、本章の最後に、やや特殊な音楽文化の微視的な観察から答えを導き出してみたい。それは、モッシュやダイブが生じるライブ空間である。

現在のライブではスタンディングが当たり前になっていることはすでに示した。総立ちの聴衆は、手を上げたり身体を揺らしたりして、一見すると自由に振る舞っている。ただし、多くの場合、自らの立ち位置を定めたあとはめったに移動しようとはしない。他人と接触しないよう、一定の距離を置くよう、気をつかっているのだ。しかし、わざと肩をぶつけたり押し合ったりすることが正当化されるモードがある。それがモッシュである。ステージ前方に人々が集まってぎゅうぎゅう詰めになると、通常の気遣いからくる抑制が外れて、アクションや声が大きくなり、身体を接触させ合うことが平気になる。混沌とした渦に放り込まれるような状況が生まれ、会場全体の気分は高揚し、ライブは尋常でなく盛り上がる。興奮が最高潮に達すると、ミュージシャンや観衆の一部はステージからモッシュめがけてダイブし、人々の頭上を転がっていく。

このモッシュやダイブはどこでも生じるわけではなく、パンク、メタル、メロコア、グランジ、ミクスチャーなど、攻撃的とされるロックのサブジャンルでなされることが多い。歴史的には、一九八〇年代アメリカ西海岸のハードコアを発祥とし、ライブに過激さを求める層が各地のライブハウスに伝道したことで全米に広まった。当初は小規模でマイナーなシーンでの出来事だったが、九〇年代初頭にグランジのニルヴァーナがアンダーグラウンドの質感をオーバーグラウンドに引き上げたことによって、数万人が集う大規模なステージでもモッシュやダイブが発生するようになる。三十五万人を動員した九四年のウッドストック94ではすでにモッシュが常態だったので、普及のスピードは相当早かったといえる。その後、二〇〇〇年代にかけて大規模な野外フェスがアメリカ、ヨーロッパ、日本で増加し、ヘッドライナーを担うラウド系のロックが全盛期を迎える。モッシュはさらに広まりをみせ、円になって走り回るサークルモッシュなどのバリエーションも生まれた。

ただ、少し考えてみればこれが危険を伴う行為であることはわかる。実際に負傷者が出るなどの事故が相次いだためモッシュ禁止を掲げるライブやフェスが増え、モッシュは二〇一〇年代からは下火になっていく。と同時に、なんとかしてモッシュの「快楽」を守りたいコミュニティは、暗黙のルールを自らに課してより安全なモッシュの試行を続け、そしていまに至っている。

これから紹介するモッシュのドキュメントは、二〇二四年三月に武蔵大学社会学部に提出された卒業論文「モッシュダイブとライブキッズ」[14]からの引用である。筆者の土屋璃奈は、二三年に複数の野外ロックフェスに参与し、詳細なフィールドノートを残している。分析的視点と主観的感覚を両立させた筆致でモッシュ体験をリアルに描くもので、現在のシーンの状況が克明にわかる。いくつか抜粋するが、まずはモッシュの渦に飛び込んだときの様子である。

曲が始まるとぐいぐいと人が後ろから前方に押し寄せて圧縮が起こる。前後左右の人と密着して圧迫され、内臓がぎゅっとするような感覚をおぼえる。各々が身体を揺らしてリズムを取ることで周囲の人と身体同士がぶつかり合い、自分で動かずとも押されて勝手に身体が動く。横や後ろの人がジャンプすれば、そこに密着している自分の身体も強制的につられて上下する。四方八方から押されることで、自分の足の踏み場を見失い、足が地面から浮いた状態になる瞬間もあった。

この文章はモッシュの「怖さ」と「魅力」を同時に――ということは「魔力」といっていいかもしれない――伝えている。「怖さ」はいうまでもなく、押しかかる圧によって自分の身体のコントロールが利かなくなることである。この危険を回避するには、押し寄せる流れに逆らわないことが肝要である。大量の人が押し寄せてくるときにふんばったりすれば転倒する恐れがある。ということは、ミュージシャンを見るために定点にとどまることはできないわけで、おのずと「見る」ことから「音に反応する」ことに目的はシフトする。

しかし「音に反応する」といっても、それが自分のリズムなのか他人のノリなのか、まるでわからなくなることを土屋の文章は伝えている。この自律的とも他律的ともいえない、ただ爆音サウンドに追従する感覚が集団に訪れることが、モッシュの最大の「魅力」である。

サビではダイバーが大量発生した。女性や比較的細身な男性が後ろから駆け寄ってきては、比較的体格の良い男性の肩を叩く。肩を叩かれた男性は膝を曲げて腰を落とし、ダイバーはその背中にジャンプしておんぶのように飛び乗る。その後ろにいた男性たちは、飛び乗った人の背中や尻や足を必死に押し上げて送り出し、ダイバーの身体が人々の頭上に乗り上げる。ダイバーが身体をステージに対して平行にし、更にその下にいるモッシュピットの人達が、自分の頭上を通過したダイバーを上げた手で押し出すことで、ダイバーはステージの方へ転がっていく。その先で、最前柵の足場に乗って顔を出したセキュリティスタッフたちに受け止められ、柵の外に降ろされる。視認できなかったが、降ろされたダイバーたちは恐らくステージ前を横切り、スタンディングエリアに横から入ってモッシュピットの中に戻っていっていると考えられる。この一連の流れがサビになると繰り返されるのである。

日本のメロコアのサウンドはライブに集う人々が欲する身体活動への最適解を示している。軽快なAメロとBメロはステージ前により多くの観衆を呼び寄せ、一瞬のタメを作ったのちに発せられる大音量のサビを合図にダイバーが飛んで宙を泳ぐ。ライブ映像のビデオを見ているだけだとダイバーがどのようにして飛んでいるのか不明瞭なところがあるが、こうして解説されるとその疑問が氷解する。かつてはステージによじ登った者が前からダイブしていたが、いまは後ろからモッシュに駆け寄り合図を出して飛ぶのだ。飛ぶ人、飛ばす人、頭上に乗せる人、それぞれが決められたわけでもないのに役割分担し、セキュリティスタッフも加わって、この共働の空間を作り上げている。

飛んだ人が、こちらを振り返っては拳を上げて煽ったり、笑顔で転がったりしている様子が見えた。また体格の良い男性たちは、発射台や送り出す係に徹していた。彼らが曲開始時に前方に寄ってきたのは、自ら率先してこの役割を果たすためだったかと思われる。自分の後頭部にも後ろから転がってきたダイバーの足がぶつかったので、摑んで前方に送り出す。斜め前で墜落し背中から落ちてしまったダイバーの男性がいたが、周囲の全員が即座に手を伸ばし、みんなで引っ張り上げ立たせる。起こされたダイバーは片手で合掌のようなポーズをして周囲に感謝の合図を送り、すぐ前に向き直って拳を上げる。Cメロでは肩を組んで折りたたみヘドバンが発生。終了して上手後方の出口に向かって歩くと、上手後方でサークルを作っていたと思われる人々が集合写真を撮影していた。

ダイブはモッシュよりもさらに危険度が高く、ステージ上のバンドもしきりに「今日はけが人を一人も出さないぞ」と注意喚起する。だからこそ、そこに集うすべての人々は協力しあい、笑顔を作り、瞬間的な共同体を成立させる。事故がなく終われば強烈な達成感がもたらされ、偉業をたたえ合うかのように見知らぬ他人同士で喜び合う。ここに通底する価値意識を土屋は論文で「思いやり規範」と名づけている。もちろんその規範はいつどこででも発動するわけではない。論文では注意深く論じられているが[15]、無法地帯にみえるモッシュピットでボランタリーに行動し、他者を尊重する秩序が重んじられる事例があることを、さまざまな調査から検証している。

モッシュピットで忘我状態になって音楽に溶け込んでいるのに、トラブルを察知して回避する思いやり規範が作動することは、一見矛盾に思えるかもしれない。だが、たとえばチームスポーツになぞらえてみるといい。試

図5　ELLEGARDEN「風の日」のライブ風景
（出典：ELLEGARDEN「風の日」ミュージックビデオ〔https://www.youtube.com/watch?v=yNOQ1QHc2tg〕［2025年2月3日アクセス］）

合のなかで競技者は、どれだけ無我夢中のプレイをしても、競技ルールを逸脱することはしない。反復練習の結果として身体が自然にルールに適合した行動を取るのだろうし、なによりも、反則をして退場させられれば試合終了後の感激を味わえないのだ。スポーツ選手は試合の際には本番モードに変身している。

音楽のライブでも、楽曲が鳴り響く間の時間を本番と捉えることができる。イントロが始まると聴衆は自らの衝動を優先して輪に飛び込み、我を忘れてサウンドとリズムに身を委ね、事故が起きるとライブが中断される経験則から思いやり規範を守り、楽曲の展開に沿ったノリを示す。そして音楽が終わると、我に返って先ほどまでの結束を名残惜しんでいる。このとき彼ら彼女らは、何ものかに変身している。では何に変身しているのか。まさに、音楽そのものではないか。

土屋は論文で、小川博司らが提唱するノリの構造[16]を再検討し、モッシュが発生するライブでは通常の「音楽にノる」ことを超えて「音楽になる」経験がもたらされると述べている。この「音楽になる」ことを、土屋は当事者の感覚として記述しているが、論文のなかのその文字列を見たとき筆者はハッとした。これは、ライブを観る人——演奏者やモッシュ参加者ではない人——にも重要な認識上の転回をもたらす言葉だ。

私たちはライブに行くと、当たり前のことだが、ステージの方向にずっと視線を向けている。ところがオールスタンディングの会場の場合、最前列にでも行かないかぎり、視界は前の人の頭や背中で遮られていて、ステージはよく見えない。それは少なからずストレスになり、半歩ほど横にずれてボーカリストの姿を見ようとしたりする。

しかし、前方の密集した人々の動きが「それも音楽である」としたらどうだろう。私たちは、「聴衆の動きも含めてライブの視覚的な光景なのだ」というビジョンを楽しむことができるはずである。

ELLEGARDEN のライブ映像を動画で観る（図5）。活動休止直前の二〇〇八年のものだ。寄りの映像もあるが引きの映像もある。引きの映像では、モッシュピット後方に設置したカメラがモッシュの光景を余すところなく捉えている。前線はひしめき合い、もみくちゃになりながら歓声を送っている。演奏がサビに至ると、ダイバーたちが一斉に四肢を投げ出して宙に舞う。人の頭上でうまくバランスが取れた者は、高々と拳を突き上げる。その光景は、ただ動画を観ているだけの者にも音楽による高揚を強烈にもたらす。

そして、やはり、ライブ会場に足を運びたくなる。動画の視聴では「音楽になる」ことを成し遂げた観衆を視覚的に確認するにとどまるが、現場に行けば、観衆の歓声や手拍子が音楽の一部として聴こえてきて聴覚が大いに刺激される。また、温度や湿度の上昇を熱気として肌で感じることになる。さらに、そこで衝動が優先するなら――安全面に最大限気を配りながら――モッシュの渦に飛び込み、自ら「音楽になる」経験を体感することもできるのだ。

モッシュやダイブが生じるライブ空間は、新型コロナウイルス感染症拡大時（コロナ禍）では完全に沈黙していた。ハードコアバンド BRAHMAN の TOSHI-LOW は、二〇二〇年六月のインタビューで「一生あの光景〔演奏者と観客の密度が濃い空間：引用者注〕がないなら BRAHMAN は終わりでも仕方ないと思ってる」[17]と、長引くソーシャルディスタンスに対して諦めに近いような心境を語っていた。しかし、二五年現在、モッシュは復活の気配をみせている。

時代によってライブへの参加スタイルは変化していくので今後どうなっていくのかはわからないが、こうした〝生きた〟音楽、つまり〝ライブ〟音楽の認識が、局所的ではあっても世代を超えて継承されていることが、ライブがここまで存在感を増した理由の一つなのではないか。

注

（1）この言葉の初出は二〇〇〇年代中盤だが、一〇年代に広く知られるようになった。経産省は一五年に「コト消費空間づくり研究会」の報告書を発行している。

（2）なお、こうした意味とは異なる「モノ」＝ライブの現場で販売の主力になっている「グッズ」の存在価値については、第8章「推し活への唯物論的アプローチ——場所・モノから考える推し活のいま」（阿部真大）で詳細に論じている。

（3）細川周平『レコードの美学』勁草書房、一九九〇年、iiiページ

（4）日本レコード協会の二〇二三年度「音楽メディアユーザー実態調査」報告書によると、音楽の聴取方法で「YouTube」（五八・六％）がテレビやサブスクやＣＤ（三者とも二五％台）を引き離して断然一位である（日本レコード協会「２０２３年度音楽メディアユーザー実態調査報告書」二〇二四年、九ページ［https://www.riaj.or.jp/f/report/mediauser/2023.html］［二〇二四年十月二十日アクセス］）。

（5）日本のライブハウスは長い年月を経てアメリカとは別様に進化し、独特の文化圏を形成しているように思える。その生態については第5章「ライブハウス店長の生活史——二〇一〇年代以降の「オルタナティブ」な場所作り」（生井達也）で詳しく論じている。

（6）「朝日新聞クロスサーチ」「読売新聞記事検索」「毎索」「日経テレコンサーチ21」を用いて、対象を新聞記事（見出し＋本文）だけにし、アンド検索に「音楽」を入れたうえで「コンサート」「ライブ」を検索した。この方法では無関係な用法の語句が拾われることを完全には排除できず、絶対数にそこまで意味はない（たとえば公演の開催数を示すものではない）が、同語を同条件のもとで検索しているので、（世間への言葉の浸透度合いなどの）年次ごとの変遷を示す相対的な数字としては意味がある。

（7）たとえば「宝島」誌（宝島社）は一九八〇年代初期からRCサクセションのグラビアなどで「ライブ」の語をタイトルに用いていて、本文でも使っている。ライブの語がいつから音楽コンサートに使われるようになったのか、その起点については第2章「PA実践の文化史――循環器としてのサウンドシステムが生む「ライブ」な交歓」（忠聡太）で検証している。

（8）一九九八年にオーディオ総生産金額は六千億円を超えて、ミリオン作品の数は四十八枚に達している。それから十年ほどでCDの売り上げは二分の一以下に減少、ミリオン作品数は一桁になる（南田勝也『オルタナティブロックの社会学』花伝社、二〇一四年、二一八―二一九ページ）。

（9）本文ではファナティックなジャンルと一括りにしたが、当然のことながらそれぞれのジャンルによってファンコミュニティの意識や行動は異なる。K―POPについては第6章「K―POPライブとファン――世代交代による進化と越境」（吉光正絵）で、ボカロについては第7章「3DCGライブの行方――初音ミクから考える音楽公演」（南田勝也／木島由晶／永井純一／平石貴士）で論じている。

（10）忠聡太「起立の規律――ロック・バンドの来日公演にみるスタンディング実践史」、輪島裕介／永冨真梨編著『入門ポピュラー音楽の文化史――〈戦後日本〉を読み直す』所収、ミネルヴァ書房、二〇二四年、二二一―二四一ページ

（11）同論文二二三ページ

（12）スコット・ラッシュ『情報批判論――情報社会における批判理論は可能か』相田敏彦訳、NTT出版、二〇〇六年

（13）前掲『オルタナティブロックの社会学』二三四ページ

（14）土屋璃奈「モッシュダイブとライブキッズ――ロック音楽のライブにおける聴衆の身体実践の文化」武蔵大学社会学部二〇二三年度学士論文、二〇二四年

（15）モッシュが発生することと「思いやり規範」が作動することはイコールではない。ライブ慣れしている経験者がほとんどであること、新参者にもルールを伝えられる雰囲気があること、幾度もリピートされている会場（空間）であること、これらの条件がそろわなければ、この経験則に基づく規範ははたらきようがないのだ。その意味でも、モッシュの完全禁止を徹底させているフェスなどでは、禁則を破ってモッシュをすべきではない。そうしたフェスでは、

たとえモッシュが定番のアーティストの出演時だったとしても、前方に集う観客のほとんどはモッシュ未経験で、また主催者が積み上げてきた別のルール（間隔は空ける、接触はしない）を内面化している。そのような場所でモッシュが起きれば巻き込まれ事故が多発してしまう。

(16) 小川博司「ノリの意味と構造――音楽する社会・再考」、嗜好品文化研究会編「嗜好品文化研究」第二号、嗜好品文化研究会、二〇一七年、七三―七九ページ

(17) ジョー横溝『混沌を生き抜く――ミュージシャンたちのコロナ禍』毎日新聞出版、二〇二二年、二二ページ

木島由晶（きじま よしまさ）
1975年、兵庫県生まれ
桃山学院大学社会学部准教授
専攻は文化社会学、メディア文化論
共編著に『音楽化社会の現在』（新曜社）、共著に『「最近の大学生」の社会学』（ナカニシヤ出版）、『社会をひらくスポーツ人文学』（嵯峨野書院）など

平石貴士（ひらいし たかし）
1983年、群馬県生まれ
立命館大学産業社会学部非常勤講師
専攻は文化社会学、ポピュラー音楽研究、スポーツ社会学
共著に『クリティカル・ワード ポピュラー音楽』（フィルムアート社）、『表現文化の社会学入門』、監訳書にジェフリー・キダー『パルクールと都市』（ともにミネルヴァ書房）など

阿部真大（あべ まさひろ）
1976年、岐阜県生まれ
甲南大学文学部教授
専攻は労働社会学、文化社会学
著書に『地方にこもる若者たち』（朝日新聞出版）、『居場所の社会学』（日本経済新聞出版社）、『搾取される若者たち』（集英社）など

［著者略歴］

宮本直美（みやもと なおみ）
1969年、東京都生まれ
立命館大学文学部教授
専攻は音楽社会学、文化社会学
著書に『ミュージカルの歴史』（中央公論新社）、『コンサートという文化装置』（岩波書店）、『宝塚ファンの社会学』（青弓社）など

忠 聡太（ちゅう そうた）
1987年、栃木県生まれ
福岡女学院大学人文学部講師
専攻は近現代文化史、メディア研究、ポピュラー音楽研究
共著に『入門 ポピュラー音楽の文化史』（ミネルヴァ書房）、『クリティカル・ワード ポピュラー音楽』（フィルムアート社）、『私たちは洋楽とどう向き合ってきたのか』（花伝社）など

永井純一（ながい じゅんいち）
1977年、兵庫県生まれ
関西国際大学社会学部准教授
専攻は音楽社会学、社会学、メディア研究
著書に『ロックフェスの社会学』（ミネルヴァ書房）、共著に『よくわかる観光コミュニケーション論』（ミネルヴァ書房）、『現代メディア・イベント論』（勁草書房）など

山添南海子（やまぞえ なみこ）
1977年、京都府生まれ
日本大学大学院芸術学研究科芸術専攻博士後期課程満期退学
専攻は音楽文化学、空間造形学

生井達也（なまい たつや）
1984年、茨城県生まれ
国立民族学博物館外来研究員
専攻は文化人類学、社会学、ポピュラー文化研究
著書に『ライブハウスの人類学』（晃洋書房）、論文に「コンヴィヴィアルな場としてのライブハウス」（「生活学論叢」第32号）など

吉光正絵（よしみつ まさえ）
1969年、山口県生まれ
長崎県立大学国際社会学部教授
専攻は文化社会学、国際社会学
共編著に『ポスト〈カワイイ〉の文化社会学』（ミネルヴァ書房）、共著に『コンクール文化論』（青弓社）、『ジェンダーで学ぶメディア論』（世界思想社）など

［編著者略歴］
南田勝也（みなみだ かつや）
1967年、兵庫県生まれ
武蔵大学社会学部教授
専攻は音楽社会学、文化社会学
著書に『オルタナティブロックの社会学』（花伝社）、『ロックミュージックの社会学』（青弓社）、編著に『私たちは洋楽とどう向き合ってきたのか』（花伝社）、共編著に『音楽化社会の現在』（新曜社）、『メディア社会論』（有斐閣）など

ライブミュージックの社会学《しゃかいがく》

発行――2025年3月14日　第1刷
定価――3000円＋税
編著者――南田勝也
発行者――矢野未知生
発行所――株式会社青弓社
〒162-0801 東京都新宿区山吹町337
電話 03-3268-0381（代）
https://www.seikyusha.co.jp
印刷所――三松堂
製本所――三松堂

ISBN978-4-7872-3553-4　C0036